コーポレート・ガバナンスと企業価値

石崎忠司・中瀬忠和 編著

執筆者
跡部　学　　小山明宏
高橋浩夫　　高橋豊治
澤　悦男　　西山徹二
北川哲雄　　中瀬忠和
榎本善昭　　石崎忠司

中央大学企業研究所
研究叢書27

中央大学出版部

はしがき

　長かったバブル経済崩壊後の不況から漸く脱却し，わが国経済には明るさが見え始めた．不況の谷間はあったもののわが国経済は，戦後一貫して持続的に成長してきた．しかし，1990年代の初めにバブル経済が破綻し，「失われた10年」あるいは「失われた15年」といわれる長い不況のトンネルに入った．

　経済不況に加えグローバル化，情報化といった環境の変化のためマクロ的には日本の経済システム，ミクロ的には日本的経営が機能不全になり，マクロ，ミクロの構造改革が急務となった．「失われた10年」あるいは「失われた15年」は，バブル経済に踊り改革が遅れた結果として成長が停滞した時期である．相次ぐ企業破綻と失業・労働条件の悪化，銀行の破綻と金融システムの衰退は，バブル景気に踊った世相を一変させ，年間3,000人を超す自殺者に示される暗い影を社会に落とした．

　しかしながら，金融ビッグバン，会計ビッグバンによって遅ればせながらも負の遺産処理が進み，わが国経済は明るさを取り戻しつつある．1973年のオイルショックは，経済システムや企業システムの改革によって克服された．バブル経済崩壊後の改革は，オイルショック後の改革とは比べものにはならない痛みを伴う大きな改革であった．

　その背景にはグローバル化の流れがあり，グローバル化に対応できなければ企業の存続が危うくなるという外圧が働いた．グローバル化の流れのもとでわが国企業の間接金融から直接金融による資金調達への変化は，コーポレート・ガバナンスを大きく変えることになった．

　本書『コーポレート・ガバナンスと企業価値』は，バブル経済崩壊後のコーポレート・ガバナンスがどのように変わったか，ガバナンスの変化に伴い企業価値のとらえ方がどのように変わったかを多面的に検討したものである．本書は2部構成であり，第Ⅰ部：コーポレート・ガバナンスの本質と戦略は，5章

構成でバブル経済崩壊後にコーポレート・ガバナンスがどのように変化し企業がどのような視点から戦略を展開しているかを考察したものである．

　第1章：コーポレート・ガバナンス論の本質と経営者支配
　第2章：コーポレート・ガバナンスの日米比較──その背景と本質──
　第3章：日本企業の経営革新と国際会計基準──コーポレート・ガバナンスの観点から──
　第4章：わが国における資本市場ネットワークの変容──IR・アナリスト・ガバナンス──
　第5章：配当政策とコーポレート・ガバナンス

次に，第Ⅱ部：企業価値の追求と評価は，4章構成で企業価値とは何かを検討するとともに，その評価に関する諸問題を考察したものである．

　第6章：企業のパフォーマンスとガバナンス構造
　第7章：金融・資本市場における市場参加者による企業価値評価
　第8章：株主価値（評価）とキャッシュ・フロー
　第9章：「企業の価値」と株主価値経営
　第10章：企業価値の二面──一元的企業価値から多元的企業価値へ──

　本書によって，1980年代に各国から賞賛された「日本的経営」が再び「新しい日本的経営」として賞賛される道筋を示唆することができるならば本望である．執筆者は，中央大学企業研究所の「コーポレート・ガバナンスと企業価値」をテーマとする研究員であるが，執筆は客員研究員に依拠するところが極めて大きい．ここに深く御礼申し上げます．また出版に際してご迷惑をおかけした細井企業研究所事務長をはじめとして関係者にお詫びと御礼を申し上げます．

　　　　2006年9月

　　　　　　　　　　　　　執筆者を代表して　石　崎　忠　司

目　次

はしがき

第Ⅰ部　コーポレート・ガバナンスの本質と戦略

第1章　コーポレート・ガバナンス論の本質と経営者支配
跡　部　　　学

1．問 題 提 起 ………………………………………………… 3
2．コーポレート・ガバナンス論の本質……………………… 4
3．バーリの所論とその中心課題 …………………………… 13
4．むすびにかえて…………………………………………… 24

第2章　コーポレート・ガバナンスの日米比較
　　　────その背景と本質────
高　橋　浩　夫

1．問 題 意 識 ………………………………………………… 29
2．わが国におけるコーポレート・ガバナンス問題の背景 …… 30
3．アメリカにおけるコーポレート・ガバナンス問題の背景 …… 35
4．コーポレート・ガバナンスの日米比較 ………………… 41
5．日米企業のコーポレート・ガバナンスの改革…………… 45
6．コーポレート・ガバナンスの本質 ……………………… 48

第3章　日本企業の経営革新と国際会計基準
——コーポレート・ガバナンスの観点から——

澤　　悦　男

 1．国際会計基準と企業改革法……………………………………… 57
 2．会計のグローバル・スタンダードが目指すもの ………… 57
 3．エンロン事件等と米国企業改革法について ……………… 73
 4．経営者と監査人の倫理観 ……………………………………… 78

第4章　わが国における資本市場ネットワークの変容
——IR・アナリスト・ガバナンス——

北　川　哲　雄

 はじめに………………………………………………………………… 81
 1．資本市場ネットワークの変容 ………………………………… 82
 2．アナリストの情報デザイン力とは何か …………………… 91
 3．コーポレート・ガバナンスの変容 ………………………… 103
 4．まとめ——資本市場の「環」の貫徹の必要性と若干の提言 ‥108

第5章　配当政策とコーポレート・ガバナンス

榎　本　善　昭

 1．問　題　提　起 ……………………………………………………… 115
 2．日本企業の配当政策の特色…………………………………… 117
 3．内部留保の性格 ………………………………………………… 121
 4．経営の自由度の高まりと資本効率の低下 ………………… 126
 5．エージェンシー問題と配当政策 …………………………… 131
 6．配当政策見直しの動きと展望 ……………………………… 137

第Ⅱ部　企業価値の追求と評価

第6章　企業のパフォーマンスとガバナンス構造
小山明宏

1．企業のパフォーマンスとコーポレート・ガバナンスに関する考察 …………………………………………………………… 149
2．エージェンシー理論によるコーポレート・ガバナンス問題へのアプローチ ………………………………………… 160
3．過去の実証的試みの敷衍 …………………………… 162
4．今後の課題 ……………………………………………… 169

第7章　金融・資本市場における市場参加者による企業価値評価
高橋豊治

はじめに …………………………………………………… 171
1．スワップ市場情報を通じた債券の評価 …………… 173
2．債券流通市場における個別銘柄のLIBORスプレッドの計測 … 176
3．LIBORスプレッドの計測と結果の解釈 ………… 180
おわりに …………………………………………………… 198

第8章　株主価値（評価）とキャッシュ・フロー
西山徹二

はじめに …………………………………………………… 203
1．会計情報の性質 ………………………………………… 204
2．会計情報と株主価値 …………………………………… 206
3．利益に基づいた評価指標 ……………………………… 207
4．キャッシュ・フローに基づく企業評価 …………… 209

5．会計情報と株主価値 …………………………………………… 211
　　結びにかえて ……………………………………………………… 212

第9章　「企業の価値」と株主価値経営

中　瀬　忠　和

　1．「企業価値」の二面性と2つの立場 ………………………… 217
　2．「競争力の四層モデル」と利益計算 ………………………… 219
　3．コーポレート・ガバナンスと収益性指標 …………………… 222
　4．株主価値重視／キャッシュ・フロー重視の経営 …………… 230
　5．経営戦略の目標と会計 ………………………………………… 237
　6．経営目標指標：CFベースか収益性か──結びに代えて──
　　　……………………………………………………………………… 244

第10章　企業価値の二面
　　　　　──一元的企業価値から多元的企業価値へ──

石　崎　忠　司

　1．企業価値多元化の背景 ………………………………………… 255
　2．企業価値としての経済価値と社会価値 ……………………… 257
　3．社会価値向上戦略 ……………………………………………… 263
　4．株主価値重視と多元的価値重視の調和化 …………………… 271
　5．社会価値の評価 ………………………………………………… 274

第Ⅰ部
コーポレート・ガバナンスの本質と戦略

第1章　コーポレート・ガバナンス論の本質と経営者支配

1．問題提起

　現代社会はすぐれて企業社会である．この企業社会では生産・流通・消費に至る再生産のそれぞれの過程において，企業の中でもとりわけ株式会社は質的にも量的にもその中心に位置し，人の出生から死にいたる一連の営のなかで，この株式会社にかかわることなくその生を全うすることは，この社会に存在する限り不可能である．この重要性にかんがみる時，株式会社研究の必要性は何度となく確認されなければならない．

　ところが，この株式会社に関し，その根本問題というべきコーポレート・ガバナンスについて経済学や経営学をもっぱらとする我々の研究はあまりにも遅々とし，またその混迷も極めている．

　本章ではこれまでのコーポレート・ガバナンスの議論に関し，特にわが国での旧来からの株式会社論の蓄積を頼りとしながら，その議論の射程と課題，あるいはそれらの議論の理論的な齟齬について，二つの範疇化を手がかりとして検討することを予定している．ここで前提的に示するならば，その把握の中心問題はやはり所有であり，その対象としての株式である．「生産関係の基礎としての所有」論も「支配の基礎としての所有」論も，あるいはこれらの対極にあると考えられる株式会社公共性論も，所有（すぐれて株式所有）を如何に把握するかが重要な問題とされるところである．

　次に，上記の問題を整理し検討した後に，3ではコーポレートガバナンス論の原点とも言うべきバーリとミーンズの所論の検討を行う．1932年，バーリとミーンズによって問われた『近代株式会社と私有財産』（Adolf A. Berle, Jr. and

Gardiner C. Means, The Modern Corporation and Private Property, The Macmillan, New York, 1932) が世に出てからすでに70年以上が経過した.

　彼らの著作に対しては実に多くの研究により，いくつかのバリエーションをもって評価されることはすでに周知である．しかしこの著作についてもその確信は所有であり，そのなかで語られる「財産」と所有あるいは利潤の「伝統的論理」がその重要な部分となるのである．

　本章ではこれまで凡庸な体制擁護の議論として片付けられることの少なくなかった二人の研究に関し，株式会社制度のみならず米国資本主義の正当性の破綻の認識としてとらえつつ，その危機意識の表明と正当化獲得のための要請として理解することが可能なのではないかと考えており，以下，これらの作業を行うことを予定している．

2．コーポレート・ガバナンス論の本質

(1) コーポレート・ガバナンス論の射程

　株式会社とは，かつてみることができた商業資本主義あるいは自由競争的資本主義段階から，今日のような機械制大工業化による必要資本量の増大と固定資本の巨大化を特徴とする独占資本主義段階への移行にそくして発生する企業形態である．個人企業による資本の蓄積と集積をもってしては十全な資本調達をなしえないなかで，社会的な遊休貨幣資本を吸収させるための必然的な会社形態として，株式会社形態が発生することとなる．

　この歴史的必然により発生した株式会社をその研究対象とする学問領域が，一般に株式会社論とよばれる．この株式会社論の課題は多様である．たとえば，(1)経営の効率性と株価の市場評価といった企業価値の側面，(2)株主の法人化と相互持合いに関する株式所有の側面，(3)株式所有者による支配の後退と経営者による支配に関する会社支配の側面，(4)経営者職能の専門化による経営の複雑化の側面，(5)蓄積主体としての企業の自立化と株式配当の利子化に関する利益分配の側面，(6)資本家の消滅と経営者と一般労働者の同質化に関する労使関係

の側面など，その他取り扱うべき課題は枚挙し尽くせないほどに多様である[1]．

そして，これら株式会社論究明の諸課題は歴史的必然によって生み出された株式会社固有の存在態様が生み出す，まさに株式会社固有の問題として発生している．すなわちそれは必要資本量の増大と支配の集中という株式会社の矛盾した存在態様から発し，現実資本からの擬制資本の分離が生み出す諸問題へと結びついていく．研究課題として提示されてからすでに久しいコーポレート・ガバナンス論の本質とは，株式会社論の本質それ自体である．この株式会社論の究明すべき対象領域は，それら株式会社企業の存在態様に比例するように，多様な問題をはらみながらも，その課題をあえて大掴みに範疇化するならば，次の二つに分類することが可能であろう．

まず一つめには，個人企業においては肉体的にも一つの人格に集中していた資本家的属性の株式会社内部における分離を原因とする経営者支配に関してである．株式会社では，個人企業にはみられなかった資本家的属性の株主・経営者・労働者（従業員）という三者への分離が，具体的な人格の分離だけではなく，質的な分離をも意味する事態として進行し，結果的に経営者支配を準備する．

まず，株主は株価（株式価値）の上昇と株式資本の利子生み資本化にともなった株式配当にもっぱら関心寄せるのであり，他方経営者はより高額な賃金はもちろんのこと，企業の現実資本蓄積量と内部留保資金に裏付けられた，組織内でのより大きな決定権限と社会的地位の獲得に関心をはらう．また，労働者は労働力商品の低い価格づけによって労働力の再生産にのみ腐心せざるをえないものの，その一部は可能な限りこの状態から脱すべく，組織内でのより大きな決定権限の獲得と経営者へのいわゆる昇格に関心をはらう．これら三者の利害は共有する部分を多くもちながらも，上記の資本家的属性の三者への分離は株式会社の内部において相互に対立してあらわれる．

個人企業では統一していたこれら資本家的属性の三者への株式会社を舞台とした分離という事態に関し，やはり決定的に重要なことは，この分離それ自体ではなくして，この分離を原因として経営権力が株式所有をともなわない経営者に集中することにある．形式的変化としての「所有と経営の分離」あるいは

質的変化としての「所有と支配の分離」とは，この事態を端的にあらわす言葉であり，すでに述べたようにコーポレート・ガバナンスの研究で究明されるべき中心的研究課題の一つを形成している．

次に，株式会社に特有の事態として株主による所有対象である株式と実際的な運動体である企業との二重化の場面に関してであり，一般的には「資本の二重化」とよばれる事態がこれにあたる．資本の二重化とは原材料や労働力，あるいは土地といった現実資本とこれらを舞台とした生産活動であるところの現実資本の運動から，擬制資本すなわち株式資本とその運動が証券市場を介することによって分離してあらわれる事態を示している[2]．現実資本が裏付けとして存在するがゆえに擬制資本は擬制資本として存在し売買されうるのであり，現実資本も擬制資本市場が存在することによって，株式の売買（資本の退出と参入）とは関係を希薄にして，現実資本の運動を行っていく．株式会社における現実資本と擬制資本は相互に存立基盤を提供し，よって完全な分化・独立は完成しえないものの，その関係を一層希薄にしながら存在している[3]．現実資本は擬制資本所有者の株式売却（退出）や取得（参入）とは無関係に安定的な生産と流通の過程を繰り返すことがすでに可能となっている．他方で擬制資本は自己資本と他人資本との質的な変化をともなって資本の自由な動員と動化（Mobilisierung）を可能とし[4]，証券市場を通じて株式に市場価値が付与されることによって，株式会社間相互の買収・合併への方策をも準備し，社会的遊休資本の株式会社への吸収を一層容易なものにする．

株式会社の法的人格に関し，株主の単なる集合体として解釈する擬制説であれ，あるいは株主とは別個の独立した存在とする実在説であれ，資本の二重化を起点として株式会社は自らを所有する独自の人格として自然人に対しても他の個別資本に対してもあらわれ，株式会社は自らの擬制資本所有者との法的関係においても別個独自の存在を獲得するに至る．このことは擬制資本所有者（株主）が法的にも実態的にも運動体としての現実資本への所有権を持ちえず，彼らの直接的所有権の対象が，法解釈上のいわゆる自益権と共益権といった単に「諸権利の束」としての株式それ自体でしかないことをあらわしている．株

式会社形態は資本の二重化を通じて増殖過程を経ながら，現実資本に対する自然人による所有から乖離し，上部構造としての所有権等の法律を資本の一層の蓄積・集積・集中ためのしもべとして構成し機能させる．このように資本の二重化は株式会社内部での資本家的機能の分化による経営者支配の台頭とならんで，株式会社論の中心的研究課題の一つを形成している．

（2）コーポレート・ガバナンス論の振動

以上，二つに範疇化された研究課題は株式会社論のなかで多様な問題を形成するのであるが，これらは一つの重要な問題にいきつく．すなわち「株式会社は誰のものか」という主体性に関する根本的な問題である．これはながらくコーポレート・ガバナンス論のなかで議論されてきた中心的問題である．そしてより厳密には「誰のものか」という問題提起の形式の妥当性をも含めて，これらに対してより論理的，説得的な回答を得ることがコーポレート・ガバナンス論の使命であるとしてもさしつかえあるまい．

本章でも述べるように，この問題に対してバーリとミーンズは，当時の米国における非金融200大会社の実証的研究から，もはや株式会社は誰のものでもなく，資本家的属性の一部としての株主とその所有物である株式に属する「財産の原理」でも，他方の機能を代表する経営者に属するとされる「利潤の原理」でもない「第三の道」としての「中立的テクノクラシー」による支配を受け入れることこそが，その正当性の獲得のための唯一の方法であるとする結論に到達せざるをえなかった．株式所有による支配の貫徹という考えは，バーリとミーンズの株式会社論が示すように，その一貫性において破綻をきたしている．これは，旧来からの資本主義イデオロギーとしての「生産関係の基礎としての所有」論あるいは「支配の基礎としての所有」論を根拠にした旧来からのガバナンス論が，その一貫性において破綻していることを明らかにしたである．

「生産関係の基礎としての所有」論と「支配の基礎としての所有」論の破綻に対してとられる態度には，その一つとして私的所有をあくまでも前提とし，所有に固執する態度であり，株式所有を根拠にする支配的出資者としての組織

や個人の存在を追い続けることである．ここでは株式所有者一般をその支配者として位置付けるのではなく，少数の支配出資者に対する大多数の従属出資者という双方を想定し，少数の支配出資者に大多数の株主権の集中を論じるという筋道のなかで議論が進行する．しかし，今日の巨大株式会社にみるように，特定少数の株主に支配の集中をみることはもはや困難であることはすでに論じたとおりである．また，西山忠範は支配出資者の存在を確定しえないなかで，所有による支配の解体を示し，これを根拠にしながら「脱資本主義」社会を論じている．しかし実際上は所有による支配を前提にかたちづくられた議論であり，所有を支配の根拠と位置付ける通俗的な資本主義社会理解から得られるはずのまっとうな結論を導くという点において，評価されるべき論理的展開をなしている点は確認されなければならないだろう[5]．

すでに一貫性の破綻した「生産関係の基礎としての所有」論と「支配の基礎としての所有」論に対し，その対極に存在する論理的態度が所有に対して無反省な株式会社公共性論である．公共性論では株式会社は公としての社会一般の支配に属す，あるいは属さなければならないと考える立場である．その論拠は株式の高度分散化と既成の事柄としての専門経営者支配，あるいは株式会社をとりまく利害関係者の増大などから組み立てられることが多い．確かに株式会社の大規模化にともなって，社会的遊休資本の吸収が額・株主数・地理的範囲においてその規模をより一層増しており，また利害関係者についても従業員・株主・消費者・取引先・地域社会・複数国家へと拡大をみせていることは事実に一致している．ここから，結果的にではあろうとも株式会社が高度な公共性を具備するものであるとの認識は，一定の説得力をもっているのだが，その議論の少なくない部分がこれまでに最も重要とされてきた所有論，とりわけ株式所有との関係性の考察を欠いている．

こうした従来の公共性論に関して，鶴田満彦は「現代株式会社が単なる私企業ではなく，公共性をもつ存在であるという認識は，まったく正しい」としてこれを支持しながらも，「問題は何を根拠として株式会社の公共性を主張しうるか，である」[6]と，その論拠を求める．鶴田は株式会社の規定的な運動目的

が剰余価値の取得とそれにもとづく資本の蓄積であり,「私的・資本主義的性格を変えるものではない」[7]としながら株式会社形態での公共性の完成については強く否定している．彼はまず自ら表現する公共性それ自体の内容として,「公的とか公共性というのは，特定の限られた人々にのみ関わる私的に対して，不特定多数（公衆）に開かれているといった程度の意味で，必ずしも政府のとか，政府所有のといった意味に限定しているわけではない」としており，この点について，国有か否かなどとは別の意味合いをもつことは理解できようが,「開かれる」といった部分は必ずしも明確ではない．そして次に公共性の根拠として,「公的な制御なしには正常に運営できないところに，株式会社企業の公共性があるといっていいのではなかろうか」とし，また同様の意味内容で,「株式会社の運営や株式の流通に関しては，商法や証券取引法をはじめとする公的なルールが存在し，証券取引所などの公的な組織が制度化されているわけである．このような公的ルール・制度なしには有効に機能しえないという意味で，株式会社企業はまさに『社会の公器』である」（以上，同掲論文「読む」）とする．所有論を無前提に否定あるいは軽視しながら語られる株式会社公共性論に対して，私的所有の対象物としての株式会社が主体的に発する公共性などではなく，逆にその存在にそくしながら制御やルールといった，いわば株式会社に対する足かせとしての公共性をみいだす．株式会社に対して正面から所有を否定して公共性を重ねるといった方法ではなくして，株式を通じた私的所有の対象物である株式会社という大前提を承認しながらも，可能な限り現状把握のためのツールとしての株式会社公共性論へのアプローチを行なったものと理解されよう．そしていまだ残されたコーポレート・ガバナンスの研究を行う上での所有の解明は我々自身が解明すべき課題として残されている．

（3）コーポレート・ガバナンス論の方法

これまでみてきたように，コーポレート・ガバナンスをめぐる「生産関係の基礎としての所有」論あるいは「支配の基礎としての所有」論と無反省な公共性論の両極への論理の振幅は，資本の自己批判的性格を根拠とした現代資本主

義の歴史性と過渡性の分析によってはじめて静止されうるのだろう．

　我々の生きる資本主義社会の編成の主体は実態的には資本である．資本とは生身の肉体を持つ我々という近代的意味における個々人をその内部に包摂しながら，永続的にその自己増殖を欲する価値の運動体である．ここでは生産から消費にいたるすべての過程がこの資本によって編成される社会であり，この社会は，すぐれて「資本のシステム」であるといえるだろう[8]．

　資本のシステムであるこの社会は，私的所有に代表される人の意識の領域と，人が無意識に形成する物の領域とが同時に存在し，かつ対立して運動している．株式会社はこの資本のシステム内に存在し，資本のシステムの矛盾をその内部にはらむ組織体である．株式会社はかつての個人企業に代表されるような直接に所有される会社組織ではなく，競争環境の変化のなかで機械制大工業へと変様しつつ，統一的意思をもつ巨大な現実資本でありながら，いまだ私的所有の対象物としての組織体である．

　株式会社における人格の領域とは，人の主観的な意識に属する承認された取得，すなわち人と人との相互承認の領域である．ここでは所有権という法的な正当性をまといながら，株式会社は自然人のものであり，自然人こそが株式会社に対する主人公であると解する場面である．この人の意識の領域は商品交換をその起源とし，歴史的に発生した私的所有する個人が企業社会の中心に存在するという主観的意識の領域である．

　これに対して物の領域とは，人々によって無意識あるいは無自覚に形成される領域で，会社こそが社会の主人公であるという現状にそくした客観的な領域である．ここでの我々自然人は会社と会社あるいは物と物とをつなぐ単なる媒介的な存在でしかない．ここでの中心は物である株式会社であり，ここでの致富欲求が行動原理となって形成される物象化された社会であり，したがって株式会社組織のなかで労働する個々人はもちろんのこと，株式所有者もこの社会の主体的存在ではありえない．

　生身をもった個々人による株式の私的所有と，株式会社による社会的生産の結果的な現実化という事態の進行こそは，この株式会社という企業形態にあっ

てはじめておこりうる事態であるが，また同時に株式会社こそが人格のシステムと資本のシステムの矛盾を打開しうる企業形態である．資本主義的生産様式のなかで，私的所有の対象としての資本の廃止の現実的場面はこの株式会社に求められるのであり，今日の巨大株式会社はすでに実態的に生産の社会性をそなえる社会的資本である．

　人格のシステムと資本のシステムが対立しながらも共存する株式会社は，資本主義的生産様式のなかで私的所有としての資本の廃止の場面となる．株式会社では所有と機能の分離が徹底的に進行する．ここでの所有とは株式所有のことであり，機能とは資本の価値増殖に関する一切の資本機能のことである．

　結合資本の形態である株式会社の出資者は本来，当該株式会社の株式所有者であると同時に，資本機能を担う機能資本家として存在していたわけである．ここでは所有と経営は一致しており，所有と経営の人格的分離は存在しない．よって彼らが受け取る配当は株式所有と同時に資本機能によって生み出される企業経営の果実なのである．しかし株式資本の利子生み資本化にともなって，配当が資本機能の果実としてではなく，単なる利子生み資本の投下部面と認識されるにいたり，株主と資本機能との人格的分離としての所有と経営の分離は一層進行する．

　すでに説明してきたように，配当の利子化と利子化した配当の資本還元によって理論上の株価が成立し，ここに架空資本としての擬制資本範疇が成立する．擬制資本の所有者は実のところ単なる貨幣資本化でしかなく，現実資本の運動から疎外された存在でしかない．株主が再生産のあらゆる活動から疎外され不要となっているのが発展した今日の株式会社である．そして語られるところのグローバリゼーションはまさにこの株主の不要性を世界的規模において促進している．

　これまでにみてきた株式会社における資本家的属性の分化も資本の二重化も，実のところは自己形態として産出された資本自らの姿かたちであり，私的所有の対象性も株式会社の公共性論も，現代の機械制大工業の一般化を根拠とした無政府的・物象的生産から，この新たな時代のなかで社会的生産への移行によ

る資本の自己否定性の展開運動それ自体にほかならない．この矛盾的運動は，資本のシステムにおいては相互承認という人の意識の領域と，人が無意識に形成する物の領域である物象的生産とが対立しあいながら運動してあらわれ，その内部の株式会社に目を転じるならば，ここでは私的所有を根拠とした株主が主体であると考える立場に対して，ずでに述べたように株式会社は公共的存在であり会社が主体であると考える立場とが対立しあらわれている．資本の諸前提としてのこれらの対立は，生産力の普遍的発展へとその運動を進め，資本は自らの形態として諸前提を解体する．「生産力の普遍的発展に媒介されることによって，まさに，資本という局限された生産は，その解消へと駆り立てられていく．現代の諸々の姿は，資本を媒介する生産の発展した姿であり，この発展が資本の狭い諸前提にたいして解体的に働く」．「〈労働する個人〉は自然を対象とする自らの活動を，他人の富を増殖する活動として行う．この産業労働の自己矛盾こそが対象を他人の富（他人の所有）の力として不断に生みだし，資本主義を資本主義として産みだしている基礎である．この敵対性において，彼等はまさに対象を自分自身の普遍的な対象として造形・産出しているのであって，この産出はこの敵対性そのものをやがては不要として解消する地点にまで進まざるをえない」[9]．資本の自己批判的性格は株式会社の私的所有の対象性をも解体しながら，その社会的生産というあり方を一層純化させていく．歴史としての現代資本主義の過渡性の把握は「労働に即した統一的な把握」によってのみなしうるのであり，敵対的労働としての賃労働をその出自としながらも，その敵対性を廃棄し，我々労働者は対象化行為としての労働によって，いつしか存在のあるがままの把握を可能とする．歴史を通じ，資本によって一層鍛えられた自由な個人としての我々が，現代資本主義における資本の自己批判的運動を自覚的にとらえる場が株式会社論なのだ．

3．バーリの所論とその中心課題

　すでに世に知られる『近代株式会社と私有財産』は，1932年米国においてバーリ（A. A. Berle, Jr.）とミーンズ（G. C. Means）によって出版された[10]．この著作は株式会社支配論に関する最初の本格的研究論文と考えられており，また，現在においてもその株式会社支配論のなかでの歴史的な意義が繰り返し論じられていることは広く知られている．とりわけこの研究の独自性は法律学者バーリと経済学者ミーンズとの共同研究であるところが大きく，当時の米国の経済学的・法律学的研究の蓄積を動員したものであったことがあげられるだろう[11]．株式会社の所有に関して経済学者と法律学者によるそれぞれ個別の研究としてではなく，経済学的見地からなされた実態的な株式会社の支配構造の究明と，法律学的見地からする制度的な株式会社の支配構造の究明は，本章で示されるようにバーリとミーンズ以後の研究の流れのなかで，その意味内容は異なりつつもきわめて重要な位置におかれていることは大方の認識を得ているように見受けられる．

　まず，その構成としては，第1編「財産の変革（Property in Flux）」，第2編「諸権利の再構成（Regrouping of Rights）」，第3編「株式市場における財産（Property in the Stock Markets）」そして第4編「企業の改組（Reorientation of Enterprise）」となっている．

　第1編では米国非金融200大会社のうち，「経営者支配」が会社数の44％の88社，富に換算すると実に58％に達し，ここから米国巨大株式会社の所有と支配の分離をとき，第2編では株主権の弱体化と利益の「支配者」への服従が現実となり，法律と経済的現実との乖離がとかれている．第3編では，所有を根拠とする旧来からの「財産の伝統的論理」からすると株主権を侵害している「支配者」に利潤が帰属することは本来不当であって，またそれに対して経営機能に着目する「利潤の伝統的論理」からすると何ら経済活動をしていない株主に利潤が帰属することは，やはり不当であるという二律背反のジレンマ的な状況がとかれている．そして第4編ではこの「財産の伝統的論理」と「利潤の

伝統的論理」を超えた「第三の道」としての「純粋に中立的なテクノクラシー」による支配をといた.

だが，バーリとミーンズの研究の重要性は「経営者支配」の実証，あるいは「純粋に中立的なテクノクラシー」による支配のみに集約されるものではなく，後に論じられるように米国資本主義での株式会社企業の重要性の拡大と，正当性を獲得していない経営者権力への問題提起とその正当化のための試みにある．そしてこの試みは単に経営者権力の正当化にとどまらず，同時に世界市場においてすでに圧倒的な存在となった米国資本主義体制の正当性破綻の露出の認識と，これへの再正当化への試みだと考えるべきであり，その内容について以下でみていくこととしよう．

(1) 富の変質と株式会社

すでに示したように，一般的・通説的な理解として『近代株式会社と私有財産』の意義は経営者支配の確立の部分にあると理解されているのではあるが，バーリとミーンズはその序文で，自ら株式会社の変貌するさまをもって「株式会社革命 (the corporate revolution)」としるし，株式会社制度が産業組織の中心としてその存在感を量的に拡大させるだけでなく，「準公共企業 (quasi-public corporation) の範疇」[12]として，私企業にはとどまらない企業になるとする．

はたして，この「準公共企業」なるものは如何なる企業か．バーリとミーンズは準公共企業たる巨大株式会社の社会と政治への影響の増大を「現代的思考の基礎的仮説 (the basic assumption of current thought)」として，以下の五つを指摘する[13]．

① 小規模単位の競争の立場から，巨大株式会社単位の競争への考察の変更．
② 自由競争の原理から複占原理 (the principles of duopoly) への変化．
③ 販売のための生産から，使用のための生産への増大．
④ 資本構成が有体財 (tangible goods) から諸組織へと比重が変化したこと．
⑤ 生産が盲目的な諸経済力によって支配される社会から，少数の個人の終局

的な支配下で生産される社会への変化.

　以上が株式会社革命の概略である．この革命は過去の思考に対する「現代的志向」としてあらわれるとするのだが，産業単位としての株式会社の必要資本量の増大による規模の拡大と平行して，株式所有の広範な分散を引き起こす．自由競争的資本主義から巨大株式会社による「複占原理」への移行，使用価値の実現を前提にするより計画性をともなった生産，資本としての側面に優越する組織体としての株式会社企業への変化．これら変化をもって「準公共企業の範疇」とする．

　バーリとミーンズは株式会社革命を富の「基本的概念（basic concepts）」の変化として指摘しており，その内容はおおよそ以下の七つにまとめることが可能であろう[14]．

① 所有権の地位が「積極的動因（active agent）」の地位から「消極的動因（passive agent）」の地位へと変化したこと．株式所有者は「現実の物的財産（actual physical properties）」のかわりに，企業の「一連の諸権利と諸期待とを象徴している紙片（a piece of paper representing a set of rights and expectations）」である株式を所有するのみであり，利害関係を有する企業および物的財産（生産手段）については株式の所有者は「支配力（control）」をもたなくなった．これと同時に彼らは企業およびその物的財産に対しては責任を持たない．

② これまで所有権に付随していた「精神的諸価値（spiritual value）」も，すでに所有権から分離した．物的財産は所有者に直接的満足を与え，それは同時に所有者自身の「人格の拡大（extension of his own personality）」をあらわした．しかし所有者の意のままになっていた物的財産は近代株式会社ではもはや存在せず，産業革命によって労働者が失ったと同様に財産所有者もこの特性を失った．

③ 個人の富の価値は，彼自身および彼の努力とはまったく関係のない諸力に

依存するようになった．そのかわりに富の価値は一方では「企業を指揮する人々の諸行為 (the action of the individuals in command of the enterprise) によって決定され，他方では市場で活動する他の人々の諸行為に依存し，市場の「気まぐれな性格 (sensitive)」や人為的な操作を受ける．さらに短期的には振幅の大きい社会的評価を受ける．

④ 個人の富の評価は絶えず変動し，継続的な評価を受ける．それは彼らの所得を得るための支出と，彼らの所得の享受との両方に著しく影響する．

⑤ 個々の富は組織的市場を媒介として極度に「流動化される (become liquid)」ようになった．個々の所有者は，即座に他の富の形態に転換することができる．

⑥ 新しい形態をとる富にあっては，直接その所有者が使用できるという形態を一層とらなくなっている．その富は直接的使用のまったく不可能なものであり，市場での売買によってのみその所有者は，はじめて富の直接的使用を達成する．富の所有者これまでにないほどに市場と結合されている．

⑦ 株式会社制度では「産業用の富 (industrial wealth)」の所有者は「所有権の単なる象徴 (mere symbol ownership)」を手にするに過ぎず，過去には所有権の不可欠の部分であった責任や実態は，その手に支配力を握った人々からなる別の集団に移行される．

以上が富の基本概念の変化の内容のあらましである．まず①は擬制資本としての株式と現実資本としての株式会社との関係についての説明である．株式とは会社財産に対する直接的な所有権を示すものではく，諸権利を表象した紙片としての株式に対する所有権でしかない．その意味において株式所有はもはや消極的な所有でしかない．株式は配当を得る権利などからなる自益権と株主総会に参加する権利からなる共益権からなっており，この点はわが国の会社法の学説あるいは判例上でもすでに通説となっているといっていいのではなかろうか[15]．株式は現実の会社の土地や家屋はもちろん，その中にすえつけられた機械設備はおろか，生産のための原材料や倉庫にうずたかく積み上げられた仕掛

品・完成品のどれ一つに対しても直接に所有権として示しうるものではない．自益権と共益権から構成される株主権（あるいは社員権）は直接的に現実資本である株式会社に具体的な行為を及ぼしうるものではなく，よって株式所有権が直接的に支配権たるものではないということである．また「企業およびその物的財産に対しては責任をもたない」とは，株式会社は個人企業とは異なり，株主は経営活動に対して，株式総会の場を通じて経営判断を行う義務すらもないことを意味している．そもそも株式会社と株式の流通を担う証券市場では，出資者の経営能力や経営活動の能力や参加意思を基準としてその出資を受け入れるのではない．むしろ逆に，そのような基準を設けることは，30年代当時はもちろん機械制大工業の全般化する今日，資本の集中への重大な障害になる．またこの「責任」とは，もう一歩読み込めば株式所有者は企業の債務に対し，出資を限度とした責任のみが課せられる有限責任制度を意味しているとも考えられる．出資はしたものの，経営に無関心で株価の上昇だけにしか興味がないにもかかわらず，無限責任であるならばやはり株式会社は遊休資本を集めることができない．経営参加の任意性と有限責任は一体となったものでなければならない．

　次に②に関しては，はたしてどう考えるべきだろうか．これまでのような所有権一般において可能であったような使用・収益・処分といった一連の自由かつ排他的行為が，株式会社においては不可能になったことによる精神的作用の説明と考えるべきではなかろうか．産業革命以前の労働は，単独あるいは比較的少数の労働者による生産であり，労働において豊かな人間的連繋がたもたれ，生産手段も，労働力それ自体も労働者自らのものであり，労働過程全体と生産物を自らのものとすることができた．本来物的財産は満足を与え，自我を物的財産により拡大させ，この意味において「人格の拡大」であるに違いない．しかし産業革命以降の株式会社の発展はそれ自体を意のままにしうるような物的財産にとどめ置くことはなかった．株式所有それ自体は直接的満足を与えるものでもなく，人格の拡大をなさしむるものでもない．同様に労働は今日のような，複雑で高度な分業による協業という形態のなかで，他人の労働，強制さ

れた労働，労働者を苦しめる労働となって対立することにより，労働者は人格の拡大どころか自らの労働からも，彼らの生産物からも疎外され，疎外された労働 (enfremdete Arbeit) という姿をその歴史的形態としてまとわざるをえない．

続いて③について，これは文字どおり専門経営者による支配と，彼ら経営者の経営活動から生み出される利潤による配当によって，彼らの所有する富である株式の市場価格が決定されることを指し示している．本来は共益権の行使とここから発生する利益の自益権を根拠とした配当なのであるが，株式資本の利子生み資本化によって株式の所有がそれ自体として利潤を生み出すという新たな使用価値を受けとるにいたる．多様な思惑をはらみながらも，原理的には所有の果実としての配当が資本還元されることで株価は決定される．ここでの株式会社の利潤とは専門経営者をトップとした経営の結果もたらされたものであり，そもそも株式所有者の知識や手腕などの類ではない．これに加えて，株式は証券市場で売買され，売り手と買い手の思惑さえ一致すれば，新規に株式を購入する者の知識や経営の能力などとは無関係に取引される．市場ではなんら長期的あるいは短期的な企業の成長や縮小，収益の増大や減少などとは無関係に株価が変動し，時には人為的な操作によって株価が変動する．

つづけて，④は上述のような株式市場で株式は売買され，その価格は企業の業績，将来的な成長性あるいは配当などによって評価されるということである．⑤は株主は証券市場を通じて自由に株式を売ることができ，株式のままで保有する必要はなくなっていることを示しているのであろう．

以上のように「新しい形態をとる富」である株式はもはや「一連の諸権利と諸期待とを象徴している紙片」でしかない．この紙片は現実に存在する会社それ自体の所有権ではありえず，方形式上も同様である．株主の諸権利を示す株式は他の具体的な使用価値をもつものとは違い，株式は直接そこから使用価値を得られないとするのが⑥の内容である．所有者は株式を貨幣と交換することによってはじめてその富の直接的な活用の途を開くことができる．その意味では，株式は具体的な有用性とはかけ離れた極めて抽象的な概念的産物なのだ．ここに擬制された資本としての株式が改めて確認されよう．

最後に⑦では，株式所有の本質は，産業用の富の単なる象徴でしかない紙片を手にしたにしか過ぎないというのだが，バーリとミーンズはここに，所有機能と経営機能の単純な分離としての所有と経営の分離はもちろんのこと，質的分離を意味する所有と支配の分離を確かにみる．企業経営における責任や実態はすでに「別の集団」である専門経営者に移ったとする．擬制資本と現実資本の乖離は，人格的場面としてとらえるならば株主と専門経営者の乖離であり，株主は自身の擬制資本の運動をつかさどり，専門経営者は現実としての株式会社をつかさどる状況をふたりは直視せざるを得なかったのであろう．

（2）富の変質と経営者支配

バーリとミーンズは第1編第5章で支配形態の一つとして「その所有があまりにも広く分散しているため，会社の経営を支配するのに十分な少数権益を持つ個人，あるいは小集団すらも存在しない」状況こそが経営者支配であると規定しているのだが，はたしてこの経営者支配はどのような状況のなかで成立するのだろうか[16]．

バーリとミーンズによると，企業規模の拡大によって個々の株主が取るに足らないほどの出資比率でしかない場合，株主総会で「株主の採りうる方法は通常3つ」[17]しかない．すなわち議決権を行使すること，議決権の行使を差し控えること，そして委任状に署名し議決権を委託することである．株主は大量に株式を所有し，その比率が一定の水準になければ，株主総会で議決を左右することは不可能である．バーリとミーンズは「支配は委任委員会を選出する人々によってなされるであろう．委任委員会は現在の経営者によって指名されるがゆえに，経営者は自分たちの後継者を事実上指名することができる．所有権が十分に細分化されているところでは，経営者はその所有権についての持分がわずかであっても，このようして自己永続体（self-perpetuating body）になることが可能である．この支配形態は正しくは『経営者支配』と呼ぶことができる」としている[18]．

以上が経営者支配の内容とその成立根拠である．ここで注意しなくてはなら

ないのは，まずは支配の内容であろう．バーリとミーンズは「支配は取締役を選出する法律的権限を動員する——つまり，直接的に，またはある法律的手段や方法によって議決権の過半数を制御すること——ことか，あるいは取締役の選出へ圧力をかけることによって，取締役とその過半数を選出する実際的権限 (the actual power to select the board of directors)」[19]だと規定している．したがってこの定義では具体的な「誰か」が支配力を保持し，行使するのであり，その主体は究極的には「法人」でもなければ「会社それ自体」でもなく，生身を持った自然人としての「誰か」になるわけである．

バーリとミーンズの支配の定義はその議論の骨格をかたちづくる重要な部分である．「取締役とその過半数を選出する実際的権限」が支配権であるならば，最終的にそれを担うのは自然人であり，株主，経営者あるいは一般の労働者，そしてその他の利害関係者など，これらのいずれかにならざるをえないのであり，バーリとミーンズは経営者による支配をみいだしたのである．

(3) 第3の選択と専門経営者の役割

株式会社はその所有者たちである株主の利益のために運営されねばならないとするのが，株式所有を根拠とするおおよそ一般的な考え方であろう．このような富や財産に対する考え方をバーリとミーンズは「財産の伝統的論理 (the traditional logic of property)」[20]と範疇化し，実はこの論理破綻の確認作業がこれまでの一連の作業であった．「株式会社の富の所有権が，より広範囲に分散するにしたがって，その富の所有権とこれに連関する支配とは，同一の掌中にあることがだんだんと少なくなるにいたった．株式会社制度のもとでは，産業用の富に関する支配は，最小限の所有権にもとづいて行使することができ，また実際に行使されている．さらに，おそらく支配は，こうした所有権がなくとも行使できる．少しの支配力をももたない富の所有権，あるいは少しの所有権ももたない富の支配なるものが，株式会社発展の理論的所産として出現する」[21]と．

だが，バーリとミーンズはこのような認識作業のなかで，株主と専門経営者の利害の対立をそのまま対立として認め，単に所有の果実を享受できない所有

者と，所有の裏づけのない経営者による支配という構図の告発に終わらなかった．彼らは同時にここで，株主でも経営者でもなければ「いったい誰の利益ために（いまや産業的な富の大部分を代表している）この巨大準公開会社（the great quasi-public corporation）は運営されねばならないのか」[22]という新たな，しかも株式会社制度の存在根拠にも及びうる重大な疑問をなげかけるにいたるのである．

まず確認すべきこととしては，株式所有者のために株式会社は経営されるべきだとする考えに対し，「自分の富の支配をも行う所有者は，その富から引き出される諸利益を全部受け取ることについて保護されているという理由によって，必然的に，自分の富の支配を放棄した所有者は，同じように全部受け取ることについて保護されるべきであろうか」[23]と，株式所有者に対する利益の全面的な帰属に否定的な考えを示す．

これに続いて，バーリとミーンズは独自の「利潤の伝統的論理（the traditional logic of profit）」を援用しながら利潤の帰属問題を考えることによって，株式会社が誰のために活動されるべきかを考えようとする．利潤の伝統的論理では，利潤は二つの機能を担い，まず一つは，利潤は各個人に対してその富を危険にさらすための「誘引（inducement）」として機能し，もう一つは，利潤がその企業を収益的企業にするために彼の熟練を最高度に働かせるように駆り立てる「拍車（spur）」として機能することである．この誘引と拍車の機能は，今日の株式会社ではすでに別々の人格によって担われるものである．富の危険を負うのは株主であって，経営の役割を担うのは経営者である．所有と経営の分離，所有と支配の分離がともに進行する近代巨大株式会社では，「利潤の伝統的論理」の想定する利潤の機能のなかで，二つの利潤機能は株主と経営者の二つの人格に分離して担われ，時にその利害は衝突している．

バーリとミーンズは所有のみに依存して経営にまったく影響を及ぼさない株主は，諸利益への「単なる資本賃金の受取人（merely the recipients of the wages of capital）」でしかなく，株式会社は財務的にも実際の支配者である経営者の利益のために運営されると考える．「消極的財産（passive property）」でし

かない株式の所有者は，企業に対し支配権を有せず，共益権に関しては持分に応じて限られた権限しかもちえず，金銭的利子生み資本と化した株式資本の「資本賃金」を得るだけにしか過ぎない．株主は積極的財産に対する支配と責任とを放棄したのであり，より正確には制度的に放棄せざるをえなかったのである．しかし，この放棄がそのまま経営者による支配の正当化の根拠になるか否かは別個の問題であり，「新しい権限（株主が放棄した権限——引用者）が支配集団の利益のために用いられるべきであるとする択一的な要求の基礎をつくるものではない」のだ．

積極的財産を支配する経営者はそれら財産をまったく，あるいはほんのわずかしか所有していない．それにもかかわらず企業経営の諸権能を有し，かつ，その結果については「有効に施行されるべき何らの責任もない」[24]．財産の伝統的論理と利潤の伝統的論理の双方において，株主と経営者はその機能を異にし，そして利害においては対立している．経営者にいたってはいまだ独自の正当性の獲得もかなわないのであり，このことはひいては株式会社制度と米国資本主義双方の正当性問題にまで発展しかねないことをこの二人は強く認識する．

バーリとミーンズはここに「第3の可能性（a third possibilities）」としての「社会の最高の利益（the paramount interests of community）」，「企業活動の全く新しい概念（a wholly new concepts of corporate activity）」に，株式会社の正当性を託そうと試みる[25]．バーリとミーンズは株主が資本賃金の単なる受取人であることからだけではなく，経営者の権力の正当性から，第3の可能性を論じようとしている．「経営者はこれらの権力がそのように用いられるべきであるとする前提の納得されるような弁護を，行動においても，言語においても提示してはいないのである．またどんな伝統もこの前提を支持してはいない．支配集団は，むしろ所有者または支配者のいずれによるよりもはるかに広い集団の権利に対して道を開いたのである．彼らは，近代株式会社が所有者だけでもなく，また支配者だけでもなく，全社会に対して役務を提供すべきものであると要求する地位に，この会社を置いたのである」[26]と．そして株式会社の存続の可能性について，「もし株式会社が存続すべきものとすれば，大会社の『支配』

は，会社の種々な集団の多様な請求権を平準化しながら，その各々に私的な貪欲よりもむしろ公的政策の立場から，所得の流れの一部を割り当てる純粋に中立的なテクノクラシー（a purely neutral technocracy）に発達すべきである，ということを考えることができ，否むしろ，このことはほとんど必須とすらみられるのである」[27]．

　第3の可能性とは，株主の利益でもなく新たな支配者となった経営者でもなく，もちろん会社それ自体の利益でもなく，公的政策の立場から株式会社の利益の流れを割り当てるべきである，ということだ．これを担うのが中立的なテクノクラシーとし存在することを要請されることとなる経営者である．

　確かに近代株式会社は広く社会一般から遊休貨幣資本を証券市場を通じ株式資本の形態をとって調達し，旧来のような「支配出資者」といった支配的所有者をみつけることは一層困難となっているばかりか，新たな支配者となった経営者についても賃労働者としての従業員であって，その地位は知識と経験とを獲得しながら内部昇進を果たしたことによって得られた地位である．したがって自らの所有に依拠しないことはすでに述べた通りである．近代株式会社は準公企業とされるように，資本においても労働力においても広く社会に依存している．

　たとえば，株式会社の生産に目を転じても，その「社会性」あるいは「公共性」を確認しうるだろう．企業は得られた資本と労働力，そして広く集められた原材料，技術あるいは情報等によって有形無形の商品やサービスを提供している．具体的な有用性を持ったこの使用価値の提供とその実現（貨幣との交換）によって企業は利潤を得，その存在が社会的な存在として容認されざるをえない．個人企業では考えられなかったより広範な資本の集中形態としての資本，資本出資者の能力や労働者の生物的な寿命をこえた社会的な結合であるところの労働，世界市場を舞台としたより広範な使用価値の提供とこの生産物を介した「社会的総労働の諸環」の実証的営為など，近代株式会社の社会的性格は一層その広がりを見せている．

　たとえ私的所有の対象物であっても，公共的なものとしての実際的承認にあ

るものは当然に民主主義の対象である．単純な私的所有の対象物ではなく，すでに民主主義の対象物であると考えるのが妥当である現代巨大株式会社は，「財産の伝統的論理」によっても「利潤の伝統的論理」によってもその存在を正当化できない．これこそが株式会社制度の危機であり，米国資本主義の危機であることをバーリとミーンズは看過しえなかったのである．

しかし，バーリとミーンズの主張する第3の道は，株主と経営者に取って代わった支配の形式としての既成の事実なのではなく，いまだ既成の事実たりえないがゆえに要請されたものである．彼らは所有と支配の分離した株式会社制度の正当性の破綻の欠如に対し，強烈な危機意識をもつにいたったのだが，いまもってその要請は単なる要請でしかなく，この実現に向けた具体的方策は示されてはいない[28]．

4．むすびにかえて

本稿ではこれまでのコーポレート・ガバナンスの議論を可能な限り簡潔に整理すべく，まずコーポレート・ガバナンス論の射程とその範疇化を行ってきた．

この議論は大きく二つの範疇化が可能であり，その一方が所有を支配の前提として把握する態度である「生産関係の基礎としての所有」論あるいは「支配の基礎としての所有」論である．本章で後にバーリとミーンズでもみるように，その一貫性はすでに破綻しており，あたかも「法学的幻想」のごとく所有に固執する態度である．また，他方は無前提な株式会社公共性論であり，私的所有による支配のほころびや破綻をみるや，無前提に公共性を語り，これらは私的所有の意義やその内容変化を一切捨象するあたかも乱暴な議論である．コーポレート・ガバナンスに関する状況説明に迫られて，そのつじつま合わせをしようとも，所有や支配の諸前提を捨象するゆえにその根拠を示すことはできない．

求められるのは，一見不可能とも思える株式会社の私的性格と一層深まろうとする公共性を統一的に把握する方法である．有井と神山は資本主義的生産様

式のなかで，私的所有としての資本の廃止の場面を認識する．それは資本自らが自己形態としての狭隘な諸前提を解体する場面であり，株式会社の私的性格も例外ではないのだ．そしてこの場面は他人の富を増殖するという産業労働の敵対性をも解消する社会を資本自らが準備するのである．

　コーポレート・ガバナンス論の本質を確認した後に，次にバーリとミーンズの所論を確認し，その内容と意義についての作業を行った．二人の研究の重要性は一般的に語られるような「経営者支配」の論証と体制への凡庸な弁護論だけに終わるのではなく，米国の現代資本主義社会における株式会社の存在意義の拡大を背景とし，彼らの強烈な危機意識に根ざした米国資本主義と株式会社制度への正当化の試みの作業なのである．

　集中する株式会社権力の中立化，あるいは実際的に支配権を行使する経営者権力の正当化は米国資本主義体制の正当性の確保においてまさに急務であった．経営者支配の論証はこの目的のための重要な準備作業であり，経営者権力の強化と一般化への告発の作業となったのだ．

　所有と支配の分離によって株主と経営者のそれぞれの支配は弱体化あるいは強化されながら，経営者権力の正当化はいまだ遂げられていない．二人の考える正当化の方法とは，唯一公共的な立場からの社会の諸利潤の平準化をなすテクノクラシーへと経営者が変わることなのだ．この変化は，持てるものと持たざる者，株主と経営者，あるいは資本家と労働者といった旧来からの所有を根拠とする階級性の消滅や弱体化の実証を下敷きにしながら，新たな支配者となった経営者権力への告発である．

　規模の拡大と呼応した広く一般の出資者からの資本拠出，株式所有権の所有権一般と比した特異性による所有と支配の分離，質的にも地理的にも広範囲に広がる利害関係等によって，株式会社は社会性や公共性といった性質を結果的に獲得し，これらをしてバーリとミーンズは株式会社革命がすでに当時の米国において実現したと認識するに至った．いわく，「アメリカの法律では，私的株式会社（private corporation）と準公企業とは相違しないとしているが，両者の経済学は本質的に異なっている．支配からの所有の分離は，一つの状態を生じ

る．そこでは，所有者と究極の経営者との利害が対立するし，またそうなることが多い．そしてそこでは，以前には権力の行使を制限するために働いた多くの諸制約が消滅する．会社の規模だけを取り上げても，小規模な個人企業にはない社会的意味を，これらの巨大株式会社に与える．公開証券市場の利用によって，これら諸株式会社は，それぞれ投資大衆に対して義務を負うことになり，この義務は会社をして，少数個人の支配を粉飾する法律的方法によって，その企業に資金を提供する資本家のために，少なくとも名目上は奉仕する制度に変える．所有者，消費者，及び国家に対する新しい責任は，かくて支配者の双肩にかかることになる．こうした新しい諸関係を創造するということで，準公企業はまさに革命をもたらしたといえよう．このことは，我々が普通財産とよんでいた実態を破壊したことになる——すなわち，所有権を名目上の所有権と，以前はそれに属していた権力とに分離したのである．これによって株式会社は利潤追求企業（profit seeking corporation）としての本質を変えたのである．この革命がこの研究の主題となる」[29]と．

　これまでの検討が示すことは，米国巨大株式会社での広範な経営者支配の確立であり，同時に株主による支配の弱体化である．二人はこの状況下で株式会社の存続のための要請として，社会の多様な要求に適う中立的なテクノクラシーへの変化を必須のものとして求めた．株式所有権による支配の消極化と経営者支配の実証的研究，そして中立的なテクノクラシーへの要請という一連の研究は当時において前例のない極めてすぐれたものであり，今日においてもその意義はきわめて高い．しかしながら，出版から70年を経た今日においても，経営者権力に関する問題の深刻化のみが認識されるものの，彼らの要請はいまだ実現してはいない．

1) 株式会社の研究領域に関しては，片山伍一編著『現代企業・支配と管理』（ミネルヴァ書房，1992年）参照．特に序章「支配と管理の基礎理論」において資本運動の二重性，物的生産性，価値生産性，私的営利性，「社会的営利性」の各項目が体系的かつ簡潔に記されており，その整理として当該研究は重要である．
2) 資本の二重化に関し現実資本と同様に，疑似資本としての株式は長期利子率を基

準として評価された市場価値をもつようになり，実際的には商品化された支配証券（株式）の価格においてあらわれる．しかし長期利子率のみに限らず証券市場では多様な予測や思惑のもとで株式の価格が形成され，またこの支配証券性は株式の属性の一つでしかない．
3) 現実資本と擬制資本の分離あるいは希薄化に関しては，「積極的財産」と「消極的財産」表現しながら以下，③においてバーリとミーンズの研究を中心にその検討を予定している．
4) 馬場克三『株式会社金融論』森山書店，1965年，第3章2を参照．
5) 「生産関係の基礎としての所有」論あるいは「支配の基礎としての所有」論の態度は，私的所有をあくまでも支配の前提とする理論的態度である．これらはいくつかの範疇化が可能であるが，私的所有に固執する立場としては「支配出資者による支配の貫徹」（馬場克三）論や「会社は株主の道具」（M. フリードマン）だとする態度，あるいは私的所有を重視しながらも結果的に否定する立場に転換し，資本主義を否定せざるをえないと考える「所有者支配の解体による脱資本主義」論（西山範典）や「経営者革命」論（バーナム）などがある．その他，私的所有に資本の自立性（物象化論的性格）を折衷する態度として「法人所有にもとづく経営者支配」（奥村宏）や「会社による会社支配」（宮崎義一）などがある．いずれも議論の前提として「私的所有＝支配」が前提となっている．
6) 鶴田満彦「企業改革の経済学―森岡孝二『日本経済の選択』を読む」『経済科学通信』基礎経済科学研究所，2002年8月号．
7) 鶴田満彦「第Ⅱ章　独占資本主義」『資本論体系10　現代資本主義』有斐閣，2001年．
8) 有井行夫『株式会社の正当性と所有理論―増補版―』青木書店，1998年，11-15頁．以下の部分に関し，理解の範囲内において有井の研究に多くを依存している．
9) 神山義治「自己批判する資本のシステムとしての現代」『経済理論学会52回大会報告要旨』経済理論学会，2004年．
10) Adolf A. Berle, Jr. and Gardiner C. Means, The Modern Corporation and Private Property, The Macmillan, New York, 1932.（北島忠男訳『近代株式会社と私有財産』文雅堂銀行研究社，1958年）．本稿の引用に関しては北島訳の該当頁を併記するが，翻訳自体は必ずしもそれに従うものではない．
11) この著作が世に問われた直後，例えばドッド（E. Merrick Dodd）は経済学的・法律学的研究が密接に関連付けられている点について，「現今において存在する株式会社の実態を考察する」研究だとして，その書評において高く評価している（E. Merrick Dodd, The Modern Corporation and Private Property [book review], *University of Pennsylvania Law Review*, Vol. 81, No.6, 1933, p. 782）．
12) A. A. Berle, Jr. and G. C. Means, ibid., p. 6（邦訳7頁）．

13) A. A. Berle, Jr. and G. C. Means, ibid., pp. 44-46（邦訳54頁から56頁）.
14) A. A. Berle, Jr. and G. C. Means, ibid., pp. 66-68（邦訳84頁から86頁）.
15) たとえば会社法研究の第一人者とされた鈴木竹雄によれば，「株主は実質的にみれば会社企業の共同所有者であるが，この共同所有における株主の分け前は，会社の財団法人性に即応して，会社に対する法律上の地位の形に引き直され，株主はこの地位にもとづいて会社に対し多様の権利を有することになる．株式の実体をなすのは，株主のこのような法律上の地位である」とし，「社員の地位は，通説によれば，社員権と称する単一の，しかし多くの権能を有する権利」だとしている（鈴木竹雄『会社法』弘文堂，1964年）．
16) 経営者支配に該当する言葉としてバーリとミーンズはmanagement controlをあてている．この場合の経営者はmanagementであるが，米国では他にmanagerが使われている．ほぼ同様の意味内容で，これに以下の形容詞がつけられてsalaried managerあるいはprofessional managerとして使われることがある．前者は雇用労働者としての性質に着目した呼称で，後者はその職能的専門性に着目した呼称であろう．この点に関しては森川英正『トップマネジメントの経営史―経営者企業と家族企業―』有斐閣，1996年が詳しい．
17) A. A. Berle, Jr. and G. C. Means, ibid., p. 86（邦訳109頁）.
18) A. A. Berle, Jr. and G. C. Means, ibid., pp. 87-88（邦訳109頁）.
19) A. A. Berle, Jr. and G. C. Means, ibid., p. 69（邦訳88頁から89頁）.
20) A. A. Berle, Jr. and G. C. Means, ibid., p. 333（邦訳423頁）.
21) A. A. Berle, Jr. and G. C. Means, ibid., p. 69（邦訳88頁）.
22) A. A. Berle, Jr. and G. C. Means, ibid., p. 333（邦訳423頁）.
23) A. A. Berle, Jr. and G. C. Means, ibid., p. 338（邦訳430頁）.
24) A. A. Berle, Jr. and G. C. Means, ibid., p. 347（邦訳439頁）.
25) A. A. Berle, Jr. and G. C. Means, ibid., pp. 355-356（邦訳448頁から449頁）.
26) A. A. Berle, Jr. and G. C. Means, ibid., pp. 355-356（邦訳449頁）.
27) A. A. Berle, Jr. and G. C. Means, ibid., p. 356（邦訳450頁）.
28) 二人は第3の選択について，市場での資本移動による競争あるいは世論や政治的圧力などによってではなく，社会良心（corporate conscienceness）にもとづいた会社経営に期待を寄せるのであるが，今日にあってもその実現にむけた具体的政策的議論はほとんど深まってはいない．
29) A. A. Berle, Jr. and G. C. Means, ibid., p. 6（邦訳7頁）.

第2章 コーポレート・ガバナンスの日米比較
―― その背景と本質 ――

1. 問題意識

　筆者が「コーポレート・ガバナンス」(Corporate Governance)という言葉を初めて聞いたのは今から十数年前の国際大学大学院 (IUJ-International University of Japan)(ビジネス・スクール)で行われたクラス討議の中である (1991年2月). この討議は当時, 同大学の客員教授の職にあったアメリカのダートマス大学ビジネススクールのステファン・ブランク氏 (Stephan Blank：現在はニューヨークにあるペース大学ビジネススクール教授：Professor of International Business & Management at Pace University's Lubin School of Business) が日米企業のトップ・マネジメント組織の比較について話すよう誘いを受け, そのちがいについて大学院生にプレゼンテーションした時である. この際のブランク教授のコメントは企業の最高意思決定機構であるトップマネジメント組織を, その時すでにアメリカの学界・産業界でトピックスになっていたコーポレート・ガバナンスの視点から説明された[1]. コーポレート・ガバナンスは会社を統治 (Governance) する仕組みと考えれば企業の最高意思決定機構と直接的関連をもち, アメリカではこのような概念から捉えられているのだとその言葉の新鮮さを覚えた.
　ところが, バブル経済崩壊の時期とも重なる1992年頃に筆者らが中心になって研究者・実務家・ジャーナリストらが集まって小さな研究会「経営倫理を考える会」を組織し, それを発展させて日本経営倫理学会を1993年に発足させた. この学会設立後, 折しもわが国の産業界で次々と明るみに出てくる証券, 銀行業界の不祥事そして一般企業による総会屋対策等が原因となって経営者責任が

厳しく問われることになった．このことは，最高経営責任者である社長（CEO = Chief Executive Officer）がなぜそれらの非倫理的行動を食い止めることができなかったのか，いやむしろ社長の独走を許していたかも知れない会社の会社制度の仕組みにこそ問題があったのではないかに議論が集中するようになった。このような中で，筆者は第2回日本経営倫理学会発表大会において「企業倫理とコーポレート・ガバナンス」の研究発表を行った[2]．この発表の問題意識は企業不祥事を引き起こす企業倫理問題は最高経営責任者＝社長をモニターするわが国企業の会社制度の問題点からくるものであり，これをアメリカの会社制度と比較した場合どのようなところに問題があるのかを日米比較を通して明らかにしようとした．

そして，この時期あたりからわが国の学界や産業界ではコーポレート・ガバナンスの議論が盛んに行われるようになり，その後会社制度のあり方をめぐる諸種の調査研究・提言・改革案の議論が行われ今日に至っている．今，コーポレートガバナンス問題はわが国の学界・産業界では誰しもが関心をもつホットなテーマでありこれに関する論文，書籍，提言が数多く刊行されていることは周知であろう．

2．わが国におけるコーポレート・ガバナンス問題の背景

わが国ではバブル経済崩壊後，1990年代に相次いで起こった企業倫理問題に関連するコーポレート・ガバナンスの論議とはどのような事柄を指すのであろうか．まず，この論議の発火点は1990年代初期から中期にかけて相次いで起こった銀行・証券業界の不祥事（損失補填，インサイダー取引，政府機関への接待攻勢など），有力企業の総会屋対策による商法違反事件，建設業界と自治体との癒着などによる社会的批判であろう．このような言わば企業による反社会的行動はその利害関係集団（ステークホルダーズ）である株主，消費者，従業員，地域社会，行政機関から会社の存在意義そして経営者の基本的姿勢が厳しく問われる結果になった．つまり，会社は何のために存在するのか，会社は誰のものか，

会社をあずかる法律上の仕組みはこれで良いのか，そして会社の最高経営責任者（CEO）である社長はどのようにして選ばれ，それを誰がモニターするのかをめぐって最高意思決定機構のあり方が社会問題化した．反社会的行為によって被った会社への内外からの無形・有形の打撃は計り知れないし，結局は会社そのものを経済的窮地に追い込み，株主や従業員に多大な損害を与えることになる．筆者が企業倫理に関心をもち始めた時に，この分野の専門家であるナッシュ女史の言葉は極めて印象的であった．「企業のスキャンダルが厳しく追及されるのは高いものにつくと考えられるようになってきた．すなわち，重い罰金，正常な日常業務の混乱，従業員のモラル低下，離職者の増大，採用への支障，内部不正，企業の評判に対する世界からの信頼喪失などである．J＆J，IBM，フォード，ゼネラル・ミルズのリーダーたちは次のことを強調している．個人の行動規範が高いということは重要な資産であり，同じようにつかまえどころのなく実体のないのれんと呼ばれるものと同じくらい価値がある」と[3]．つまり，非倫理的な経営行動は結局は企業活動のすべてに多大な影響を与え，企業の成長，発展を阻止するマイナス要因を引き起こす——すなわち経済的損失を被る——ことになる．これは，近年の日本企業が引き起こした非倫理的行動を思い起こせば誰しもが察しがつくことであろう．数十年かかって築き上げてきた会社の信用に傷がつき，企業業績は低迷し，従業員の士気は低下する．そして，それを回復するための定量的・定性的側面のコスト——時間や労力，信用，のれん……——の回復は計り知れないのである．今日の社会では会社のビヘビアーに一人ひとりが高度の知識をもって強い関心を寄せ，厳しい目でみているのである．会社が社会に対して与える善し悪しの影響を見分ける良識を我々はもっている．また，ひとたび不祥事が起こるとすぐそれらのことをマスメディアが取り上げ，世間一般に知れ渡る．評判はマスメディアによって1つの事件，つまり点の出来事が面となって広く知れ渡る．さらには，近年では会社への法的規制が強化され，環境保全，消費者保護，人権擁護（PL，セクハラ，男女機会均等法など）の視点に立った新しい法律の制定がでてきている．法律は我々がまず守るべき最低限の倫理基準であるが，それさえも破ることは非

倫理的行動として社会から厳しく処罰されるのは当然であろう．

(1) 企業倫理問題からの視点

それでは企業不祥事はなぜ起こるのかということである．これは企業不祥事とは何を指すのかによってもその意味がちがってくる．一般的にはわが国でその直接的発端となったのは総会屋対策，インサイダー取引，損失補填，独禁法違反，違法献金，談合などにからむ商法違反に関する不祥事が大きな社会問題として批判されたことであろう．それを行った責任をめぐり，誰が関与したかを突き詰めてゆくと，関係者同士が互いに責任回避を行っている．しかし，何と言っても会社の最高経営責任は最高トップである社長＝CEOであるから，その責任が最終的には社長へと及ぶことは免れない．

① **過度な業績主義志向**

まず要因の第一は行き過ぎた業績主義志向である．これは激しい企業間競争から起因するものである．つまり，行き過ぎた業績主義志向が結局は極限の経営行動へと駆り立て，非倫理的な行為となって不祥事を生む．この行き過ぎた業績主義志向の経営行動は，企業形態，企業発展の歴史，あるいは業種・業界によっても異なってくるであろう．公企業より私企業のほうが熾烈な競争を行い，業績を達成しなければならないプレッシャーが，結果として非倫理的な経営行動が不祥事を起こす要因になる．これまで企業の善し悪しと言えば，見える資産で計られる経済尺度——売上高，収益性，資本比率や株主にとっての資産価値，企業の売買価値など——によって評価されてきた．そのために，企業は一丸となってその目的達成のために邁進する経営行動をとってきた．経済的成果の達成のためには何事も厭わない経営姿勢が結局は業績主義志向となって不祥事を起こす．バブル崩壊後，わが国企業の多くは業績が悪化し，企業間競争が激しくなる中で業績達成へのプレッシャーが強まり，結果として経営者を非倫理的行動へと駆り立てた．

② **経営者の独断専行的**

次に経営者の姿勢である．企業の最高経営責任者は社長であるから，社長が

最終的にその意思決定をどのように判断するかは，社長個人に内在する価値観と関係する．経営者の企業経営に対する基本的な価値観がどこにおかれるかによって，それを構成する人々の価値観に大きな影響を与える．つまり，社長以下の役員，管理者，担当者は企業組織においては基本的には指揮命令下にある責任権限関係であり，その最終的決定は社長の意思によって判断される．そうだとすると，その意思決定は社長が会社の存立意義を社会に対してどのように認識しているかの社長の基本哲学・考え方が反映してくる．つまり，企業における意思決定行為は，その内容が複雑・高度化すればするほど，それを日常業務の中で行っている管理者一人ひとりの判断は最高経営責任者である社長の基本的な考え方・価値観の影響を少なからずうけるであろう．企業組織は基本的にトップからの指揮命令であり，その意思決定の最高の司令塔は社長である．社長の意思決定が誰からのモニターも受けることなく独断専行的になることの現在の会社制度のあり方が，結局は非倫理的な経営行動となって不祥事を引き起こす．行き過ぎた業績主義志向も究極的にはそのイニシアティブをとる経営者の基本的姿勢がどうであるかが問われてくる．

③ 取締役会の無機能化

3つ目には取締役の善管・忠実義務，取締役会の形骸化である．これについてはどうか．株式会社のもともとの発想とその仕組みは，民主主義の司法，行政，立法の三権分立の思想に基づいている．つまり，司法は法をつかさどるところであり，株式会社ではその責任を担うのが監査役，行政は政治を行うところであり，その責任を担うのが取締役会，立法は国民の最高の議決機関である国会である．株式会社ではその責任は会社の最高の意思決定機関である株主総会である．そして，経営の実行責任を負うのが取締役会から任命された執行責任者としての社長である．株式会社ではこのような三権分立の思想をもとに社会に開かれた法律上の人格（Publicly Owned Corporation）として公正な意思決定が行われる仕組みで成り立っている．つまり，執行責任者である社長1人に専制的な権力が集中するのではなく，三権が互いに牽制し合い，監視し合うところに株式会社の民主性と公平性のチェック・アンド・バランスが保たれる．

ところが，今日の株式会社制度の実態はどうであろうか．指摘されていることは最高の議決機関である株主総会は形骸化し，さらに取締役会の機能も有名無実化している．つまり，本来的な取締役会は執行責任者としての社長を選び，その社長をモニターをする仕組みなのだが，その仕組みが正しく機能していないのが現実である．

④ 監査役制度の無機能化

4つ目は監査役制度のあり方である．商法では株主総会が取締役会や監査役のメンバーの選任，解任および監督責任・権限をもっている．監査(役)の責任は業務監査と会計監査の2つの役割が課せられており，それを忠実に遂行し監査報告書を作成しなければならない．監査(役)の役割・責任のあいまいさについては学会や法律家の立場からも指摘されてきたが，相次ぐ不祥事——会計帳簿の改竄など——以来その制度のあり方が問われ，監査役制度の改革が論議の的となっていた．つまり，監査を本当に行っているのか，監査役の責任とは何か，会社制度の仕組みをめぐって監査(役)のあり方が本質的に問われることになる．

（2）経営者選任の問題点

以上，企業不祥事—企業倫理の発生要因をわが国のコーポレート・ガバナンスの特徴と関連づけてみてきた．さて，ここで考えられることは，わが国の取締役会は無機能化が指摘されてきた中で，その重大な問題点が隠されていた．

つまり，本来的には取締役会は最高経営責任者：CEOを選任し，CEOは企業経営の執行責任をもつことになる．この仕組みではCEOである社長は取締役会が選任するのであるから，最高責任をもつ社長へのモニター機能は取締役会である．取締役会メンバーは株主総会で選任されるから，株主所有者の最高の議決機関である株主総会は当然に影響力をもつことになる．ところが実際はどうであろうか．図2-1でみるように株主総会は宙に浮いており，形骸化している．取締役と監査役の選任権は彼らが本来，監督・監査すべき社長の手に移り，取締役はCEOの下で業務執行上の一階層に変質している．そして，本来，

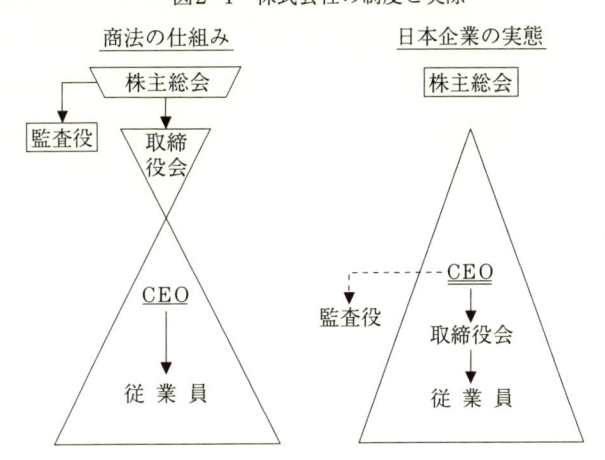

図2-1　株式会社の制度と実際

　商法の仕組み　　　　　　日本企業の実態

（商法の仕組み：株主総会→取締役会→CEO→従業員、監査役が株主総会から分岐）
（日本企業の実態：株主総会、CEO→取締役会→従業員、監査役はCEOから点線）

　取締役会が果たすはずの経営方針や経営戦略の意思決定は，商法上特に規定されていない会議体（常務会や経営会議）などの少数のトップ経営者によって行われてきた．常務会や経営会議のメンバーを選任するのも代表取締役であるから，社長のモニターは，誰が行うのかである．形骸化した会社機関（株主総会，取締役会，監査役）に代わって，経営者に対するモニター機能を果たしているのは，主要取引銀行や大株主からの圧力，ないし労組，さらには事が発生した場合のマスコミによって取り上げられる場合である．つまりわが国ではCEOをモニターするのは近年までは主要取引銀行や大株主であった．ところが会社間での"株式の持ち合い"であれば，もの言わぬ株主"サイレント"な存在になってしまう．企業を特にその代表であるトップ経営者を誰がモニターするかが，わが国のコーポレート・ガバナンスの問題へと発展してくる．

3．アメリカにおけるコーポレート・ガバナンス問題の背景

（1）企業倫理との関連性

　前節では日本におけるコーポレート・ガバナンス問題を特に企業倫理の視点

から見てきたが，アメリカの場合はどうであろうか．まず企業倫理の視点から言うと，アメリカではわが国に先がけて企業倫理（Business Ethics）問題はすでに十数年前から論議されていた．アメリカでの直接的なきっかけは70年代における自動車の排気ガスに対する消費者からの企業批判，国防産業を担う先端技術企業——GE，TIなど——がその売り込みをめぐる政府との癒着が企業の社会に対する基本的姿勢が追及される形で企業倫理の議論へと発展した．実際に企業倫理問題に対応して，アメリカ企業の多くが遵守のための企業倫理綱領を制定するようになったのは，1970年代である．この時期はアメリカ国内で環境汚染が社会問題化した時期であり，また欠陥自動車が槍玉にあがって消費者運動が一気に噴出したときでもある．これに対して，企業の社会責任が厳しく問われ，各社ではコーポレート・レスポンシビリティーやビジネス・エシックスという用語が一般化した．

この時期に自らを企業の社会責任という視点から経営行動を律するべく倫理綱領を制定した．1970年代中頃には「倫理コード運動」が生まれたほどで，80年代になると，倫理綱領の制定企業が多くなる[4]．このアメリカ企業の動きに比べると，わが国の企業倫理問題の認識は1990年代以降の関心事である．しかし，アメリカではこの企業倫理の問題が起因となって直接的にコーポレート・ガバナンスが議論されることになったのではない．アメリカではコーポレート・ガバナンスの用語は1980年代初めにすでに使われ，論文発表なども行われている[5]．しかし，それが本格的な論議となるのは1980年代の終わり頃からで，わが国のバブル経済の崩壊時期と重なってゆく．アメリカにおけるコーポレート・ガバナンス問題の根源はわが国の場合と異なり，それ以前のアメリカ企業の競争力の回復，業績悪化に伴う経営者責任問題と関連してくる．

(2) 業績低迷と経営者責任

筆者は1971-73年まで留学のためニューヨークにいた．当時の大統領はニクソン（Richard M. Nixson）でベトナム戦争が終わりかけていた時期である．10年近く続いたベトナム戦争に費やしたアメリカの軍事支出は莫大な額であり，

それによるアメリカ経済の疲弊と社会の亀裂は計り知れないものがあった．失業率が9％近くになり，アメリカの大学生は卒業しても就職先がなかなか見つからない時代である．自動車や鉄鋼・電気会社による大企業の従業員のレイオフはアメリカ各地で頻繁に起こり，経済の低迷による大都市での犯罪も異常に増えた．実際に筆者が住んでいたニューヨークなどは様々な形の犯罪事件が起きたことを経験している．しかし，50年代，60年代のアメリカはどうであろうか．戦後，ヨーロッパ諸国や日本が戦争の傷痕から少しずつ立ち直る中で，アメリカは世界経済をリードする繁栄と豊かさの象徴であり，それへのあこがれとしてアメリカに追いつこうとする経済政策の中心がヨーロッパやわが国にあった．

　ところが，70年代に入るとアメリカ経済は次第に暗雲が立ち込め，産業の代表である製造業は軒並み業績が低迷する．中でも自動車業界は73年のオイルショックを契機に日本車の市場拡大がますます強まり，業績は低迷し，工場従業員のレイオフが各地で行われた．自動車産業はアメリカの基幹産業であり，経済繁栄のバロメーターである．自動車の売れ行きはアメリカ経済の景気動向を映し出す鏡である．自動車業界が低迷することによる他産業への打撃は極めて大きい．業績低迷によるアメリカの製造業の世界的な生産・販売シェアが1960年代を境に大きく低下した．国連の統計だとアメリカの主要産業の生産シェアは50年代半ばから70年代半ばの間に鉄鋼は37％から11％へ，自動車は70％台から30％台へ，そして半導体も70年代半ばの75％から80年代後半には40％へとそれぞれ急降下した[6]．このようなアメリカ企業の国際競争力の低下による業績低迷はそれまで世界に君臨し，圧倒的競争力を誇ったアメリカ企業のビヘビアー，そしてそのリーダーシップをとる経営者責任が企業のステークホルダーズである株主，従業員，地域社会から問題視され始めた．中でもアメリカ企業の伝統は，会社は株主のものであり，一株当たりの利益を重視する．このことは収益の低下に伴う株主からの反発の形で経営者責任が問われ，1970年代後半からその批判は次第に強くなってゆく．

(3) 経営者責任と取締役会機能

経営者責任，つまり最高経営責任者であるCEOへの責任追及は誰によって行われ，また，CEOがどのような形で選任されたかの企業の最高意思決定機関の仕組みが問題となってくる．アメリカ企業の最高意思決定機関であるトップ・マネジメント組織は基本的にわが国と同様に株主総会（General Meeting），取締役会（Board of Director），監査（役）（Auditor）の3つの機関から成り立っている．株主総会は会社の最高の議決機関であるが，そこから付託されて業務執行の最高意思決定機関であるのは取締役会である．

さて，この取締役会制度であるが，わが国同様にアメリカも取締役会も無機能化が指摘されてきた．アメリカの産業界では取締役会は有名無実化・形骸化し，ドラッカーはそれを「無力な法的虚構」であると指摘した．しかし，このような中でも業績低迷を回復すべく取締役会の強化，そして経営者責任を追及しようとする動きが見られるようになった．中でも『株式公開の大企業における取締役会の役割と構成に関する意見書』(The Role and Composition of the Board of Directors of Large Publicly Owned Corporation, Statement of The Business Roundtable 1978年1月）はその代表的意見書である[7]．この意見書を提言したビジネス円卓会議（The Business Roundtable）はアメリカの有力産業人で構成される経営者懇話会（わが国の経済同友会の活動にあたる）である．それが当時のアメリカ企業の取締役会の現状を次のように述べている．

- 各取締役は，取締役会において可能な限り効果的な役割を果たすほどには十分な時間を割いていない．ただおざなりに出席するに過ぎず，そして報酬稼ぎをしていること．
- そのメンバーは，CEOによってすでに選任されており，従って彼らはCEOに頭が上がらず，イエス・マン（subber stamps—盲従的な捺印者）であること．
- 株主は取締役の指名選任については，法律上の制度とは異なり，何らの発言権がない．
- 取締役は，会社の実情について情報不足の状態にあり，従って取締役会に

おいて有効な討議ができにくい．
・取締役会のメンバーたちは余りにも同質的であり，ほとんど同じ鋳型に属する者たちであって『現状打破』あるいは『危険を冒す』("rock the boat")ことの気力に乏しい．

つまり，ここで指摘していることはアメリカは社外取締役が多いとは言っても取締役会においてはその本来の役割を果たしておらず，大方の取締役はCEOによって選任されCEOの力によって左右されている[8]．意見書ではこの他に取締役会の本来的機能は何か，取締役会への情報提供のためのシステムと手順について，そして最後には取締役会の組織と構成について述べている．最後に取締役会の機能回復の方法として取締役構成メンバーを多彩多様にすること，社外取締役たとえパートタイマーであってもその有効性を認めること，取締役会の議長の機能と執行責任者の機能は分離し，それぞれ別途に付託（Lodged）したほうが良いと述べている．これらの主張は取締役会の強化による経営執行者へのモニターを明確にし，経営者責任をより強固に追及できる体制を整えることに他ならない．つまり，この意見書に代表されるように，アメリカでは1970年代から取締役会をいかに活性化するかの議論は行われてきている．

（4）機関投資家の台頭

70年代後半から取締役会の強化のための方策がアメリカ大企業を中心に様々な試みが行われたが，それが本格化するのは90年代に入ってからである．取締役会の役割の変化の火付け役となるのが大株主であるアメリカの機関投資家である．これはいみじくも，フォーブス（Forbes）が1994年12月号で "Good-bye to Berle & Means"[9] のタイトルで述べているように，それまで支配的な考え方であったバーリ＆ミーンズの『近代企業と私有財産』（A. A. Berle, Jr. and G. C. Means "The Modern Corporation and Private Property, Macmillan, 1932）の考え方への批判的検討である．つまり，バーリ＆ミーンズが今世紀初頭にその著書で指摘したように，アメリカ大企業の支配が資本家ではなく，専門経営者（Professional Manager）——この後に続くJ. バーナムの経営者支配論 "Managerial Revolution" 1941 も著名な文献——に移っていることの考えに対する反論である．今日では，たとえ専門経営者であっても会社の業績を上げることができなければ大株主の圧力によって最高経営責任者：CEOは解任されるのである．近年の例で言えばIBM社のジョン・エーカーズ，イーストマン・コダック社のケイ・ホイットモア，アップル・コンピュータ社のジョン・スカリー，ウェスチング・ハウス社のポール・レゴ，そしてアメリカン・エキスプレス社のジェームズ・ロビンソン三世，ボーデン社のアンソニー・ダマトなどが軒並み解雇されたことがその証左である．大会社のトップが，これほど続けざまに失脚した例はかつて見られらかった．このような経営者責任を厳しく迫り，そのための取締役会の機能強化に火をつけたのが，機関投資家の役割である．アメリカにおける機関投資家の動きは1970年代からすでに現れており，1976年の時点でドラッカーはこの時期あたりから目立ってきた大企業の株式保有の変化を「見えざる革命」(Unseen Revolution) と捉えた．そこには個人投資家に代わって年金基金を中心とする機関投資家（Institutional Investor）が台頭し，その所有割合は1950年代では10％ほどだったものが1990年代後半には大企業の株の60％近くを保有している．機関投資家の中でもカルパース（カリフォルニア州公務員退職年金基金）は1997年当時で総資産額1,200億ドルを所有し，その影響力は年々大きくなっている[10]．大株主である機関投資家によって突き付けられる取締役会への要求，そしてその最高経営責任者であるCEOがその要求に応えなければ責任は厳しく追及される．これまでの取締役会のあり方をめぐって議論され，その本質は「株主の利益」に応えるとふるまいながら実際には経営者の利益のために活動してきたことへの株主からの反撃である[11]．このようなことからみると，アメリカでは取締役会の機能強化が産業界・学界で指摘されながら内発的にはそれほど進まないことへの反逆として外発的要因である機関投資家による経営者責任の追及という形で表面化した．このことはこれまでの会社制度の中で行われてきた取締役会のあり方の議論とは次元を異にするものであり，そのことが今日のコーポレート・ガバナンスを考える発火点となっている．

4. コーポレート・ガバナンスの日米比較

さて、ここでコーポレート・ガバナンス問題のベースとなる取締役会制度について検討してみよう．最高意思決定機構，いわゆるトップマネジメント組織は一般に受託経営層と呼ばれる株主総会，取締役会，監査役，さらに全般経営層としての社長1人，会議体である常務会，経営会議などを指している．しかし，トップマネジメント組織の実際の態様を国際比較する場合，その中心課題が取締役会のあり方である[12]．取締役会はトップマネジメント組織の態様を最も具体化した形の意思決定機構の仕組みを表わしているし，コーポレート・ガバナンス問題の核になっている．以下，取締役会の日米の相違点を検証したい．

(1) アメリカの場合
① 社外取締役

まず，日本の取締役会とアメリカの取締役会の基本的ちがいは社外取締役と社内取締役の構成比である．アメリカ企業の取締役会はどの会社をみても圧倒的に社外取締役が多い．

1977年に行った米国のコンファレンスボードによる米国企業全体の調査では，製造業の取締役会の構成メンバーは少ないところで7人，多いところで33人を擁し，平均して13人である．この中で，社外取締役が過半数を占める会社の割合は83％である．さらに1995年，コーン・フェリーが行った調査では同じく製造業の場合，取締役会の構成メンバー平均は15人．社内取締役と社外取締役の割合は4人：11人となっている[13]．社外取締役が75％〜85％の割合になっている企業が全体の72.4％であり，取締役会に占める社外取締役の比率7〜8割と高いのは米国企業の取締役会の特徴である．この調査は今から10数年前の比率であり，今日では社外取締役の比率がまだ増えているものと思われる．

② 取締役会の小委員会

それでは実際上，社外取締役の構成比率が多いアメリカの取締役会の運営はどのように行われているのであろうか．

アメリカでも取締役会を常時開催し，それらの任務を個々の要件ごとに処理することは不可能なため，取締役の委員会 (Sub-Committee) に委ねている．通常，取締役会の下部組織である小委員会には以下のような5つの委員会がある[14]．これらの小委員会の構成は社内取締役と社外取締役から成っている．表2-1は2003年のコーン・フェリーの「30th Annual Board of Directors Study」の調査による小委員会の社内と社外の比率である．

　これらの委員会はすべて取締役会の定めた権限の範囲でその責任を行使できることになっている．

　この小委員会の中でも，興味深いのは，監査委員会，報酬委員会，指名委員会は社外取締役のみから構成され，また新しい近年では社外取締役より成るコーポレート・ガバナンス委員会があることである．

表2-1

Committee	Average Number Inside Directors	Average Number Outside Directors	Average Number Directors
Audit	0	4	4
Compensation	0	3	3
Stock Options	0	3	3
Nominating	0	3	4
Executive	2	3	4
Corporate Governance	0	4	4
Finance	1	4	5
Succession Planning	0	4	4
Investment	1	4	5
Corporate Responsibility	1	4	5
Directors Compensation	0	4	4

出所）30th Annual Board of Director Study, Corn / Ferry International.（2003年）

③ オフィサー

　取締役会は受託職能と全般管理職能の役割をもっているが，アメリカ企業ではそれらの任務を分化させている．いわゆる実質的には二重ボード制である．制度的には取締役会は業務執行者であるオフィサーを選任し，その長としてのチーフ・エグゼクティブ・オフィサー（Chief Executive Officer）──会長（chairman）の場合もあるし，社長（president）の場合もある──が最高経営責任者となる．オフィサーの地位にある人は執行役員であり，取締役会メンバーよりも人数は多い．アメリカの年次報告書（Annual Report）には取締役会メンバーとオフィサーの名前は必ず明記されている．通常，社内取締役はオフィサーであり，取締役会会長（Chairman: Board of Directors）とCEOは兼務しているケースが多い．

　このように制度的には二重ボード制によってCEOは過半数以上を占める社外取締役によって，業務執行の監督統制をうけることになる．オフィサーの長であるCEOは，取締役としては何らの階層関係はなく，議決権は1人1票という論拠に立てば，CEOへの公正な評価とチェック機能が働いていることになる．

　しかし実際上は取締役会の構成メンバーの中でも経営の執行業務に実質的に関与し，その内実を掌握し，行っているのはチーフ・エグゼクティブ・オフィサーである．CEOこそが「究極的に会社を動かすもの，会社の運命を決するもの」[15]であることは今日も変わりはない．

（2）わが国の場合

　これに対して，わが国の取締役会はどうか．取締役会制度の改革は昭和25年の商法改正によって行われた．そこで法制化された取締役会は，アメリカと同じようにその職能を受託職能と全般管理職能にその遂行を義務づけられていることは変わりない．ところが実際上は，それらの両職能はどのような形で行われているのであろうか．

① 社内取締役

1970年代にコンフェレンス・ボードの要請をうけて日本の経済同友会が行った調査は，わが国の場合は取締役会の構成メンバーの数は1社平均21.6人とかなり多い．また，46人以上の取締役で構成されている企業が3社もある．取締役会は社内取締役が約90％と圧倒的多数を占めている．また全体の回答数134社中，社外取締役のいない会社が57社もあった．

社外取締役会の出身分野をみると，約70％が大株主，他社の社員，銀行役員などいわゆる"社外重役"である．わが国では戦前は，持株会社，財閥を代表する非常勤の社外取締役が多かった時もある．しかし，戦後の財閥解体，追放令などにより，大物社外取締役が激減し，その空席を埋めるために，社内から大量の常勤取締役が補充された．また株式所有の大衆化で，資本と経営の分離が進んだために，大株主代表の社外取締役も減ったといわれる．

わが国企業では社内取締役が圧倒的多数を占めるということは近年までの調査でも明らかである．たとえば，日本大学産業経営研究所の調査では回答企業のうちで社外取締役がゼロの会社は105社（46.3％）．そして社外取締役がいても1人ないし3人の会社107社（47.2％）であった[16]．竹内弘高（一橋大学）によれば，日本の優良企業100社の2,737人の取締役のうち「社外取締役」は55人と2％に過ぎず，社外取締役がいる会社は100社中の19社に過ぎなかった[17]．

② 代表取締役

わが国では，アメリカのように取締役会メンバーとオフィサー（執行役員）との区別はこれまで存在しなかった．取締役会が内部取締役より構成され，それらの取締役が自ら業務執行者となる．つまり受託職能と全般管理機能は分化しておらず一体化している．ただ，わが国の場合代表取締役とそうでない取締役がいる．これは戦後の商法改正によって業務の執行と決定を分離するというアメリカの影響をうけて作られた制度である．ただわが国の場合，会社の業務に関する一切の権限を握っている代表取締役(社長)は他の取締役によって監督統制することはありえない．何故ならば，取締役会メンバーはその中にいくつかの序列——会長，社長，副社長，専務，常務——をもっており，ほとんどの場

合取締役の選任は，代表取締役である会長，社長などの上位の取締役の推薦によって選ばれる場合が通例だからである．

このようなことから実際上，上位の取締役の頂点ともいうべき代表取締役を監督するなどタブーであり，会議などで反対意見を述べることはほぼありえない．取締役会は社長の独演会になることが多く，取締役会職能としての執行者の監督などほとんどが形骸化しているのが現状である．しかも取締役会がほとんど内部取締役で構成させている中では，監督し，監督されるという公正な仕組み，つまりチェック・アンド・バランスは働かない．ここにわが国の社長への権限集中がアメリカのそれ以上に強力になる根拠がある．

5．日米企業のコーポレート・ガバナンスの改革

（1）アメリカ企業

2000年になってアメリカ企業のコーポレート・ガバナンス問題に一大衝撃を与えたのがエンロン・ワールドコムによる不正経理事件である．この事件によって会社は解散や他社への売却へと追い込まれ，企業倫理とは何か，他方ではコーポレート・ガバナンスのあり方，最高経営責任者：CEOの経営責任が改めて問われることになった．この二大事件を契機にアメリカ連邦政府も企業改革法を制定することになる．2002年3月制定のこの企業改革法は立法した議員の名前から「サーベンス・オクスレー法」と呼ばれコーポレート・ガバナンスや企業会計改革をねらい企業経営者らへの不正行為への罰則を強化した．この改革のポイントは①経営者によるアカウンタビリティー徹底，②投資家への情報開示の改善，③独立した監査の強化である．具体的には次の10項目から成っている[18]．

　①　四半期情報の拡充
　②　重要情報の即時開示
　③　企業情報の真実性，適時性，公正性に関するCEOによる証明
　④　虚偽情報による不正利益の返還

⑤ 不正行為を行った取締役等の再任制度
⑥ 取締役等による自社株式売買情報の即時開示
⑦ 外部監査人による監査業務以外の制限
⑧ 監査法人監視機関の設立
⑨ 財務会計基準審議会（FASB）による監督強化
⑩ 外部監査人による監査の強化

この企業改革法の成立後，アメリカ企業は社外取締役をさらに増やしそれを活性化させるための取締役会改革，取締役会会長とCEOを分離しようとする試み，取締役会の小委員会にこれまであった監査，報酬，指名委員会に加えてコーポレート・ガバナンス委員会の新たな設置などのいくつかを着手している．

次にここでわが国のコーポレート・ガバナンスについて考えてみよう．本章の2節でわが国のコーポレート・ガバナンス問題の背景を企業倫理との関連で考察し，そして4節ではわが国における取締役会の特徴について述べた．この2つの内容から言えることは，最高経営責任者・社長への権限集中とそれをモニターする会社制度のあり方が問題視されていることであった．そして，企業倫理に端を発したわが国のコーポレート・ガバナンスは学界・産業界・そして法曹界からの幅広い議論の中でいくつかの改革が始まった．ここではこの実践の方向を2つの視点からみてゆきたい．

（2）経営者牽制機能の法的措置

その1つの側面は法制度の改正によって，むしろ会社の外側から経営者責任を明確化し，その牽制機能を強めることである．

1つは株主代表訴訟制度の簡素化——これは，今まで，多額の訴訟手数料（賠償請求額の一定割合）を必要とするために，ほとんど利用されることがなかった同制度を，訴訟手数料を少額にすることにより機能させやすくしているものである．これは1993年6月の商法改正によるものであり，"6カ月以上株式を保有し続けている株主は，取締役の責任を追及する訴訟を会社に請求し，会社がこれに応じなかった場合には会社に代わって損害賠償請求訴訟を起こすこと

ができる"というものである．そして，訴訟手数料が一律8,200円に引き下げられることがそれをやりやすくした．これによって商法改正が行われた1993年では株主代表訴訟が84件であったものが1997年では219件にまで増え，賠償金額も案件によっては莫大な額になっている．このことは一方においては確かに経営者への牽制にはなるかも知れないが，他方では本来あるべき革新的な経営活動の挑戦を萎縮させるのではないかという産業界からの批判もある．

2つ目は株主の帳簿内覧要件緩和――これは，会計帳簿の閲覧を要求するために必要な持ち株要件を引き下げることにより，経営内容に対する監視の目をより広範に少数派株主にまで広げようとするものである．1993年の商法改正以前は持ち株比率が10％以上であったが，商法改正により3％以上に引き下げられた．都市銀行の事業会社への持ち株比率は平均して5％前後だと言われているので，3％は当然会計帳簿の閲覧が可能になった．

3つ目は，監査役機能の強化である．

・監査役会の設置は，監査役が個人ベースで監査責任をもつ状況の制度を改め，複数の監査役による監査役会を組織し，機関（集団）として監査責任を負わせようとするものである．1993年の商法改正では，監査役の任期を2年から3年に延長してその地位を強化するとともに，商法上の大会社（資本金5億円以上，または負債総額200億円以上）については監査役を2人以上から3人以上に増員し，監査役会を組織することを義務づけている．

・また，監査役の外部制強化では，監査役（ないし監査役会）の独立性を確保するために，監査役適任者の資格要件の厳格化や企業外の公的機関による監査を提案している．そして，大会社の監査役の3人以上のうち，少なくとも1人は社外監査役であることを求めている．

（3）取締役会制度

もう1つの側面は会社自身の内部改革である．これはわが国取締役会制度の特徴となってきた社内取締役のみの構成に対して社外取締役を加えようとする動きである（富士ゼロックス，ソニー，日本電信電話，ソフトバンク，三和銀行など）．

つまり，取締役会のあり方をアメリカ型に近づけることである．これによって，CEOへの牽制・モニター機能を強めることを考えている．また，前述した取締役会の小委員会制度を設けて，その小委員会の中に社外取締役が加わった指名委員会，報酬委員会（ソニー，帝人など）をつくる会社もでてきている．

さらに，社外取締役に代わってそれと同じ機能を担うことを期待したCEOへのアドバイスとして諮問委員会（アドバイザーコミッティー）制度を取り入れている会社もある（NEC，トヨタ，花王，日立製作所など）．

また，近年，産業界の課題となっている「執行役員制度」の導入である．従来の取締役の人数を見直し，大幅削減したうえで，商法上の取締役（意思決定機能）と執行役員（業務執行機能）に分離して，両者の役割分担を明確にすることにある．1997年6月，ソニーが最初にこの制度を導入して以来注目されている．2002年日本経済新聞社による主要企業300社の調査では執行役員制度は5割超の企業が導入している[19]．

この制度の下では，商法上の取締役は，小人数（10～15人程度）が選任され，経営計画，経営戦略等の策定などについての意思決定のスピードアップが図られる．一方，執行役員は，取締役と取締役会の決定に基づき，経営目標の達成を目指して業務・事業の執行を担当する．これは正にアメリカのボード・オブ・ディレクターとオフィサーを区別してその機能を担わせている方法である．

6．コーポレート・ガバナンスの本質

（1）日本企業のコーポレート・ガバナンスの評価

以上，日米におけるコーポレート・ガバナンス問題の背景，その核となる取締役会制度のちがい，日本における改革の動きについてみてきた．そして近年，わが国ではコーポレート・ガバナンスへの取り組みを前述したような一連の動き——株主代表訴訟の簡素化，監査役の強化，社外取締役の導入，アドバイザーボードの設置，執行役員と取締役の分離等——を指して，その多くを語ることが多いように思われる．これは，コーポレート・ガバナンス問題の契機とな

った様々な不祥事を考えれば，それを牽制する法的措置の強化，会社自身による制度改革の試みとして，一応の評価はなされるだろう．

しかし，このような一連の制度改革だけがコーポレート・ガバナンス問題の本質なのだろうか[20]．不祥事によって業績が低迷したのか，あるいは業績が低迷によって不祥事が起きたのか，そこには相互の因果関係があるだろう．しかし，考えなければならないことは，企業の最終目的は経済的成果の達成であり，業績の向上である．このような視点から見ると，わが国企業の多くはつい最近までその成果の達成はおろか業績低迷がずっと続いてきたのであろうか．つまり，日本企業の成功という視点から見た場合のこれまでのコーポレート・ガバナンスは問題だらけであったのだろうか．

振り返れば，日本企業は戦後どん底の中から立ち上がり，経営者と従業員が一体となった経営システムの確立によって多くの企業はみな高業績を達成した．そこには，もちろん一時的な業績の低迷はあった．しかし，1970年代，80年代までの日本企業の競争力はあったのである．日本製品は世界市場で絶対的な信頼を勝ち得た．このような中で，日本的経営賞賛論，日本の経営システムを欧米企業は注目した．この点から考えると，日本企業のコーポレート・ガバナンスは取締役会制度に問題を含みながらも業績は向上し，経営者の意思決定はそれまで問題視されることなくその有効的なシステム——日本的なコーポレート・ガバナンス機能は良く働いていたのである．先に述べたようにわが国の取締役会の特徴はほとんどが社内取締役で構成され，その登用も従業員からの選任であった．しかしこの場合，取締役はどのような基準で誰によって選任されるかということである．最終的にはそれは社長によって選任されるであろうが，彼らの参画によって取締役会が真に意味のある政策立案を行うならば取締役と経営執行が未分化であってもこれまでは問題はなかった[21]．むしろ，従業員から選任された取締役が最高意思決定機関である取締役会の参画によって経営者と従業員との一体感をつくり，そのことが日本の経営の意思決定の特徴として日本的コーポレート・ガバナンスの良さをつくり上げてきた．

(2) 資本の論理と株主主権

しかし，日本企業の経営環境は近年になってドラスチックに変わっている．どん底の中から立ち上がったわが国経済も高度成長期・安定成長期を経て，今や国内市場は成熟化した，成長のための次なる産業を掘り越してゆかなければならない．

これまでの日本経営の特徴は従業員主権でアメリカ企業のように容易にレイオフなどしない温かみのある会社とみられてきた．しかし，その考え方の背景には企業は必ず成長するという"成長神話"を前提とした「人材雇用」の考え方であり，成熟化した今日の経営状況――解雇やリストラなどを余儀なくされている――の論理が根底にはなかった．しかし，日本企業の成長を支えた製造業――特に量産型の産業は，世界競争の中での競争優位を失ってきている．次なる成長のためには産業構造を21世紀型産業へと構造転換してゆかなければならない．会社を変えようと思えば，収益が見込まれない事業の縮小や撤退，それに伴う人員の削減は避けられないし，そうしなければ，企業はますます窮地に陥り，挫折へと追い込まれる．ここに経営者の意思決定として，会社は従業員のものなのか，株主のものかという企業経営の本質がコーポレート・ガバナンスの視点から問われてくる．終身雇用制に代表される従業員を大事にする日本経営の特徴――一橋大学伊丹敬之はこれを特徴づけて「人本主義」という――は企業の成長神話が貫かれていた時代には適応したかも知れないが，今ではむしろ構造転換の足かせとなっている．考えなければならないことは企業の本質は何か，それは従業員が生活のために糧を得る人本主義なる共同社会によって成り立っているのか．否，そうではない。株主からの信託に応える収益のある会社経営，つまり，資本の論理に立った株主主権のあり方が問われてくる．しかし，そのことがイコール，アメリカ型をまねるということではなく我々日本の経営の特徴を生かし，その土壌に適したコーポレート・ガバナンスの本質を探求してゆかなければならない。これには従業員主権論（伊丹敬之・加護野忠雄らの主張）を始めとする様々な考え方がある。

また，ここにきて顕著なことは近年の日本企業活動のグローバリゼーション

の進展の結果として外国人株主からの影響力も直視しなければならない（ローム48.1％，キヤノン47.4％，HOYA33％，オリックス45.3％，富士写真フイルム44.4％，ソニー38.6％，花王36.3％，（日本経済新聞，2003年11月27日，ニューヨーク版）．外国人株主はステークホルダーの一つとしてその最大のプレッシャーになるであろうし，その他にも消費者，従業員，地域社会からの会社への様々な要求がある．

（3）日本的経営風土の中で

わが国のコーポレート・ガバナンス問題が社外取締役や執行役員制度の導入，委員会制度の設置とアメリカ型コーポレート・ガバナンスに近づく企業が多い中で，従来型の日本のコーポレート・ガバナンスの特長を生かしながら優れた業績を上げている企業もいくつかある．今，わが国のエクセレント・カンパニーの代表と言えばトヨタとキヤノンである．トヨタは58人いた取締役を2003年5月に専務以上の取締役27人へと半減させることにより取締役会の戦略的意思決定の迅速化を図った．同時に経営実務を担当する執行役員を常務役員の職名で39名任命した．これにより取締役会は戦略的意思決定に常務役員（オフィサー）は業務執行への役割分担が明確にされた．しかし，現在27名の取締役の中に社外取締役は1人もいないし，委員会制度もとっていない．他方，キヤノンは21名の取締役の中で社外取締役は1人もいないし，執行役員や委員会制度をもっていない．両社の共通するところは終身雇用制を維持しながら従来型のわが国のコーポレート・ガバナンス体制の基本を変えていない点である．トヨタはアメリカ型の社外取締役や委員会制度は「トヨタの現場重視の社風にはなじまない」と採用はしていない．キヤノンの御手洗会長は「株主も大事だ，その前に仕事をしているのは社員でパテントをとるのも社員である」[22] このような社員尊重が高い業績に結びつき，結果的に株主の期待に応えることができると考えている．株主会社の本質は株主からの依託をうけて経営活動を行う機能合理体の組織であるから，それをあずかる経営責任は株主への還元が第一義であることは基本であろう．しかし，株主を重視するあまりに解雇やリストラを強

表2-2 コーポレート・ガバナンス問題の日米比較

	アメリカ	日本
背景	1) 1970年代 → 80年代にかけてのアメリカ企業の国際競争力の低下 → ベトナム戦争の後遺症・日本の製品（テレビ，自動車，汎用機械など）の大量流入他→アメリカ企業の業績低迷 2) 株主と経営者との利害の衝突 → 会社は株主のもの，一株当たりの利益重視，株主への利益還元 → 経営者としての存続が目標，業績を無視した過大な報酬への批判 3) アメリカ大企業の株式保有の変化―「見えざる革命」（Unseen Revolution）の進展，1976年，by P. Druckerの指摘→個人投資家に代わって年金基金を中心とする機関投資家（Institutional Investor）の台頭（1990年代後半，大企業の株の60％近く保有，1950年代は10％ほど）→ カルパースの影響力大（カリフォルニア州公務員退職年金基金，総資産額1,200億ドル，（1997年時） 4) 2000年以降のエンロン・ワールドコム事件のコーポレート・ガバナンス問題の再認識 5) コーポレート・ガバナンス改革として2002年3月連邦政府による「サーベンス・オクスレー法」制度	1) 1990年代初めの銀行・証券会社等による利益供与事件，1997年の総会屋対策等の商法違反事件（証券会社，銀行，メーカー，百貨店等）→ 経営者の違法行為への批判 → 企業倫理問題への認識の高まり 2) 1990年代に入ってからの企業業績の低下→株価の低迷，含み資産の減少による株式持ち合いへの疑問 → ROI重視経営 3) 日本の多国籍企業における外国人株主―特にアメリカの機関投資による株主からの要求増大（ソニー45％，本田技研25％，日立33％，東芝，富士通，NEC等17-8％，その他の日本の有数の多国籍企業は外国人株主増加） 4) 1993年商法改正による株主代表訴訟の簡素化，監査役機能の強化など法的措置による株主主権の強化 5) 日本コーポレート・ガバナンスフォーラム，経済同友会等の各種団体やアメリカのカルパースによる提言，改善要求 6) 企業価値の向上，株主重視型経営への変革が問われる。
取締役会制度の現況	1) 取締役会の構成 → 社外取締役が圧倒的に多い（平均13人，社外取締役が過半数を占める会社の割合83％）1985年，コーン・フェリーの調査 2) 取締役会に付随した小委員会（Sub Committee）制度，経営委員会，財務委員会，報酬委員会，選任委員会，監査委員会他（報酬，選任は社外取締役が大多数，監査委員会は社外取締役のみで構成―SECの方針） 3) Officer（執行役員）制度→取締役会が任命した業務執行役員，そのチーフ，実質的な業務上の最高経営責任者がCEO（Chief Executive Officer） 4) 取締役会と執行役員から成る → 二重ボード制（dual structure）と考えて良い。しかし，取締役会会長とCEOは同一人である場合が多い 5) 会長と最高経営責任者（CEO）を分離，会長は社外取締役 6) 取締役の小委員会の中に統治委員会（Corporeare Governance Committee）を設ける。	1) 取締役会の構成→社内取締役が圧倒的に多く，社外取締役は極端に少ない。（1988年時点で一部上場企業で社外取締役をゼロと答えた企業が全体の46.3％，社外取締役1人が20％，2-3人が26.9％，1992年，日本大学産業経営研究所の調査） 2) 取締役会の形骸化 → アメリカと同様に取締役会は形式的（legal sham）→ 実質的な討議・決定機関は法的機関ではない常務会，もしくは経営会議，経営幹部会など 3) 社長への権限集中 → 商法に規定された仕組みと実態は乖離 → 社長が取締役，監査役を選任 → 経営者へのモニター，チェック機能の欠如 → 単一ボード制（single strucure） 4) 取締役と業務執行（執行役員）との分離，社外取締役の導入，報酬，指名，監査委員会，アドバイザリーボードの設置など改革が進行

行したら本来会社に貢献するはずの社員がいなくなり，それによる士気の低下は組織全体の経営活動にマイナス要因を引き起こしかねない．企業成長の基礎となる新製品や新市場を拡大するのは社員の知識創造である。20世紀は資本力の大きい大量生産型の産業資本が支配していたが，それらの多くが成熟化し，競争力を失っている．しかし，今は資本力がなくとも新しい知識・アイデアによる知識創造は企業価値を生む．21世紀は知識社会と呼ばれるが，知識とは知識そのものよりも新しい価値を生む知識創造の部分である[23]．このような視点から捉えるといかに社員の知識を引き出す経営活動の仕組みをつくり，株主への価値の還元ができる企業体質をつくるかが課題である．これからの企業はグローバルな経営の枠組の中で考えるステークホルダーとは何か，外国人株主のパワーにも応えるコーポレート・ガバナンスのあり方を構築してゆかなければならない．それに応える経営者牽制のガバナンスのあり方がコーポレート・ガバナンスの本質である．

1) この時に使用した討議資料はインディアナ大学ビジネススクールが発行しているビジネス・ホライズンズ（Business Horizons）である．ここには1989年7-9月号に特集記事としてコーポレート・ガバナンス問題が取り上げられている．"Business Horizons) July-August 1989, vol.32, No.4, Indiana University School of Business. 特集の内容は次の通りである．
  – Focus on Corporate Gevernance –
  ・Corporate Governance : Who Is In Control Here?, Dan R. Dalton, Guest Editor／・Corporate Governance : Fact or Fiction?, Paula L. Rechner／・Shareholders and the Issue of Corporate Governance : The Silenced Partner, Idalene F. Kesner／・Devil's Advocacy and the Board:A Modest Proposal, Charles R. Schwenk／・ESOPs : The 'Trojan Horse' of the Antitakeover Realm, Craig P. Dunn／・The Ubiquitous Leveraged Buyout(LBO) : Management Buyout or Management Sellout?, Dan R. Dalton／・Statutory Limits on Director Liability, Bill Shaw.
  この特集は1980年代におけるアメリカ企業の業績低迷が企業経営者への不信感となってコーポレート・ガバナンス問題を考える特集記事となっている．そこには会社をコントロールするものは誰か，本来あるべき会社制度と現実とのちがい，ステークホルダーズとの関係，すでに台頭し始めていたESOP（Employee Stock

Ownership Plans) の動機やLBO (Leveraged buyout) の有効性がここでは論じられている．従って，アメリカにおけるコーポレート・ガバナンスの会社不祥事がきっかけではなく企業の競争力の回復，経営者への不信が要因となって起きている．

2) 高橋浩夫「企業倫理とコーポレト・ガバナンス」『日本経営倫理学会誌2号』1995年，また，このテーマで，1996年ISBEE (The International of Business, Economics and Ethics) 主催の第一回国際会議 (The First World Congress of Business, Economics and Ethics, July 25-28, 1996 at Reitaku University Kashiwa City, Japan) で発表した．発表内容は Hiroo Takahashi "Corporate Gevernance and Business Ethics—Comparative Analysis between Japanese and American Top Management Systems—". この内容は Editor:Noritake Kobayashi, Management—the Global Perspective—, 1998, The Japan Times.参照．

3) Laura L. Nash "Good Intentions—A Manager's Guide to Resolving Ethical Problems" (1990) 小林俊治，山口義昭訳『アメリカの企業倫理』生産性出版，1992．

4) 日本経営倫理学会監修・高橋浩夫編著『企業倫理綱領の制定と実際』産能大学出版部，1998年．ここでは企業倫理問題を特に倫理綱領 (Code of Conduct) の制定という視点からケース・スタディーを行っている．ケースはアメリカ企業 (HP, Dupont, J&J, IBM, 3M, TI, ESSO, GE) と日本企業「東芝，日本電気，イトーヨーカドー，リコー) を取り上げ，それら日米企業の比較研究を行っている．

5) 例えば，K.N.Dayton "Corporate Governance:The Other Side of the Coin," *Harvard Business Review*, January—February 1984．

6) 鈴木直次『アメリカ産業社会の盛衰』岩波新書，1995年，Ⅲ，製造業の国際競争力低下，ページ101-136参照．

7) The Role and Composition of the Board of Directors of the Large Publicly Owned Corporation, Statement of the Business Roundtable, January, 1978 Business Roundtable の所在地は 405 Lexington Avenue New York, N.Y. 10017. Ｂ5判で25ページ，4つの章から成っている．I, Basic Considerations Ⅱ, Function of Board of Directors Ⅲ, Establishing Systems and Procedures for Information Flow to the Board Ⅳ, Organization and Composition of the Board.

なお，本意見書公表の前提となる内容の検討は，アメリカの著名なビジネス・スクールの学長5人（ハーバード・ビジネススクール，ペンシルヴァニア大学ウォートンスクール，UCLA ビジネススクール，ミシガン大学ビジネススクール，スタンフォード大学ビジネススクール）がSteering Committee をつくり，1977年5月12日～14日までの3日間にわたってハーバード・ビジネススクールで詳しい討議を行っている．

8) 吉森賢「アメリカ大企業における社外取締役の独立性と取締役会の無機能化」『経営行動』Vol.6, No.3, 1991年, 経営行動学会, 一般的にアメリカの社外取締役はわが国ではその機能に関して有効的に語られているが吉森はこれに対して疑問を投げかけている. 本論文では社外取締役はCEOが選任し, CEOに権限が集中していることを述べている.
9) Forbs, December 1994日本版は「アメリカの企業トップ受難の時代—会社は誰のものか」『フォーブス・マガジン』1994年12月号.
10) ドラッカーのこれに関する論稿は Peter F. Drucker, "Reckoning with the Pension Fund Revolution", *Harvard Business Review*, March-April, 1991. この他, 機関投資家については次の論稿参考. 奥村宏『株主総会』岩波書店, 1998, ページ120-134, 第3章3, 発言する機関投資家, 参照, 植竹晃久 (1994)「コーポレート・ガバナンスの問題状況と分析視点」『三田商学研究』第37巻第2号, 久保利英明他『日本型コーポレート・ガバナンス』日刊工業新聞社, 1998年, 特に第3章 米国公的年金基金が提唱するコーポレート・ガバナンス参照. 田村達也『コーポレート・ガバナンス』中公新書, 2000年.
11) 伊藤邦雄「日本の会社制度とチェック機構—新たな日本型モデルを求めて—」『ビジネス・レビュー』Vol.40, No.3 一橋大学産業経営研究所, 1995, 本論文ではアメリカ企業における社外取締役と機関投資家との関係を, ケース・スタディーとしてGMのCEO解任劇を題材に具体的に述べている.
12) 例えばアメリカのコンファレンス・ボードが行った9カ国の企業最高意思決定機構についての調査は次の報告である. A. Bacon and J.K.Brown "The Board of Director-Perspective and Practice in nine Countries, "A Research Report from Conference Board, 1977. この調査に協力した資料は経済同友会経営方針議会「取締役会に関する実態調査集計結果」—国際比較資料, 1977年.
13) Korn/Ferry "International Board of Directors" Twelfth Study, New York, 1995年.
14) 取締役会の小委員会制度を詳しく捉えた文献は Louis Braiotta and A. A Sommer "The Essential Guide to Effective Corporate Board Committee" Prentice Hall, 1987.
15) Harry Levinson and Stuart Rosenthel "CEO" Basic Books, 1984, 千尾将訳『CEO』TBSブリタニカ, 1986年, ページ10.
16) 菊地敏夫「最高経営組織再構築の方向と課題—取締役会構成の国際比較」『産業経営研究』9号, 1989年.
17) 竹内弘高「日本型コーポレート・ガバナンス」—声なきステークホルダーの不思議」『ビジネス・レビュー』Vol.39, No.3.
18) エンロン・ワールドコム事件以降のアメリカにおけるコーポレート・ガバナンス,

企業倫理問題については藤井康弘＋鈴木誠『米国年金基金の投資戦略』第2章：エンロン以降の米国における改革参照，東洋経済新報社，2004年．
19) 日本経済新聞，2002年6月20日朝刊．
20) 加護野忠男「企業統治と競争力」『一橋ビジネスレビュー』2000年 SUM-AUT，一橋大学イノヴェーション研究センター．本論文はわが国におけるコーポレート・ガバナンスの議論が制度的な改革に終止しているのではないかという視点に立ち，日本企業の競争力をいかに強化するかということへの試論である．ここではアメリカ型スタンダードでは日本的な長期コミット主義のコーポレート・ガバナンスを主張している．日本的なコーポレート・ガバナンスのあり方を探った最近の著書として注目されるのは伊丹敬之『日本型コーポレート・ガバナンス』日本経済新聞社，2000年，若杉敬明・矢内裕幸編『グッドガバナンス・グッドカンパニー』中央経済社，2000年．ロナルド・ドーア『誰のための会社にするのか』2006年，岩波新書．
21) 奥村昭博『日本のトップマネジメント』ダイヤモンド社，ページ32-34，1982．
22) 吉森賢「企業統治を超えて―その限界と新たな課題―」『横浜経営研究』第24巻第3号，2003年12月，横浜国立大学経営学会．
23) 岩井克人『会社はこれからどうなるのか』平凡社，2002年．この中でイギリスの広告会社サーチ＆サーチ社の例を紹介している．サーチ＆サーチ社は1970年創業の広告会社で1980年半ばには世界最大の広告会社になる．しかし，90年代に入ると拡大経営が裏目に出始め業績が悪化する．会社はアメリカの機関投資家が大株主になりその圧力によって創業者は解任される．しかし，社員の多くは創業者を慕ってそこを辞めることになり，会社の業績は悪化し株価は急落する．追放された創業者を慕ってきた旧社員と共に新しい会社をつくり，新たな顧客を開拓してその後急激な成長を遂げていることを紹介している．アメリカ型株主主権への批判である．

第3章　日本企業の経営革新と国際会計基準
―― コーポレート・ガバナンスの観点から ――

1．国際会計基準と企業改革法

　私に与えられたテーマは，「日本企業の経営革新と国際会計基準――コーポレート・ガバナンスの観点から――」ということで，どのように国際会計基準とコーポレート・ガバナンスを関連づけようかと考えた末，まず前半で，現在，会計のグローバル・スタンダードとして確立しつつある国際会計基準の理念や目的などについて述べることにした．そして，後半に，世界の中で最も包括的で詳細な会計基準と最も厳格な監査基準をもつ米国において起きたエンロンを始めとする一連の会計不正，それに伴いまん延した会計不信，およびそのような不信を払拭するために制定された米国企業改革法について話を進めたい．
　なお，この章は中央大学大学院総合政策研究科が実施した2002年度後期講座，総合政策フォーラムⅡ「21世紀の日本企業の経営改革とコーポレート・ガバナンス」，の一環として筆者が2003年1月7日に講義した内容を文章にまとめたものである．したがって，その後の国際会計基準などをめぐる動向については，特に加筆していないことを指摘しておきたい．

2．会計のグローバル・スタンダードが目指すもの

（1）会計の目的
　まず初歩的なことであるが，会計の目的について述べる．会計はビジネスの言語（language of the business）と言われている．そして，言語の目的は情報を

伝えることにあるので，企業の会計情報は財務報告という形で伝達され，その中で最も重要なのが一組の財務諸表ということになる．

したがって，財務諸表というものはコミュニケーションの手段であり，それにより企業はその財政状態，経営成績，およびキャッシュ・フローの状況を適正な形で伝えることを求められるが，このことを怠る場合，企業はそれなりの報いを受けることになる．すなわち，透明性に欠ける，十分な開示を伴わない財務諸表を公表すれば，その情報に対する不信感が生まれ，その結果，企業の資金調達コストは割高となり，また実態よりも低い株価が形成されるという形で市場からペナルティーを受けることになる．

（2） 一般に公表される財務諸表の利用者とその利用目的

再度，会計の基本的な目的について触れてみたい．それは財務会計の第一義的原則（first principles）ともいうべき財務諸表の目的，財務情報を伝達する相手，およびそれら情報を利用する目的を明らかにすることである．これら財務諸表の利用者として投資者，債権者，仕入先，得意先，従業員等が想定されるが，その中でリスク資本の提供者である投資者が要求する投資情報としての財務諸表は他の利用者が求める財務情報のニーズも併せて満たすものである．

そして，利用する目的はこれら利用者が経済的意思決定を行うにあたり，財務諸表は有用な情報を提供すると考えるからである．したがって，財務諸表はその利用者が意思決定を行うにあたり有用性の高いものが望まれる．これは，しばしば財務会計基準の設定やその実務への適用に際して，意思決定有用性アプローチ（decision usefulness approach）と呼ばれる．

（3） 国際会計基準委員会の概念フレームワーク

上記のことは国際会計基準委員会（IASC）が1989年に財務会計の枠組みとして機能することを目的に公表した，いわゆる概念フレームワークに述べられている．このフレームワークは，企業が一般に公表する財務諸表の作成表示にかかわる財務会計の土台ないし基礎を提供しており，財務諸表の目的のほか，

財務情報の有用性を決定する質的特徴，そして財務諸表を構成する要素の定義，認識および測定などを取り上げている．

その中で意思決定情報としての有用性を高めるための質的特徴として挙げているのは財務情報の理解可能性，比較可能性，目的適合性，ならびに信頼性の四つである．それは一口に言って，財務諸表の内容が利用者にとって分かりやすいこと（understandability―理解可能性），同一の環境のもとで発生した同じ性質の取引や会計事象については常に首尾一貫した会計処理を行い，同時に，会計は異なるものを同じように見せたり，同じものを異なるように見せてはならないこと（comparability―比較可能性），また情報の有用性を高めるという目的に適合した会計処理および開示を適時に行うこと（relevance―目的適合性），そして財務諸表は信頼できるものでなければならないこと（reliability―信頼性）である．信頼できる財務諸表とは，ある取引または事象の法的形式ではなく，その経済的実態を重視した会計処理を行うことが求められ（substance over form―実質優先主義），また中立性の概念などが含まれる．

(4) 財務諸表の構成要素とその定義

そして会計基準を設定する際に重要なのは財務諸表を構成する要素とその定義，それらを財務諸表に認識する要件，ならびにその金額を測定する方法である．ここでいう財務諸表の構成要素として，フレームワークは5つ挙げている．それは企業の財政状態を表す資産，負債および株主持分，そして経営成績を表示する収益および費用である．

(a) 資　産

資産は次のように定義されている．「資産（asset）とは，過去の事象の結果として特定の企業が支配し，かつ，将来の経済的便益が当該企業に流入すると期待される資源をいう」．すなわち，資産の定義を満たすためには，3つの要件――過去の事象，支配，および将来における資源の流入――が調わなければならない．その一つは支配という概念であって，企業がある資源をコントロール（支配）しているかどうかを問うもので，その資源に対して法的所有権を有することは

必ずしも必要とされていない．では，ここで，リース取引の対象となるリース物件は借手にとって資産の定義を充足するか否かについて検討してみたい．

リース取引の法的形式は賃貸借（リース）契約であり，貸手はリース物件の使用権を借手に譲り渡すが，所有権は貸手に残る．しかし，多くのリース取引の経済的実態はリース物件の通常の売買取引と見なされるので，ファイナンス・リースに分類されるリース取引は借手の場合，資産・負債として認識することが現行の会計基準で求められていることは周知のとおりである．そして，リース取引に係る会計基準は，大略，このように設定されているが，これを資産の定義に当てはめてみると次のようになる．

　過去の事象──賃貸借契約の締結およびリース物件の引渡
　支配──リース物件の所有権は貸手にあるが，その使用は借手に限られる
　将来における資源の流入──リース物件を使用することにより得られる経済的便益（例えば製造業の場合，リース物件の機械設備などを生産活動に用い，製品の販売を通じて得られる将来のキャッシュ・インフロー）．

リース取引の会計は，会計理論と実務に大きな影響をもたらした．それは法的所有権を有していないものであっても，支配の要件を満たす場合は資産として認識すべきであるという概念を企業，会計士，および財務諸表の利用者が受け入れたことである．この概念は前に触れたとおり，フレームワークの中の資産の定義に導入されている．

(b) 負　債

負債は資産と裏腹の関係にあるので「負債（liability）とは，過去の事象から発生した特定の企業の現在の義務であり，これを履行するためには経済的便益を有する資源が当該企業から流出すると予想されるものをいう」と定義されている．この中で重要な概念は過去の事象の発生に伴い生じた現在の義務であるが，場合によっては現在の義務を発生せしめた過去の事象，すなわち義務発生事象（obligating event）を特定するのは難しいことがある．その例として，いわゆる自家保険にかかわる引当金は，負債の定義を満たすか否かについて検討してみよう．

あるデパートは店内で発生する事故に備えて損害賠償責任保険に入っていたが、それを今年から自家保険に切り替えた．すなわち，過去に起きた事故の頻度や賠償金額などのデータをもとに，一定の額を損害補償損失引当金として毎年，繰り入れる方法を採用した．

これは，なにをもって義務発生事象と見なすのか，そしてそのような事象はすでに発生しているのかどうかを問うものである．ある人は過去において損害賠償の対象となった事故がそれに該当するのではないか（そして，将来に同じような事故が発生する可能性は高いという認識）と考え，また他の人はそのような事故はまだ発生していないので，負債の定義を満たしていないと言うかも知れない．この場合の正解らしきものは後者の方である．

もう一つの例として，割増退職金をいつの時点で費用・負債として認識しなければならないかという問題を考えてみたい．

ある企業は経営の合理化プランの一環として，3月1日に中高年の従業員を対象に希望退職者を全社的に募った．当該企業の決算日は3月31日で，応募の締め切りは5月31日である．対象となる従業員2,000名のうち3月31日までに応募したのはゼロであったが，5月31日時点における応募者は800名に達した．

問題は，この設例の場合，割増退職金を負債として認識する時点は，①募集要項を提示した3月1日なのか，あるいは②応募が確定した5月31日なのかということである．それによって費用認識の年度が異なってくる．ある人は会社が募集の提示を全社的に行ったとき，すなわち内外に向けてそのような合理的に撤回することが難しいコミットメントをした時点に潜在的支払義務が生じるので，負債の定義の3つの要素のうちの2つ（過去の事象から発生した現在の義務）を充足し，かつもう1つの要素（将来における資源の流出）は認識の要件とも合致するという考えをとるであろう．なんらかのキャッシュ・アウトフローの可能性は高い，ないし確実なので，これは測定の問題，すなわち最善の見積りを行うことで解決されるべきものであるという考え方である．

もう一方の考え方は，募集という提示を会社が行い，その条件を従業員が受

諾したときに初めて会社に法的な支払義務が生じるのだから，その可能性がいかに高くとも，あるいはほぼ確実であったとしてもそれ以前に負債を認識することはできないというものである．したがって，どの事象をもって，その時点で将来にキャッシュ・アウトフローが伴う義務が生じるのかについては，意見の分かれるところである．事実，これに類似したケーススタディーが数年前に筆者が参加した主要国の会計基準設定機関の会議で取り上げられた時に，意見が割れたことがある．大方の意見は上記①の事象をもって推定的義務（constructive obligation）が生じ，それにより将来において経済的便益の犠牲を回避する現実的な余地はないのだから，その金額を財務諸表の作成日までに合理的に見積もることができる場合は，負債として認識しなければならないというものであった．

(c) 持 分

次に株主持分，すなわち資本の部の定義を見てみる．これは単に「持分（equity）とは，特定の企業のすべての負債を控除した残余の資産に対する請求権（interest）である」と述べているにすぎない．資産と負債の差額が持分あることは分かる．そして，株主持分はいろいろな要素から構成されており，大きく分けて①株主の払込資本，②利益剰余金，そして③最近の動向として売却可能金融資産を公正価値で測定する際に生じる評価差額など3つの種類に区分することができる．しかし問題は，株主との取引の影響を調整した後の持分の増減は当期の利益ないし損失であるということが，収益および費用の定義から読み取れることである．つまり，期首と期末の資産および負債の変動は株主との取引の影響を除き，その変動の結果が損益計算書に反映されているか，または資本の部に直接計上されているかにかかわらず，すべて今期の業績を表すものであるということである．

(d) 収益および費用

収益および費用は次のように定義されている．「収益（income）とは，当該会計期間中の資産の流入若しくは増価または負債の減少の形をとる経済的便益の増加であり，持分参加者からの拠出に関連するもの以外の持分の増加をもたら

すものをいう」.「費用(expenses)とは, 当該会計期間中の資産の流出若しくは減価または負債の発生の形をとる経済的便益の減少であり, 持分参加者への分配に関連するもの以外の持分の減少をもたらすものをいう」.

このように収益および費用は, それらを直接的に定義するのではなく, あくまでも株主への配当や資本取引を除く株主持分の増減, すなわち期首と期末の純資産の差額が今期の純利益ないし純損失であるという概念を打ち出している. 資産の増加または負債の減少は収益であり, 資産の減少または負債の増加は費用であるという具合に, いわば貸借対照表を通じて収益と費用を定義していることがうかがえる. このように貸借対照表の中の資産と負債を軸に損益を算定する方法が, 費用収益対応の原則に基づき期間損益の測定を行う従来の方法に取って代わるパラダイムになりつつある. それぞれは次のように表現されている.

　　貸借対照表中心——静態論, ストック, 資産・負債アプローチ, asset and liability view

　　損益計算書中心——動態論, フロー, 収益・費用アプローチ, income statement または matching approach.

後者の損益計算書中心の会計は, 長年, 会計理論と実務を支配してきた. その特徴として挙げられるのは ①(会計事象や状況というよりも)財貨の取引, ②期間の区切り, すなわち期間損益計算の重視, ③収益は実現主義, 費用は発生主義, ④取得原価に基づく費用の測定, および ⑤合理的な費用収益の対応などである. そして, 費用収益対応の原則の下で今期に損益として認識できなかったものはその時期が到来するまで, 貸借対照表にそのまま残すか振り替えていたので, 貸借対照表はともすると残余表(statement of residuals)という地位に置かれていた. 米国のAPB意見書第11号「法人所得税の会計処理」の下では税効果会計の適用により生じた繰延税金資産や負債は, このような取扱いを受けていた一つの例である.

(5) フレームワークの意義

　国際会計基準委員会の概念フレームワークは，そのほか財務諸表の構成要素の認識と測定などについて触れているが，ここでもう一度，フレームワークの意義について考えてみたい．それは，これまで見てきたように，フレームワークは財務会計の枠組み（frame）を定めているので，会計基準を新たに設定あるいは既存の会計基準を改訂する場合，決められた枠組みからはみ出るような基準を作ることはできない，あるいは好ましくないということである．したがって，フレームワークは会計基準を設定する際のいわば足かせの役割を果たすという厳しい条件を課すものであるが，首尾一貫した会計基準を作るためには，このような財務会計の理論的基礎を示す実践的な枠組みが不可欠であろう．

　このような概念フレームワークをどの国にも先駆けて公表したのは，米国において一般に公正妥当と認められる会計原則（GAAP）を設定する財務会計基準審議会（FASB）である．このFASBの概念ステートメントを元に作られたのが国際会計基準委員会の概念フレームワークである．その直接の動機は，国際会計基準委員会が1987年に「財務諸表の比較可能性」という一つの大きなプロジェクトを採択したことに伴い，既存の国際会計基準（IAS）を見直し，認められている会計処理の選択肢を削減する作業を効率的に進めるために会計理論上の根拠を必要としたからである．そして，それがどの選択肢を残し，どれを排除するかについて検討する際に，拠り所となる基本的な判断基準として機能することを望んだからである．しかし，概念フレームワークがあるからといって，すべての会計処理や開示の問題を解決するとは限らない．

(a)　棚卸資産の原価配分法としてのLIFOをめぐる議論

　たとえば当時，棚卸資産の評価基準として原価法と低価法のいずれも認められており，また原価配分法としてFIFO，LIFOおよび加重平均法はそれぞれ同等の扱いを受けていた．このうち，評価基準については原価法を排除し，低価法の強制適用を取得原価主義会計の下における棚卸資産の評価基準として求めることについては，それほど問題とならなかったが，原価配分法のうちのLIFO（後入先出法）の取扱いをめぐる議論は，1989年のE 32「財務諸表の比

較可能性」に始まり，2003年の「IAS改善プロジェクト」に一応の決着をみるまでに15年間の年月を要している．IASC理事会での議論も二転三転した．すなわち，1989年のE 32ではLIFOを認められる代替処理として残すことを提案し，1990年の趣旨書では削除の方向を打ち出し，1993年の改訂版では代替処理として復活させ（2004年末までの現行基準），そして2003年の再改訂版ではLIFOの適用を認めないことになった（実施時期は2005年1月1日から）．

　IASCは概念フレームワークを1989年に公表しているのだから，理事会はLIFOの問題をそれに沿って議論し，フレームワークと矛盾のない結論を早期に導き出すべきであったという批判もある．つまりLIFOは，後入れ・先出しという物品のフローを仮定して原価配分を行う手続なので，その結果としての棚卸資産は他の原価配分方法に基づき測定した資産金額と比べて，どちらが，よりフレームワークにいう資産の定義を充足するかについての検討を早い段階ですべきであったというものである．当時，筆者はIASCの理事会および改善起草委員会のメンバーを務めていたが，そこで繰り返し議論されたのはLIFOの資産の定義への準拠性のほか，原油のような価格変動の激しい，また為替レート変動の影響を受ける性質の棚卸資産については現在の売上に現在の原価を対応させる方法がより取引および事象の実態を損益計算書に表すことができるという，いわゆる収益・費用アプローチの論法，そして日本や米国など多くの国においてその適用が認められているという，いわば政治的な配慮などであった．

　要は，当時を振り返ってみると，概念フレームワークへの準拠性が今と比べて低かったように思う．もちろん，当時でも理事会や起草委員会における審議の過程で，随時，フレームワークの中の特に資産・負債の定義やその認識の基準を参照していたが，多くの理事会メンバーにとって，フレームワークは緒に就いたばかりの状況にあったと言える．しかし，時を経るにしたがい，フレームワークの重要性がそのようなものを持っていない国の理事会メンバーにも徐々に浸透していき，フレームワークのより厳密な適用を求めるようになった．たとえ会計先進国において，ある会計事象について先行する国内基準が存在していたとしても，それが資産・負債の定義や認識要件を厳密に満たしていない

場合は，あえて異なる取扱いを定めることがあった．その一つは，退職給付に係る過去勤務債務の会計処理である．

(b) **過去勤務債務の会計処理**

FASBが1985年に公表したSFAS第87号「事業主の年金会計」では，退職給付制度の改訂は，事業主が将来の期間に経済的便益を実現するという期待をもって行われるものであるから（すなわち，「従業員の勤労意欲が将来にわたって向上するとの期待のもとに行われる面がある」），改訂により発生する過去勤務債務はその時点で全額を認識するのではなく，その恩恵を受ける従業員の将来の勤務期間にわたり費用・負債として処理することを規定している．同様のことが1993年改訂のIAS第19号「退職給付コスト」および1998年に日本の企業会計審議会が公表した退職給付会計に係る意見書に述べられている．

しかし，発生した債務を制度改訂の意図だとか従業員の勤労意欲の向上というつかみどころのない理由に基づき，その認識を将来に繰り延べるのは負債の定義および認識の基準に照らし合わせて適切ではないという意見が，IASCの起草委員会ならびに理事会で優勢になった．つまり，FASBの基準とは異なるものを設定するのを，それがフレームワークにより忠実である場合には厭わないという姿勢である．多くの過去勤務債務は将来の勤務を条件としない過去に発生した事象（従業員の過去の勤務および過去における制度改訂の決定）に基づく現在の義務（将来において給付義務を回避することができない）なので，即時，割引後の全額を認識しなければならないことを1998年改訂のIAS第19号「従業員給付」に規定した．

（6）**同一のフレームワークを持つ意義**

ここでまた，話を元に戻したい．国際会計基準委員会がそれまで認めていた代替的な会計処理の数を削減するため，そして将来の国際会計基準の作成とその定期的な見直しを行うための基礎を提供する目的で1989年に公表した概念フレームワークは，FASBの概念ステートメントのエッセンスをまとめたものなので，両者の内容は，ほぼ一致している．それは，まず一般に公表される財務

諸表の目的を，その利用者の経済的意思決定に有用な財務情報を提供することに設定し，続いて財務諸表の有用性を高める質的要素として目的適合性や信頼性などを挙げ，そして会計基準を設定する際により実践的な拠り所として役立つ資産や負債などの財務諸表の構成要素の定義，それらを財務諸表に認識する要件，および認識する金額の測定方法を取り決めているものである．

このように，そのエッセンスにおいて同じ内容の概念フレームワークを2つの異なる会計基準設定機関（この場合は，国際会計基準委員会とFASB）が持つということは，同一の環境の下で発生する同じ性質の取引や会計事象について，両者が実質的に同じ内容の会計基準を設定する可能性が高くなる．事実，国際会計基準委員会のほか，カナダ，オーストラリア，ニュージーランド，そして1999年にイギリスはFASBの概念ステートメントにおおむね似ているフレームワークを開発しているため，これらアングロサクソン系の国内会計基準は，それぞれ固有の経済環境や社会制度の影響による違いは残しているが，より収れん化が進んでいるように見受けられる．

(a) **国際会議における経験談**

このことに関して，1つの経験談を述べてみたい．それは1998年10月に当時の外務省と通産省の外郭団体であった国際協力推進協会と読売新聞社の主催の下で開催された「第5回　アジアからのメッセージ——アジアの新しい道を求めて」という国際シンポジウムにゲストパネリストとして出席したときの話である．1998年といえば，アジアで金融危機が発生した翌年である．そこで，このような危機の再発を防ぐために「アジアにおける産業構造の急激な変化と企業経営のあり方」というテーマで一つの分科会が設けられ，その中で筆者はこのような事態が発生した原因の一つに不十分な情報開示があったのではないか，アジアにおいても世界標準となりつつある国際会計基準に類似する会計基準をそれぞれの国内基準として導入すべき時機が到来したのではないか，という趣旨のことを話し，加えて国際会計基準の目的や理念について解説した．

そうすると，同じくパネリストとして参加していたタイ証券投資会社の会長が次のような疑問を投げかけ，また意見を述べた．Professor Sawaの話はよく

分かった．しかし，国際会計基準というものはアングロサクソンないしアングロアメリカン系の会計モデルの写し，またはコピーではないか．そして，国際会計基準は現在のところ，いわば米国会計基準の焼直しにすぎないのではないか．しかし，我々アジアの国やヨーロッパ大陸に位置する非アングロサクソン系のフランス，ドイツ，そしてイタリアなど多くの国の経済構造や社会制度は，アングロサクソン系の国のそれとは異なる．したがって，国際会計基準は，あえて「国際」という名がついているかぎり，そのような国の文化や社会制度，たとえばアジアの中のオリエンタルな考え方も反映した会計基準を作るのが，国際会計基準委員会の使命ではないか．さもないと，国際基準はいわば1つの文化の一方的な押しつけになるのではないか．

　これは，当を得た質問である．このような趣旨の批判は日本においても，国際会計基準や米国基準に対して，またそれらを国内基準の国際的調和化のために導入する際に耳にすることがある．日本固有の社会制度や企業文化などを反映した会計制度というものを，日本で構築する必要があるのではないかという議論である．そうすると，日本固有の文化を反映する会計基準とはどのようなものなのか，一般論としては先ほどのタイ証券投資会社の会長が呈したような考え方に同意を得ることができるかもしれないが，それに続く具体論に移り，たとえばどのような会計事象あるいは取引について日本固有の文化をどのように反映すればよいのかということになると，具体例に欠ける．

(b) 和の文化にもとづく会計基準の設定

　ところで，日本にはいろいろな固有の文化がある．その一つは和の文化，すなわち和の精神であろう．その和の精神を大切にする会計基準とはどのようなものかに関連して，会計基準の設定プロセスに触れてみたい．会計基準を設定する作業に参加するのは企業会計に利害関係ないし関心を持つ各界の代表であって，その構成メンバーには財務諸表の作成者である企業，それを利用する証券アナリストや証券取引所，会計学者，公認会計士，そして証券市場を監督する行政機関などが含まれる．

　その中で，筆者が国際会計基準委員会の理事会に参加した経験からして，し

ばしば対立するのは企業サイドの代表と利用者サイドの代表である．特に，財務諸表本体の表示項目の内容を正しく理解するために必要と思われる開示項目を検討する段階で，世界主要国の証券アナリスト協会を代表して理事会に出席している人達は，財務分析や企業評価を行う際に有用と思われる情報を必要開示事項として基準書に盛り込むことを限りなく求める．この要求に対して，いつも反論するのが国際会計基準に基づく財務諸表を作成し，一般に公表する多国籍企業を代表して出席しているネスレ本社の財務担当副社長や，これら企業の財務報告に責任を持つ人達である．その理由は，いうまでもなく，新しい会計基準を解釈し，実務に適用するために企業が負担しなければならないコストの問題である．開示事項を一つ増やせば，ネスレ社のような世界各国で子会社や関連会社などを通じて事業を展開している多国籍企業は，それに対処するため各関係会社から新たな連結資料を収集しなければならない．多くの財務諸表の利用者にとって有用な情報であれば開示することを厭わないが，財務アナリストという一つの利用者団体のベネフィットのためにこのようなコストを企業サイドが負担するのは不当である．

　このようなやり取りが続いた後に，会計基準の設定についてより中立的な立場にある会計学者，会計士，そしてIOSCO（証券監督者国際機構）などの理事会メンバーの調整の下で，開示事項を決めていくという図式であった．

　いろいろな利害関係を持つ異なる業界の代表が一堂に会して企業会計を設定する中で，参加しているほとんどすべての人達が一応納得する基準を作るには，利害調整能力に優れた事務局の介入が，特に日本では，会計ビッグバンが始まる前までは必要であったように思う．そうすると基準設定のなりゆきとして，当初は，企業の実態を明らかにする，透明度の高い，そして十分な開示を伴う高品質な会計基準を設定するという目標を掲げるかもしれないが，調整という名の下で行われる妥協を重ねていくうちに，だんだんとその質が落ちていく．

　その結果，それぞれが受け入れ可能な最小公分母（lowest common denominator）に落ち着くことになる．事実，外貨建ての長期金銭債権債務は，かつては取引日レートで円換算することが求められていた．また，リース取引に係る会計基

準には，いわゆる例外規定が設けられている．和の精神という名の下に，全会一致を目指して会計基準の設定作業を進めると，このような事態を招きやすい．

　少し話がそれたようだが，前述の分科会でのタイ証券投資会社の会長の質問に対する回答として，筆者は国際会計基準の憲法ともいうべき概念フレームワークの存在，またそれを理事会のメンバーである日本公認会計士協会を含む主要国の会計士団体や国際機関が承認した事実，そして国際資本市場への参加者が求めているのは透明性の高い，比較可能な財務報告である旨を説明した．そして，国際会計基準委員会がその理事会に託した任務は，そのような財務報告の作成を可能にする会計基準の開発なので，ある取引や事象について概念フレームワークに沿ったものがアングロサクソン系の国に限らずその他の国においてすでに国内基準として公表されている場合には，それを先行基準として参考にすることから，必然的に同じような会計基準が設定されることを述べた．

　以上のような説明をすると，一応の納得を質問者から得たように思う．

（7）EU 2005年問題

　しかし，その内容において同じような概念フレームワークを持つからといって，たとえば米国会計原則と国際会計基準はまったく同じになるとは限らない．また，そのようなことはFASBの基準書や関連する解釈指針はもとよりSECの会計・監査執行通牒までを，そのまま国際基準として採用しない限り，あり得ない．ちなみに，両基準の相違点について1996年にFASBが行った調査では，両者の間には①ある会計テーマについて一方でカバーされているが他方では取り扱われていないもの，②双方でカバーされているがそのアプローチに違いがあるもの，そして③アプローチは同じであるが具体的な適用面に違いのあるものなど255の差異を識別している．

　このような違いは，その後，FASBとIASCにおける基準設定・改訂作業の結果，減少の傾向にあり，また残る相違点のうち向こう1, 2年の間に取り除くことができるものについて両者は，いわゆる2005年問題を念頭に共同作業を

行う覚書を交わしている．2005年問題とは，周知のようにEU域内で株式や社債を公開している約7,000社の企業は特定の公開会社を除き（米国において株式等が公開され，かつU.S.GAAPに基づく財務諸表を作成している，または社債のみを発行しているEUの公開会社には2007年から適用），2005年1月1日までに国際会計基準に準拠した連結財務諸表を作成・公表することが義務付けられていることである．それに向けて，今，IASBとFASBは作業を進めている状況にある．

これは，ドイツやフランスなどではすでに認められている，国際会計基準に基づく財務諸表をその国の規制当局に提出し，公表するという選択制度とは異なり，これらの企業に国際会計基準の適用をEU加盟国の行政機関が欧州委員会の決議を経て，義務付けたもので，国際会計基準委員会が発足して以来の大きな出来事である．国際会計基準理事会のトウィーディー議長は，これを「watershed event」，すなわち分岐点であると表現している．

そして，周知のとおり国際会計基準のほかに，その対ともいうべき国際監査基準がある．公開企業ないし一定規模以上の非公開会社が作成する財務諸表は，それを公表する前に，独立の会計監査人が，通常，それぞれの国の監査基準に準拠して監査することが求められている．これら独立監査人が従わなければならない職業倫理規定や監査基準には，会計基準と同様に，国際間における相違点があり，またその適用の度合にばらつきがみられる．したがって，EU加盟国の証券取引所に上場している企業は，国際会計基準に基づく財務諸表の作成に加えて，国際監査基準に準拠した監査を受けなければならないという方向に進んでいくのではないかと推測される．ということは，このような日本企業の監査に携わる会計士は，日本基準の会計・監査の知識と経験はもとより，国際会計基準および国際監査基準にも精通することが求められる．

(8) コーポレート・ガバナンスへの影響

次に，企業が公表する財務情報はどのようにその企業のコーポレート・ガバナンスに影響するかについて，若干，述べてみたい．

資本市場に参加する投資者，つまり財務諸表の合理的な利用者は，公表財務

諸表やその他の情報に基づき投資判断を行う．すなわち，株式や債券を継続して保有するか，売却するか，あるいは新たに取得するかという判断は，経営者のとった，もしくはとらなかった行動とその結果に対する同意ないし不同意を表すものであり，また財務情報の透明性についての意思表示を資本市場を通じて行うものである．

株価は公表されるすべての情報を反映して形成されるが，その中において財務情報にもとづく投資者の判断は，企業の経営者に無言の圧力を課すことによりコーポレート・ガバナンスの重要なステークホルダーとなり得る．

透明性の高い財務諸表は，企業の優劣を峻別することに寄与するので，限られた資源を効率的に配分するための前提となる．そこで，透明度の高い財務情報をもとに，投資者が経営者の判断の是非を問うのに資する会計処理および表示・開示として次のような例を挙げてみたい．

① 金融商品の評価——取得原価ベース測定の下では，金融商品の取得・売却にかかわる意思決定は，それが企業の財政状態および経営成績に与える影響を反映することはできても，手持ちの金融商品を継続して保有するという経営者の意思決定の効果は反映されない．日本でも2001年度から導入された公正価値ベースでは反映される．

② ストックオプション（自社株購入権）——ストックオプションは役員や従業員が提供する役務の対価として付与するものなので，その決定の影響をコストが発生する役務提供時に費用計上するのがより実態を表す．この問題は，現在，国際会計基準理事会，FASB，そして日本などで検討中である．

③ 退職給付——退職給付はストックオプションと同様に，従業員が提供する役務の対価として支払われるものなので，その支払義務は役務の提供時に費用・負債として計上するのが，退職給付制度の実態をより忠実に描写する．日本では2001年度から導入している．

④ わが国におけるかつての銀行保有株の評価基準——低価法に代えて原価法を選択適用する行政措置が1995年にとられ，当時の大手金融機関19行のうち，1行を除きすべて原価法に切り替えた．低価法を維持した銀行の

株価はよい反応を示した．

3．エンロン事件等と米国企業改革法について

さて，エンロン事件と米国の企業改革法に話を移したい．

周知のように，エンロンのほか，米国においてこの1年間にグローバルクロッシング，タイコ，クエスト，そしてワールドコムなどといった著名な会社の不正財務諸表のことが報道されている．その中で，エンロンのケースが特に問題視されるのは，コーポレート・ガバナンスや証券アナリストの独立性・中立性の問題のほか，会計基準そのものおよびその適用の問題，そして監査人の独立性の問題など企業ならびに関係者が企業の公表する財務諸表やその他の財務情報のサプライチェーン上に直接，または間接的に携わる過程で発生するかもしれない多くの問題を含んでいるからである．

（1）会計基準の問題

一つは会計基準の問題である．これは端的にいって，会計基準の詳細度をどの程度にするかということである．たとえば，エンロンの不適切な会計処理および不明瞭な開示の例としてよく指摘されているのが，特別目的会社（special purpose entity：SPE）と呼ばれる，いうなればある種の関係会社の会計上の取扱いである．エンロンによって用いられたSPEのいくつかは，中級レベルの会計学の教科書を参照すれば連結しなければならないことは明らかであるという会計学者がいる一方（ファイナンシャル・タイムズ，2002年1月16日），中にはそのルールから外れているものもあったが，これらはFASBの適用指針で認められている，いわゆる3％ルールを形式上は満たしているので，オフバランスとして処理したことに問題はなかったという意見もある．それには，SPEのスポンサーであるエンロンとは独立した第三者がそれらSPEに相当な持分投資を行っている場合であって，相当な金額とはSPEの総資産の3％以上であることが明記されている．

そして，SPEへの融資者に対するエンロンの保証義務の存在などを含む両者の関係，また両者間の取引がエンロンの業績に与えた影響に関わる開示が不透明であったことも，よく指摘されている．これらSPEとの取引は，2000年度の連結財務諸表の脚注16，利害関係者間取引（Related Party Transactions），において，一応，説明されているが，その内容は極めて分かりにくいものになっている．エンロンがSPEとの取引を通じて計上した利益の本質，すなわち，これら取引の経済的実態ないし目的について疑問が生じる．このことに関して，当時（エンロンが崩壊する前），証券アナリストの中にはエンロンの財務上の開示（ディスクロージャー）は透明性に欠けることを指摘した者もいた．また，そのうちの一人は，次のように述べている．エンロンの脚注16は「just don't make sense（意味をなさない）and we read notes for a living（そして脚注を読むのが我々の仕事だ）」．

また，上記の3％ルールに関連することだが，会計基準というものは現実に生起するすべての会計事象，取引，およびその他の状況に対処することができるように会計処理を細かく取り決め，さらに適用の容易性と企業間の比較可能性を高めるために，数値基準（これを"percentage tests"ないし"bright lines"と呼ぶ）も取り入れる必要があるのかという，いわゆる細則主義か原則主義かという議論が，現在，盛んに行われている．

原則主義（principles-based approach）の下では，ある会計テーマについて基準を設定する際に重点を置かなければならないのは，その基準が達成しようとする目的に適合した全体的な原則である．そして，細則主義（rules-based approach）とは，料理のレシピーのように，たとえばさじ加減は2.25杯という具合に細かいところまで基準書や関連する解釈・適用指針の中で規定することである．

（2）会計基準の適用とコーポレート・ガバナンスの問題

次は，設定されている会計基準を財務諸表の作成者である企業がどのように解釈し，実務に適用するかという問題である．もちろん，期待されるのはそれぞれの会計基準が設定された趣旨および概念フレームワークにいう財務諸表の

目的を念頭に，これら基準を厳格に解釈し適用することにより，企業の財政状態，経営成績，およびキャッシュ・フローの状況を適正に表示する透明度の高い財務諸表を作成することである．しかし，中には適用の許容範囲を最大限に広げる，すなわち基準のグレーな部分を企業に都合のよいように解釈する，あるいはグレーの分野から明らかにブラックの領域に入り込む場合がある．

エンロンの経営者は業績を実態よりよく見せかけ，そしてその株価を維持するために不透明な財務諸表を公表した．自社の株価の下落を防ぐことが経営者に会計不正へ走らせる最も大きな動機であることが，これまでの会計不正の歴史からも明らかである．

なお，エンロンが用いた不正会計の方法はストレートな，たとえば架空の売上計上や売上債権ないし棚卸資産の水増しなどではなく，次のような会計基準の弱点を利用したものである．

① 使い勝手のよい会計ルールの選択利用とそのルールからの不当な離脱——エンロンは前に触れた適用指針の3％ルールを拠り所として，特別目的会社の不透明な利用ならびにこれらSPEとの取引について不透明な会計処理および開示を行った．

② 経済的目的に欠ける取引——経済的に実態のない取引の一つは，エンロンが発行した株式の対価として受け取った手形を資産として計上することにより，自己資本比率の改善を図ったことである．しかし，GAAPの下では，このような会計処理は認められない．受取手形はこの場合，資産として計上するのではなく，資本の部の控除項目として処理することが求められている．

③ 会計基準が必ずしも明確でない取引や事象の処理——エンロンはエネルギー取引に関連するいろいろな種類の，たとえば10年先に決済する長期デリバティブ契約を結んでいたが，これらデリバティブの公正価値を測定する方法やその開示をめぐる問題は先送りにされていた．このような業界固有の会計問題などを審議し，適用指針を公表するFASBの下部組織であるEITF（Emerging Issues Task Force：新出問題専門委員会）は，この問題を

数年にわたり検討したが，コンセンサスを得ることができず，指針を公表するまでに至らなかった．唯一の結論は，このようなデリバティブ商品のすべてに一つの評価方法を定めるという会計アプローチは実務に即さない，そして企業が評価の過程で用いたすべての仮定や見積りの方法，さらに今期の報告利益に与えた影響などについて開示を求めるとなると，その分量はおびただしいものになり，読む人の混乱を招くということであった．結局，結論が出ないまま，エンロンはこれらデリバティブの評価に関わる仮定および見積りをあまく設定し，利益の過大計上ないし前倒しを行ったのでないかと指摘されている．

このような財務報告の正確性と信頼性をないがしろにする経営者の意図的行為は，単純な会計操作よりも根深い会計不信を生むのではないかと思う．

(3) 監査人の独立性の問題

最後に，監査人の独立性の問題について少し触れてみたい．エンロンやワールドコムなど2001年から2002年にかけて発覚したいくつかの不正な財務報告を行った会社の会計監査人であったアンダーセンの，これら被監査会社に対する独立性が問われている．中でもエンロンについて，同社に対する多大なコンサルティング業務の提供および年間を通じて受け取っていた多額な業務報酬などが，アンダーセンの独立監査人という立場を弱めた結果，問題とされる会計処理や開示を容認したのではないかといわれている．しかし，ここでは企業改革法（SOX法）の中で会計監査人の独立性の強化に向けて新たに設けられたいくつかの規定をみることにする．とりわけ会計基準の適用に関連して興味深いのは，監査委員会（audit committee）と独立監査人の連携を強化するため監査人は，適時，次のような事項を監査委員会に直接報告しなければならないことを決めたことである．

① 企業が適用するすべての重要な会計方針および会計処理
② 独立監査人が会社の経営者と討議したGAAPの範囲内で許容されている代替的処理，それらの違い，およびその中で監査人が優先する会計処理

このことは，監査人が会社の採用する会計処理の方法に関して，その処理が現行のGAAPの下で受け入れ可能なものであるか否かを述べるだけではなく，その適正性についても独自の判断を示すことを要求するものである．「許容範囲内イコール適正」というものではない．このことについて，1つの思い出がある．

　それは，1997年にパリで開催された第15回世界会計士会議の1つのワークショップにパネリストとして参加したときの話である．このワークショップのテーマは「コーポレート・ガバナンス——監査人，経営者 および取締役会の役割と相互作用」というもので，発表者の1人は当時，米国公認会計士協会の自主規制機関であった公共監視審議会（Public Oversight Board : POB）の議長を務めていた人で，彼が述べたことが印象に残っている．それは，POBの勧告として会計監査人がそのクライアントとして接するのは被監査会社の経営者（management），CFO，または経理部員ではなく，取締役会あるいはその中に設けられている監査委員会でなければならないと指摘したことである．

　そして，監査人は取締役会や監査委員会に対して会社が適用した会計原則の容認性のみを述べるのではなく，その適正性および開示の明瞭性について監査人の独立的判断に基づく見解もあわせて表明することが望ましい．採択した会計処理および関連する表示・開示は収益，資産，ならびに負債認識の観点から保守的か，適度なものか，あるいは極端なのか，またそれらは一般に採用されている会計実務なのか，もしくは少数の企業でしか用いられていないのか．要するに監査人はどれが最善の会計方針および会計処理方法であるかを監査委員会に伝え，そして監査委員会がとるべき行動を示唆しなければならないことを，このパネリストは述べたのである．

　ちなみに，筆者がこのワークショップで発表したのは「日本におけるコーポレート・ガバナンスの構造——その法的形式と現実（Corporate Governance in Japan — Form and Reality）」という題名の下で，監査役および監査役会の商法上の権限と責任，そして実際の行動との乖離などについて話したが，当時は日本における企業統治の問題を扱った文献は少なく，ましてや独立監査人がコー

ポレート・ガバナンスという枠組みの中で果たすべき役割を論じたものは皆無に等しい状況にあった．

そのような中で，上記のパネリストが説明したPOBの勧告は，非常に新鮮な感じがした．しかし，今までは勧告であったものが，SOX法により監査人は独自の判断に基づく最も適切な会計処理方法（best practices）を監査委員会に報告する義務が新たに生じたのである．これを受けて監査委員会は，どのような行動をとったのか，あるいはどのような理由によりとらなかったのか，という記録を残さなければならないことになるであろう．

4．経営者と監査人の倫理観

この企業改革法には，いろいろなことが盛り込まれている．その中でもこの章のテーマに関連して重要なのは透明性の高い，そして信頼のおける財務諸表を作成する目的のために，多岐にわたる是正処置が設けられていることである．実際にSOX法が作動するのは半年後であるが，施行後，数年を経て，よい結果が全体的に出ているということが認識されると，同様な趣旨のルールが健全な資本・証券市場の維持および発展に向けて，日本も含め，それぞれの経済ブロックないし国においてパブリック・セクターあるいはプライベート・セクターによって導入されるのではないかと推察される．

エンロン事件に端を発した会計不信の払しょくを目指して成立した企業改革法については，批判的あるいは揶揄的な意見があるようだが，総合的にみて評価すべき内容のものであり，また大きな前進であるように思う．しかし，どのように規制を強化しようと，また違反者にどのように重い罰則を科したとしても，不正な財務報告というものは伝説上の盗賊，石川五右衛門が釜ゆでの刑に処されたときに辞世として詠んだと伝えられる「浜の真砂は尽きぬとも……」のように，途絶えることは期待できない．

究極的にこれは，コーポレート・ガバナンスに参加する人達，特に企業の経営者とその企業の財務情報を市場に提供するためのサプライチェーン上にある

責任者, そしてその財務情報を監査する独立監査人の倫理観の問題であって, それは, それぞれがどのような人生を送ってきたか, そしてその中でどのような書物を読み, どのようなことを考えたかなどの経験を経て形成される人生観であり, 価値観であるように思われる.

参 考 文 献

Anthony, Robert N. and Breitner, Leslie K., *Core Concepts of Accounting*, 8th ed., Upper Saddle River, New Jersey : Prentice Hall, 2003.

Evans, Thomas G., *Accounting Theory : Contemporary Accounting Issues*, Thomson, 2003.

Financial Accounting Standards Board, *SFAS No. 87, Employers' Accounting for Pensions*, 1985.

Financial Accounting Standards Board, *The IASC-U.S. Comparison Project: A Report on the Similarities and Differences between IASC Standards and U.S. GAAP*, 1996.

Finney, H. A. and Miller, Herbert E., *Principle of Accounting －Intermediate*, 5th ed., Englewood Cliffs, New Jersey : Prentice-Hall, Inc., 1958.

Foster, John M. and Johnson, L. Todd, "Why Does the FASB Have a Conceptual Framework," Financial Accounting Standards Board, August 2001.

International Accounting Standards Board, *Improvements to International Accounting Standards*, 2003.

International Accounting Standards Board, *Insight*, April 2002.

International Accounting Standards Committee, *IAS 19, Employee Benefits*, 1998.

International Accounting Standards Committee, *Framework for the Preparation and Presentation of Financial Statements*, 1989.

International Accounting Standards Committee, *IAS 37, Provisions, Contingent Liabilities and Contingent Assets*, 1998.

Mueller, Gerhard G., Gernon, Helen and Meek, Gary K., *Accounting － An International Perspective*, 4th ed., Richard D. Irwin, 1997.

Sawa, Etsuo, "Corporate Governance Structure in Japan － Form and Reality," XVth World Congress of Accountants, Workshop 11-3, Paris, Oct., 1997.

Sommer, Jr., A. A., "Allies in Protecting Shareholder Interests," XVth World Congress of Accountants, Workshop 11-3, Paris, Oct., 1997.

Thomas, C. William, "The Rise and Fall of Enron," *Journal of Accountancy*,

April 2002.
Willis, Diana W., "Financial Assets and Liabilities — Fair Value or Historical Cost?," Financial Accounting Standards Board, August 1998.
企業会計審議会「退職給付に係る会計基準」1998年.
澤　悦男「第3回会計基準設定機関国際会議の概要」『JICPA　ジャーナル』No. 463, Feb. 1994.

第4章　わが国における資本市場ネットワークの変容
―― IR・アナリスト・ガバナンス ――

はじめに

　最近，とりわけ2000年以降のわが国資本市場ネットワークの変容を1990年代初頭と比較して考えるとき以下の4点を指摘できる．第1にインターネット等の普及による情報媒体の変化を無視できない点である．今日，企業が発表するところの種々の発表資料は瞬時にアナリストおよび投資家に同時に伝達される．そしてその発表資料に対する解釈のプロセスが市場参加者によって即座に始まる．株価はクイックに反応する．そのスピード感覚は10年前否5年前の比ではないといわれる．第2にセルおよびバイ両サイドのアナリストの成熟である．多くの機関投資家はインハウス・アナリストの育成を過去10年間にわたり充実させてきた．バイサイドからの情報要求の多様化・高度化はセルサイド・アナリストの活動を大きく変化させていることに注視しなければならない．第3に機関投資家におけるコーポレートガバナンスへの関与が積極化してきた点である．議決権行使の積極化のみならず，様々な経営政策提言まで行う機関投資家も散見されるようになった．第4にIRツールや内容の充実である．これはこれまでの3点それぞれの影響ももちろん大きいが，IR活動における不可逆性という要素も考慮する必要があろう．いったん，進展したIR活動は経営者の意向の変化や制御機構による冷却化への統制が働かない限り，後退しない．同業他社が，優れたIR活動を展開する場合，それに刺激を受けてさらにIR活動が深化するという流れが一般的である．

　さて，これまで指摘した点は資本市場の核ともいうべき情報フローが豊穣で

ありかつクイックとなり市場参加者による闊達でかつ緊密な情報相互作用が行われるための条件としてはポジティブなものと評価されよう．しかし，一方で以下の点が現在でも依然問題となっている．

　第1に，上記の第2に述べた点をもって効率的市場が形成されてきた証左とみる向きもあるが，上場公開企業の増加の中，証券会社のアナリスト（セルサイド・アナリスト）が複数カバーしている銘柄が依然全体の20％に満たない（17.8％）等，資本市場の核ともいうべき情報相互作用がすべての銘柄について円滑に行われているわけではないという現実を注視しなければならない．第2に米国で2000年前後に相次いで起きた資本市場制御機構を揺るがした，「利益相反」「選択的情報開示」「不正会計」「ショートターミズム」（短期投資家の台頭）問題である．幸い「不正会計」問題を除きわが国では大きな問題とならなかったが今日においても様々な問題を内包している．

　以上の問題意識をもとに以下アットランダムに上記のテーマに言及して行きたい．特に焦点をあてるのはわが国におけるアナリスト活動，IR活動，コーポレート・ガバナンス活動である．

1．資本市場ネットワークの変容

（1）過去15年間におけるわが国資本市場の変化とIR

　わが国の資本市場の変化とりわけ1990年代初頭以降における変化を捉えるにあたり特徴的なことの一つは，市場参加者間における情報交換とそれに伴う情報相互作用が極めて活発化していることである．まずこの点に着目してみる．1980年代末までは，アナリストのみならずポートフォリオ・マネジャー，ファンド・マネジャーあるいはIR（インベスター・リレーションズ）オフィサー（担当者）という言葉は，一般の人々にもあるいは金融業界の内部の人間においても馴染みのない言葉であった．しかし，ここで示したカタカナ言葉は，今日では，すべてポピュラーなものとなっており，資本市場における重要なプレイヤーの一角を占め，かつ，プロフェッショナルな職業として確立しつつあると言える．

しかし，そこに至るまでの歴史は決して平坦なものでなく，資本市場自体の環境の変化と各関係機関の努力によってなされたものと解することができる．先ず1980年代末から1990年代末までに起きたうねりに注目してみよう[1]．

1980年前後，外資系証券会社は本格的にわが国に進出していなかったため，ある特定の業種を担当し，その中の基幹銘柄をカバーする株式（エクイティ）アナリストは，国内大手証券会社（4社）および準大手と言われる証券会社に数人いるのみであった．そのためセルサイド・アナリストに対するIR活動を企業側が行うとしても，対象者はごく限られており，今日で言うところのアナリストとのスモールミーティングや個別ミーティングが定期的に行われていたにすぎなかった．

わが国で米国的アナリスト活動がセルサイド・アナリストにおいて始まったのは1990年代に入ってからである．米国的アナリスト活動とは，レーティング（投資意見）を付した本格的な投資分析レポートの作成を行うという意味である．もっとも1980年代後半には米系を中心として外資系証券会社の進出があり，それらに所属するアナリストは当然本国と同じスタイルの投資レポートを作成していたわけであるから，東京資本市場全体という意味ではいわゆる本格的な「アナリストレポート」は存在していたことになる．しかし，それが国内系証券会社にまで及び一般化したのは1993年頃である．

セルサイド・アナリストの場合，米国における $Institutional\ Investor$ 誌（インスティテューショナル・インベスター誌）が1972年以来毎年行っているようなランキングが，日経金融新聞により機関投資家にアンケートをとる形で1987年より行われることとなった．ランキング開始当初はセクター別に分けることなくすべての業種にわたる企業アナリストを対象にして順位付けのアンケートを取るという不十分なものであった．セルサイド・アナリストの外部評価が軌道に乗るのはセクター別アナリスト・ランキングが公表されるようになった1993年からである．期せずして，国内系証券会社のアナリストが投資意見を付したレポートを本格的に作成するようになった年でもある．

一方で企業情報発信源である企業によるIR活動がわが国において本格化した

のも1990年代に入ってである．㈶証券団体協議会（当時）がIRについての報告書を相次いで公表したのが1992-1993年であり，「日本インベスター・リレーションズ（IR）協議会」（以下JIRA）が発足したのは1994年1月である．証券会社に所属するアナリストが企業の広報部や経理部を訪問することは90年代に入る以前から，極端に言えば一部の証券会社では第二次大戦前から行われていた．しかし，機関投資家やアナリストを一堂に集めた企業説明会（インフォメーション・ミーティング）を開催するなどの本格的なIR活動がわが国企業において一般化するのは1990年代中葉に入ってからである．またIR活動については，米国においては1964年よりアナリスト側による評価結果が公表されるようになっていたが，わが国で同様のことが行われるようになったのは，1995年より日本証券アナリス協会のディスクロージャー研究会が業種別担当アナリストによる評価結果の公表を毎年行うようになってからである[2]．

　これらの動向に対し機関投資家側でも以下のような変化が起こった．1990年4月より厚生年金基金運用に投資顧問会社による参入が認められ新たに多くの外資系金融機関・資金運用会社が日本市場に参入してきた．またアセット・アロケーション上の大きな足枷となっていた1966年の制度発足以来の様々な規制も，1997年12月にほぼ完全撤廃された．その結果，外資系資金運用会社の本格参入と共に「運用コンサルタント」による洗礼をそれら企業の日本法人や支店も受けることになった．欧米の委託機関は，受託機関を選択（いわゆるマネジャー・セレクション）する際，必ず定評のある運用コンサルタントの評価を参考にする．とりわけアクティブの運用機関において，バイサイド・アナリスト（運用機関内の調査機能）に対する定性・定量評価が重要となってきたことからバイサイドのアナリストの充実が1990年代後半にはかなり進展した[3]．こうした動きと共に，従来，アナリストと言えばもっぱら証券会社に所属するセルサイドを意味していたものが，セルサイドとバイサイドの両方を含むようになった．

　このようにみると企業情報発信を司るIR活動，その情報を活用し投資情報を作成するセルサイド・アナリスト，さらにその投資情報の受容者たる機関投資家におけるバイサイド・アナリストあるいはポートフォリオ・マネジャーとい

う三者間において能動的な情報交換を可能とするインフラストラクチャーが1990年代末には確立してきたことが窺える.

そして1990年代末から現在に至るまで,また大きな新たな歴史的うねりに直面することになった.

第1は金融ビッグバンの一環としての会計基準・ディスクロージャー制度の充実である. 1999年度からの有価証券報告書の連結決算中心主義への移行はその先駆けであった. 第2はIR活動における「ネットIR」と呼ばれる新しい情報伝達手段が出てきたことである. これはインターネット,ウエッブサイト等の最新情報通信手段を駆使しての効率的なIR活動の実践が果たされるようになったことを意味する. これらにより個人投資家を含むほとんどの投資家に企業情報が同時に行き渡るようになった. これは企業側が2001年以降特に問題となった「選別的情報開示」を避けるための有効な手段となったという側面があることも見逃してはならない. 第3は個人投資家の台頭である. 第2の「ネットIR」の普及は個人投資家を市場に呼び込むことに寄与した. 米国においては1990年代後半にすでにその傾向が米国株式市場の活況と相俟って促進されたが,わが国においては2000年以降に起こった状況と思われる. 第4は機関投資家による投資企業へのガバナンス強化である[4]. いわゆる株式持合い比率割合の継続的減少も一因として,主要企業における内外機関投資家の保有比率は高まる傾向にある. 機関投資家は,従来は物言わぬ存在だったが,米国市場においてと同じく,企業価値を高めるための議決権行使を行うなど株主としての要求を継続して行うという姿勢へと変化がみられるようになった.

しかし,一方で,米国で起こった忌まわしい事件として記憶に新しい,「会計不信」がわが国でも起こり,資本市場制御機構が新たな対応を迫られている問題が山積していることも事実である.

(2) 情報フローの変化とIR機能の変容

前項で述べた資本市場の環境変化を各メジャープレイヤー間の「情報フロー」の変化という側面に焦点をあてて考察するとどのようになるであろうか. 1980

年中葉から1990年代中葉までを第1期と考えてみると，図4-1のような状態であったと思われる．主にIR担当者を媒介し証券会社に所属するアナリストに情報が流れる．企業がアナリスト向けに作成した説明用の資料，基本財務諸表等は機関投資家が同時に入手することは可能であったが，当時は一部を除き機関投資家内における専任バイサイド・アナリストの数は少なくかつポートフォリオ・マネジャーとバイサイド・アナリストは必ずしも対等の存在ではなかった（ポートフォリオ・マネジャーが主でアナリストが従）と思われる．もっぱら，企業のIR担当者が発信する情報はまずセルサイド・アナリストへ流れ，その上で，セルサイド・アナリストが投資情報に加工して機関投資家に伝えるという情報フローであったとみることができる．

　これに対し，1990年代末の状況は図4-2のような状況であったとみることができる．まず，重要な変化として，企業のIR活動に直接「経営者」が関与するケースが増えてきた点が挙げられる．この時期になると企業の多くはアナリスト・投資家向けの「企業説明会」（インフォメーション・ミーティング）にトッ

図4-1　企業・投資家間の情報の流れ：1980年代央～1990年代央

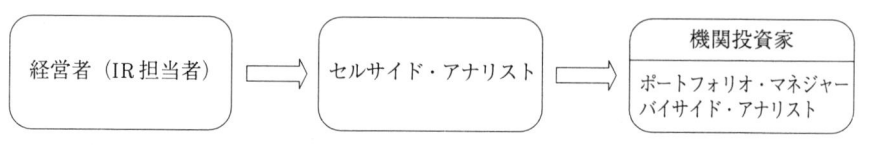

経営者（IR担当者）　⇒　セルサイド・アナリスト　⇒　機関投資家
　　　　　　　　　　　　　　　　　　　　　　　　　　ポートフォリオ・マネジャー
　　　　　　　　　　　　　　　　　　　　　　　　　　バイサイド・アナリスト

出所）　筆者作成．以下図3-2～3-4同じ．

図4-2　企業・投資家間の情報の流れ：1990年代末

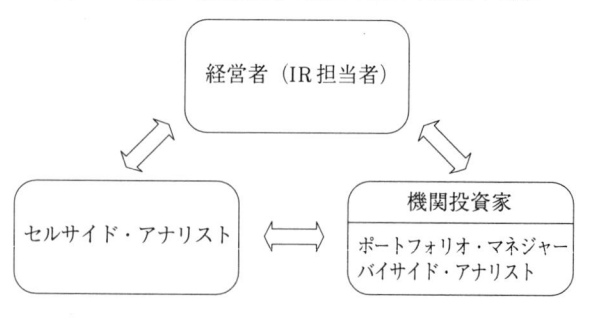

経営者（IR担当者）
　↕　　　　　↕
セルサイド・アナリスト　⇔　機関投資家
　　　　　　　　　　　　　　ポートフォリオ・マネジャー
　　　　　　　　　　　　　　バイサイド・アナリスト

プマネジメント（CEO）が出席するケースが多くなってきた．1990年代後半におけるリサーチ・アナリストの増加をみると，セルサイドよりもバイサイドのほうが著しく，機関投資家内部でもポートフォリオ・マネジャーとアナリストが対等の存在と位置づけられるところが多くなった．この時期に，インフォメーション・ミーティングへの出席者が飛躍的に増加したが，それはポートフォリオ・マネジャーやバイサイド・アナリストなど機関投資家側の出席者が急速に増加したことが影響している．人気のある企業の場合200人を超える参加者で溢れ返ることも珍しくなくなってきた．企業経営にあたるトップが直接セル

図4-3 企業・投資家間の情報の流れ：現在

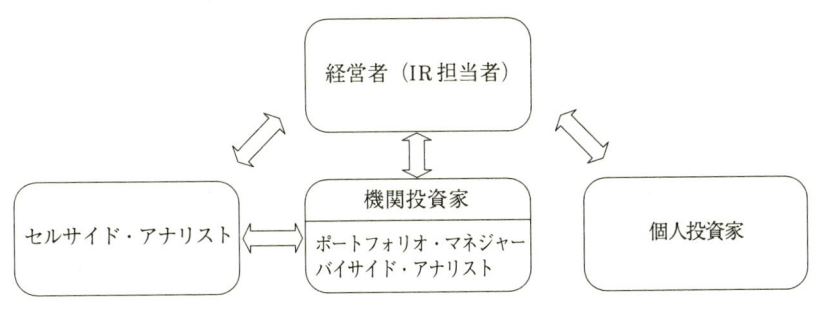

図4-4 企業・投資家間の情報の流れ：近未来

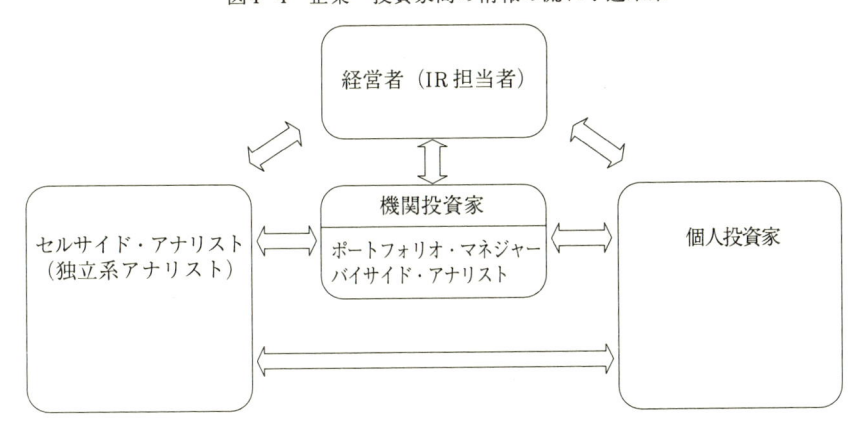

サイドとバイサイドにメッセージを伝え，セルサイド・アナリストのみならず，バイサイド・アナリストやポートフォリオ・マネジャーも活発に質疑応答に加わるということが通常になった．1990年代中葉までは機関投資家サイドが頻繁にIR担当者のもとを訪れたり，ましてや経営者を直接訪問したりすることは稀であったが，この時期には珍しいことではなくなった．ここにおいて企業のIR担当者は従来のセルサイド・アナリストを主眼として活動を行うだけでなく，同時に機関投資家をも常に念頭におく必要が出てきた．情報フローは図4-1のように「一方的」なもの，すなわちIR活動を行う企業と最終的にそれを受容する機関投資家が直接濃密な接点を持たない状態から，図4-2のような三者相互の情報交換が密になる「三角形」を形作るような状態に変化したと言える．

　また，この時期において留意すべきは，セルサイド・アナリストの役割が変容したという点である．機関投資家向けに投資アイデアを披瀝するという役割は変わらないまでも，バイサイド・アナリスト自体が当該証券あるいはセクターに対する深い知識を備え，かつ企業との直接情報交換を頻繁に行うように変化したことの影響を受けることになった．より具体的に言えば，セルサイド・アナリストは，第1に，これら洗練された顧客を相手に，より深いあるいはユニークな調査活動を行わなければならなくなったという点である．卓越した専門家（プロフェッショナル）であることが要求される時代になったということであろう．第2に，顧客である複数の有力機関投資家の満足を得るために，様々な「イベント」を企画する機能をセルサイド・アナリストに求められるようになってきたのもこの時期である．あるセルサイド・アナリストの企画で投資家が注目している企業のトップや役員を招いて特定のテーマに関する説明会を開催することも頻繁に行われるようになった．またバイオテクノロジー等の先端技術分野において注目される企業や研究者（アカデミック含む）が一堂に会して行うセミナーを企画することも多くなってきた．

　図4-3は現在の姿である．この図において，大きく変化したのは「個人投資家」が登場してきた点である．ネットIRや個人投資家向け投資情報の普及および日本版401k導入も一助となり，個人投資家の企業分析への関心も高まって

きた．それに呼応するかのように，個人投資家も念頭においたIR活動を実践する企業も増えてきた．すでに述べたように，機関投資家による議決権行使の積極化もあって，企業経営者は情報交換をますます密にしながら機関投資家との良好な関係も維持しなければならなくなった．相互に影響し合う情報相互作用は高度化し，資本市場はそれらメジャープレイヤー間の円滑なコミュニケーション無しでは成り立たなくなっているのが現状である．

　それでは今後はどのようになるであろうか．図4-4は近未来に予想される姿である．個人投資家が成熟化することにより求められる投資情報の質・頻度は今後高まることが予想される．直接，銘柄投資を行っている人は投資対象企業のIR情報をネットで入手するだけでは満足しなくなるであろう．専門的情報介在者である証券会社のアナリストの意見もこれまで以上に参考にしようと思うであろう．すでに有料でレポートを配信・配布する証券会社あるいは介在機関も出てきた．しかしここでの問題点は後にも触れるとおり今日4,000近くにものぼる上場公開企業のうち証券会社が複数カバーしている企業は20％に満たないという現実がある[5]．ここで想起されるのは米国で台頭しつつある独立系アナリスト会社による調査の利用である．現在米国では個人投資家向け営業も行う大手証券会社の場合，自社の調査部のレポートの有料販売に加え後述するように一連のアナリスト利益相反問題の経緯もあり，独立系アナリスト調査会社と提携し，個人顧客が（有料であることが多いが）レポートを入手できるようになっている．次に株式投資信託を購入している個人投資家の場合はどうであろうか．彼らも単に絶対リターンのみを追求する単純な投資家ではなくなっている．目論見書をある程度読み込むばかりでなく日常的に，直接運用者（ポートフォリオ・マネジャー）とのコンタクトを求めるようになってくることは必然的な流れとなろう．

(3) IRによる情報デザイン力の必要性

　それでは今日あるいは近未来におけるIR活動における課題は何かについて角度を変えて考えてみよう．上場・公開企業において，今日行われる標準的IR

活動のメニューは以下のようになると思われる[6]．
① 決算短信の作成・配布（四半期）
② 決算説明会資料の作成・配布
③ アニュアルレポートの作成・配布
④ 研究所・工場・配送センター等会社施設への投資家・アナリスト向け見学会
⑤ 投資家・アナリスト向け説明会の開催（決算説明会・中期経営方針説明会等）
⑥ 投資家・アナリスト向けスモールミーティングの開催
⑦ 有価証券報告書
⑧ 1対1ミーティングの受け入れ
⑨ 担当セルサイド・アナリストの公表
⑩ ホームページの開設
⑪ IR担当者へのHPからのアクセス
⑫ トップあるいは経営幹部による投資家個別訪問（海外含む）

　1990年代末においてもJIRAの資料によれば，以上のうちのほとんどの活動が行われていることがわかる[7]．しかし，現在と決定的に違うところは⑩のホームページ（HP）の開設である．これは企業のIR活動あるいは資本市場全体にどのような影響を与えたであろうか．実は項目としては一つ増えたに過ぎないが，非常に大きな変化をもたらしたと言える．たとえば決算が発表されたとき，ほとんどの企業では決算短信および関連参考資料がHP上に即時に掲載される．HPのない時代はセルサイドのアナリストはメイルに送付してもらい情報を確保するということが行われていた．しかし，それ以前はFAX等で受け取っていた．しかも「短信」資料を受け取ることができても，関連参考資料はその後行われる決算説明会にて配布されるのが通常であった．
　すなわち，HPの開設はそれらの問題を一挙に解決してしまう．いともあっさり情報が不特定多数に流れる．そして，このことは決算説明会のあり方自体を変えてしまった．今日多くの企業ではHP上に公開された資料を所与のもの

として効率的に説明会を行う．かつて説明会の主役は「決算内容」を詳細に説明するCFO（財務経理担当役員）であったが，ほとんどの内容についてはHP上にすでに公開されており，補足的な説明で済むことが多くなったからである．出席する多くのアナリストや投資家は十分な予習をすることが可能だからである．したがって，決算説明会と名は打っていても出席者の最大の関心事は「トップ」の経営者が，どのような内容のプレゼンテーションを行うかになってきた．

　会社の現状をどのように把握し，どのように導こうとしているのか．その説明に妥当性や論理性があるのか否か．一挙手一投足に注目が集まることになる．通常，「IR」活動についていかなる情報を投資家に伝えるべきか（換言すれば，いかに情報をデザインするか）について多くのツールがHPの中に埋もれて共通化する中で一番大事なことは「経営者」の発信するメッセージが極めて重要になってきていると言えよう．

2．アナリストの情報デザイン力とは何か

（1）現代セルサイド・アナリスト像

　これまでみてきたようにアナリストの職務・職能も大きくこの15年変わってきた．ここで現在のアナリスト活動をみてみよう．東京在住の，あるセルサイド・アナリストの現在の業務活動を描写すると以下のようになろう．朝6時半から7時頃には会社に着いている．すぐ行うのは新聞およびメイルのチェックである．アナリストは通常セクター別に担当する．エレクトロニクスセクター担当あるいは医薬品セクター担当というふうに分かれる．規模の大きな証券会社の場合，さらに細分化しサブセクターと目される産業部門を担当する場合もある．たとえば，上記のエレクトロニクスセクターの場合，ソフトウエア，精密機器，半導体，電子部品等に分かれていることが多い[8]．

　新聞のチェックといったとき，一般紙，経済紙はもとより業界専門紙も含む．もちろん，専門月刊誌も定期的に読んでいる．

そしてグローバルな展開をしている証券会社の場合，寝ている間にロンドンやニューヨークの仲間から電子メイルが入ることが考えられる．もちろんこの間，海外の顧客からも様々な問い合わせが入っていることも多い．いずれにしても朝，彼（あるいは彼女）は1時間半くらいの間に，自らのカバーするセクターおよび企業（銘柄）について昨日の退社時から出社時まで新たに出てきた情報についての何らかの投資判断を行わなければならない．たとえば，夜中に米国における自動車販売の実績が公表され，それについてのニューヨークの自動車アナリストからのコメントが東京の担当アナリストに当然送付されている．そこには米国における日本メーカーの販売実績とその動向についてコメントされていよう．これに対し東京のアナリストは，場合によっては帰社前の同僚に電話し（帰社していたら携帯電話に）詳しい内容を聞かなければならないかも知れない．あるいは聞く必要がないまでも，彼がカバーしている企業における投資評価にそれらの情報がどのような影響をもつかについて短い時間の間に一定のコメントを用意する必要がある．中にはこの1時間半の時間の「混沌」を避けるために，自宅のPCに会社に入ってきたメイルをそのまま転送されるような設定を行っているアナリストもいる．

さて，証券会社の場合，午前8時から8時半の間に「株式本部」主催の会議を毎日開催することが多い．ここでアナリストは自分のカバーしている銘柄について何らかのコメントを行う．すでに述べたようにアナリストは担当セクターを持つと共に，担当銘柄を持つ．通常，カバレージ銘柄と呼ばれるが，平均し15～20社担当しているケースが多い．そして，各銘柄について「投資意見」（レーティング）を設定する．その意見は顧客である投資家に当然伝えられる．それら投資意見の表記方法は実は証券会社によって異なる．「買い」「保有」「売り」という3段階レーティングが従来基本的なものであった．しかし，アナリスト利益相反問題が起こって以降，しかるべきベンチマークを設定し，そのベンチマークに対してどのように株価が推移するであろうかを予想する，「アウトパフォーム」「アベレージパフォーム」「アンダーパフォーム」の3段階方式を採る証券会社が多くなってきた．ただし，ここでベンチマークの設定の仕方が

証券会社によってマチマチであるために投資家側からは紛らわしいあるいは煩雑であるとの批判がある．今日，たとえば米国系証券会社Ａ社はアナリスト・カバレージにおけるユニバースをインデックス化しベンチマーク化している．これに対し同じ米国系証券会社Ｂ社はＴＯＰＩＸにおけるセクターインデックスを使用している．ある日系証券会社Ｃ社はＴＯＰＩＸそのものをベンチマークにしている．そして驚くべきは欧州系証券会社Ｄ社のように「絶対リターン」をベンチマークにしている会社も依然としてある．Ａ社，Ｂ社の場合，エンロン事件に直面した本国での動きを反映したものであるが，Ｃ社，Ｄ社の場合はいかに日本での自主規制機関の実質拘束力が弱いとはいえ，現在の資本市場のおかれた現状を理解していない対応となっているのは真に憂慮すべき状況と言えよう[9]．

そして，朝の会議で重要なポイントは，昨日後場が引けてから今朝までの，カバレージ企業に関する，あらゆる「情報」に対し，どのようにその意味を解釈し，「投資意見」にいかなる変更があるかを的確に説明することである．またたとえ投資意見の変更がないとしても，変更がないということ自体が顧客の機関投資家にとって重要な情報となる．

それではアナリストによる投資意見の変更はどのような時になされるか．大別して２つのケースが考えられる．第１のケースとして考えられるのは，ある情報を受け，アナリストがそれにより業績予想の変更を仮の状態であれ行い，その結果妥当株価の算定値が変化するときである．

これに対し，業績予想は変わらないが株価が変動し，株価収益率等の評価が変化したためにレーティングを変更するというケースも当然ありうる．これが第２のケースである．

その他，株価の変動，業績予想の変更がなくともレーティングが変更されることがある．たとえば，経営者の交代である．経営スタイルの変更により短期間の業績に変化はなくとも長期の業容は大きく変わる可能性がある．通例として，経営者が交代したとき３年から５年にわたる長期経営計画や長期経営方針を策定し，それをアナリスト・投資家向けに公表する．アナリストがそれを非

常にポジティブと判断し，当面の業績予想を変更せずとも，長期の利益成長性が高まる可能性が高いとして，レーティングを格上げすることもある．もちろん逆にネガティブな評価をすることも当然ありうる．

（2）セルサイド・アナリストの情報収集と解析

　早朝の会議が終わった後，彼らは，席に戻り，主要顧客（現実には主に，機関投資家に所属するバイサイド・アナリスト）に対し，会議で話した内容を電子メイルで送付したり直接電話したりする．

　それが一段落したところで，彼らには大別2つの仕事が待っている．第1は担当企業に対する「情報収集」と，与えられた情報に対する「解析」である．

　ここで今日，企業から与えられる「情報」にどのようなものがあるか整理してみよう．まず情報収集にあたり，ディスクロージャー内容の充実が進む中，企業から豊潤な情報が毎日流れてくる．アナリスト・投資家は決算発表後にインターネット等で配信され膨大な情報量の「決算短信」や「付属参考資料」を同時に見ることができる．「決算短信」の中には当然主要財務諸表や付属明細書がそろっている．通常，決算発表後[10]に，トップマネジメント出席のもと「会社説明会」[11]が開催される．今日，既述のように会社説明会は単に「決算説明」（過去の業績の正確な把握）にとどまらず，トップマネジメントによる資本市場参加者に対する積極的な所信表明の場ともなっている．

　さて，これまでの「情報」は企業によりアナリスト・投資家に対し同時に平等に与えられることを旨としている．これに対し，アナリストが企業に個別訪問し情報収集することがある．企業サイドもIR部門を有し個別訪問を受け入れる．ここでアナリストは事前に「企業説明会」等での説明資料を熟知した上で個別訪問に臨む．また，アナリストは極めて専門的な限られた読者を対象にした雑誌を購入することもある．たとえば，医薬品セクター担当のアナリストの場合，開発中の薬剤の特許状況や公表された臨床結果についてまとめた専門誌を読んでいることが多い．さらに日常，可能な限り医薬関連の学会にも出て，最新の理論や知見に接している．

したがって，優れたアナリストの場合であればあるほど，個別訪問におけるインタビューは効率的に行われ，かつ「質の高い」情報を独自に入手できる可能性がある．ここで注意すべきは，上記の情報収集活動は，すべて，「公表された資料」に基づいて行われるということである．それらは医薬品アナリストとして薬理学やバイオテクノロジーの基礎のない人には興味の湧かないあるいは判らないものがほとんどであろう．しかし，優れたアナリストであれば，それぞれの資料を分析し，その意味することを結びつけて，彼あるいは彼女のみが達しえる新たな投資アイデアを創出することは十分ありうる．インタビューは，彼らがそれらを「確認」あるいは「捕捉」する場と言っても良いかも知れない．企業側も，それが情報開示項目の許容範囲内であれば，専門的な質問に対し，一定のコメントを与えることになろう．

これはかつて問題となった「選択的情報開示」問題と以上の事項とは異なる次元のものである．企業は一定の「情報開示」ポリシーを持ち，アナリストからの突っ込んだ質問に対し，その範囲内で同じように誠実に答える．しかし，わざわざ質問されないことに対し，いちいち答える義務はない．そのようなことをしても，上記の例でわかるように，質問をする力のないアナリストに説明しても無駄であることが多いからだ[12]．

さて，情報収集・解析のプロセスを終えて，二つ目の仕事がアナリストに待っている．解析のプロセスが終わったところで，それが，アナリストの現在の当該企業に対する業績予想にどのような変化があるかを検証しなければならない．その上で，それがどう投資評価に結びつくかも早急に行う必要がある．投資家にとってまずもって必要なのは「投資評価」に対する変化があるかないかである．日々の活動においては，アナリストはこの点をフォローすべく簡易な「企業レポート」を発行する．また四半期毎の決算発表後には，アナリスト予想と実績の乖離の説明や，実績把握に伴う，次期以降の業績予想の展望等について個別企業毎にレポートを作成する．

レポートの作成はそれにとどまらない．四半期毎の各社の決算が出揃ったところで，担当セクター全体のまとめを行い，セクター全体，個別企業全体の業

績予想・投資格付けを見直し，まとまったレポート（クォータリーレポートもしくはベーシックレポートと称されることが多い）を作成する必要がある．上記の「企業レポート（メモ）」は速報性が非常に重要であるが，ここではアナリストの分析の深さ，セクター全体を見渡す見識の高さが問われることになる．アナリストはこれらを基に，パワーポイント資料を作成し顧客である主要機関投資家に四半期毎にプレゼンテーションを行うことになる．後述するように，バイサイド・アナリストの要求レベルは彼らが経験を積んだ年数が長くなり，かつ数が増大するとともに高くなり，かつ多様になり情報交換の頻度も増える傾向にある．

　そこでセルサイド・アナリストが機関投資家向け特にバイサイド・アナリスト向けに行うサービスとして，最近行われるのは，各種「特別企画」の設営である．テクノロジーを担当するアナリストが，あるホテルに顧客を集め，主要企業や大学教授の専門家を集め最新の技術動向に関するセミナーを開催することはその一例である．これはそのセルサイド・アナリスト自体が技術動向に造詣が深くかつ広汎な人的ネットワークを有していないとできないことである．米国の場合，ある証券会社が3日間にわたり投資家をホテルに集め世界の医薬品関連企業150社によるプレゼンテーションを一堂に開催するという，いわゆる「アニュアル・コンファレンス」を1980年代から企画し実施している例が有名である．

（3）バイサイド・アナリストの役割

　前項まではセルサイド・アナリストの業務を中心に述べてきたが，現代のバイサイド・アナリストの活動についても触れてみよう．バイサイドもセルサイドと同じように企業説明会に参加する．また個別会社訪問も行う．これに対し両者の相違点は，バイサイド・アナリストはセルサイド・アナリストの情報を万遍なく受容できる立場にあるという点にある．通常，一定規模以上の機関投資家は証券会社との取引関係が多様化しているため，事実上ほとんどのセルサイド・アナリストからの情報を入手できる．

彼らはその上で，自社のポートフォリオ・マネジャーの運用成績向上のために，自らの手で業績予想を行い，投資評価を行う．アクティブ・マネジャーの場合，担当セクターに対する投資判断およびカバレージ企業に対する投資判断はインハウスにいるアナリストに委ねられることになる．セクターウエイトと銘柄選択次第で運用成績が決まるからである．日本株投資の場合，多くの運用機関に運用委託者から与えられたベンチマークはTOPIXであるが，そこでアクティブ・マネジャーに運用委託者から与えられた使命はTOPIXの変動に対してアウトパフォームすることである．それゆえ個々のアナリストがすべきことは明確である．今10人のアナリストが社内にいるとし，そのうち6～7人によるセクター判断が的確（担当セクターがTOPIXの動きに対し，どのように動くかを予想する）でかつ，当該セクター内における銘柄選択が的確[13]であれば，ファンド全体は，優れた運用成績を得ることが可能であろう．

以上から，バイサイド・アナリストの役割は明確である．所属運用機関の運用成績に貢献することである．それ故ファンダメンタル分析に基づく業績予想の正確性も重要であるが，適切なレーティングを賦与することがより重要となる．ここでバイサイド・アナリストが特に肝に銘じるべきことは，常に，各カバレージ銘柄が「妥当な株価水準」であるかということを日々自問することである．それは，「現在の価格」すなわち市場のコンセンサス価格と乖離している銘柄を発掘するということである．逆に言えば，良好なパフォーマンスが得られないとすればその要因はバイサイド・アナリストが算出したところの「内在価値」が誤っていたということに他ならない．

セルサイド・アナリストもレーティングを賦与するが，バイサイド・アナリストを抱える機関投資家としては，実は，それはセルサイド・アナリストを評価する上で重要なものではない[14]．

これらから，一般論としてセルサイド・アナリストは何らかの強みを持ち（技術知識に優れる，財務分析に優れる，経営者等との人的ネットワークが形成されている等），かつプレゼンテーション・スキルに優れバイサイドにアッピールできるものを持っていることが比較的重要と言える．これに対し，バイサイド・アナ

リストは顧客が社内におり，常に，カバーしている企業やセクターの投資評価を日々適確に行えることが比較的重要であるということになる[15]．しかし，両者とも後に触れるファンダメンタル分析が優れていることが基本的に重要であることに変わりない．

（4）業績予想の作成プロセス

　前節までにおいてアナリスト活動の概観を示しえたと思う．本項においてはアナリストの基本業務である「業績予想」について述べたい．業績予想を行わないアナリストはアナリストと呼ぶことができない．なぜなら株価は業績の動向（正確には将来のコンセンサス業績予想）を基本に動くからである．たとえば「経営者の交代」「新薬の開発ニュース」「不祥事」等々様々な情報が流れ込み，それらによっても株価変動が起きる．しかし，これらはよく考えてみると，すべてが，当該企業の将来の業績に絡まるものである．来年かも知れないし，再来年かも知れない．あるいは5年後かも知れない．確かにどのくらい将来かについては曖昧さが残るとしても投資家が判断の拠り所にするのは将来の業績への影響であることには変わりない．

　そこで，ある新たな情報が出てきたとき，それが現実の自分の業績予想モデルにいかなる影響を与えるものかを常に自問すべきことであろう．セルあるいはバイを問わずアナリストは各社別に業績予想モデルを作成している．どのようなモデルであるかは各社・各人によって異なるであろうが，予想損益計算書，予想貸借対照表，および予想キャッシュ・フロー計算書の作成は基本である．そしてそれぞれの勘定科目項目毎のサブ・スプレッドシートが各計算書にリンクする形で適宜作成されている．リンクするという意味は，あるインプット項目（たとえば主要製品の売上高の予想額の変更を想起してみよう）の数値を変更することにより主要財務諸表数値がどのように変化するかが瞬時にわかるようになっているという意味である．その目的のため多くの証券会社と機関投資家の調査部は独自の緻密な業績予想モデルを保持している[16]．

　予想損益計算書における，一番上にくる「売上高」の予想は非常に重要な項

目である．このためにアナリストによる予想業務の大半は費やされるといっても良い．損益計算書の1列の予想のために膨大なサブスプレッドシートが必要となる場合が多い．製造業の場合，今日取り扱い品目が数種類にとどまる企業は少ない．多品種でありかつ収益性は当然のことながら品目毎に異なる．幸いセグメント情報開示の進展により，実績額としての部門別売上は公表されている．セクターによっては品目別売上実績の把握もかなりできる．したがって予想といったとき，当然のことながら実績が開示されているレベルでの項目についてはすべて行う必要がある．

そして費用項目については営業利益段階（すなわち，売上原価および販売・一般管理費）において損益計算書上で一般に使用される勘定科目でなく，サブ・スプレッドシートにおいて固定費・変動費に損益計算書上の各費用項目を，大雑把であっても再区分するという作業を経て予想を行う必要がある．アナリストの中でこのプロセスの必要性を理解できない場合は，業績予想を諦めたほうが良い．換言すれば業績予想という行為自体を諦めなければならないからだ．当該企業の株価は「将来のコンセンサス業績予想」に影響を受けるといったとき，より具体的には「経常利益」や「税引き後利益」あるいは「一株あたり利益（EPS）」の予想額に影響を受けると置き換えることができる．とすればどんなに精緻な売上予想モデルが築けたとしても，固定費・変動費分析ができなければ意味がないということになる．またこの段階で重要なのは減価償却費の予想である．業績予想期間にわたる新規設備投資額，過去の投資額に対する償却額，償却方法などを判りやすく区分したスプレッドシートを作成する必要がある．

さて首尾よく営業利益段階での予想が完成したら，次は営業外収益・費用の予想に移る．営業利益に比べ金額的には多額でない勘定科目が多く，一見重要性がないように思える．しかし，この中の受取利息・支払利息の予想については貸借対照表項目の金融資産・負債残高の予想ができなければできない．それでは金融資産・負債残高をどのように予想するのか，そのためには毎年のキャッシュ・フローやファイナンス計画，借入金の返済計画等が予想されなければならない．この点で分かるように業績予想を行う際に「損益計算書」のみ単独

で行うことは不可能である．

以上の留意点をクリアすれば細かな点を除き損益計算書の予想はほぼ終えたことになる．次に，貸借対照表およびキャッシュ・フロー計算書である．もっとも簡易なキャッシュ・フロー計算書は損益計算書の「税引き後利益」から「配当・役員賞与金」および「設備投資額」を差引き，「減価償却」および「運転資金需要」「その他資金需要（設備投資関連除く）」（マイナスもありうる）額を足しこんで作成される．ここで考慮しなければならないのは「運転資金」需要の把握である．この計算には貸借対照表項目の流動資産（金融資産項目除く）と流動負債（金融負債項目）の予想がまずなされる必要性がある．通常これらは，毎年のそれぞれの資産・負債項目の回転率をどのように変化するかを予想することによって得られる．そのためにサブシートに回転率予想に関するインプット項目が必要となる．

これまでの記述で分かるとおりキャッシュフロー計算書の完成と同時にほぼ貸借対照表は完成する．しかし，後者についてはさらに，キャッシュ・フローの増減が，金融資産負債項目のどこに影響させるかを決定しなければならない．ある年の200億円のキャッシュ・フローの発生は，そのまま「現預金」の増大に向かうかも知れないし，「銀行借入金」の返済に向かうかも知れない．あるいは「自社株式購入」により「資本の部」に影響を与えるかも知れない．それらを考慮し予想数値のインプットを行う必要がある．

（5）精緻なモデルの持つ意味

これら煩雑な業績予想モデルを一度組み立てることによるメリットは計り知れない．第1に，シミュレーションが容易になる点が挙げられる．ある主力製品の売上の変化，為替変動の変化，種々の生産性の変化により，ほんの些細な変化により利益水準（EPS）がどのように異なるかが分かるのである．非常に目立つ新製品の売上高の大幅上方修正よりも，ちょっとした経営努力（生産性指標の非常にささやかな改善）のほうがEPS改善の感度が遥かに高いことも分かることもある．アナリストは市場に出てきたある情報に対し，その投資評価への

影響をなるべく早く判断し顧客に伝えなければならない．その時に精緻な業績予想評価モデルがすでにあることにより，顧客に対し説得力ある回答を即座に伝えることができる．たとえば，ある医薬品企業において販売している製品に副作用問題が出てきて最悪の場合，販売中止になるかも知れないといったニュースが流れたとする．その場合，重要なのは5期業績予想をそのアナリストが行っている場合，現在のEPS予想に対し，どの程度の下方修正要因になるかをすぐ算定することができる．EPSの下方修正幅はせいぜい1％程度なのに株価が過剰反応して4～5％下がることもある．むしろその場合，顧客に「買い」を勧めることもあるかも知れない．

第2のメリットとして洗練された機関投資家（バイサイド・アナリスト）との関係がますます強固になる可能性もあるということである．セルサイドとバイサイドも長年同一のセクターを担当し，いわゆる気心が知れているという状態にまでなることもある．ここに至ると，セルサイド・アナリストがバイサイド・アナリストに電子メイルで送付するのは綺麗な装丁の「レポート」だけではなく，エクセルによる「業績予想モデル」の送付も同時にあるいは事前に必要である．予めセルサイドが送付しておき電話でお互い同じスプレッドシートをPCの画面で見ながら議論しあうということも現在では珍しくない．

ここに至ると，いい加減な業績予想をセルサイドが作れないことが良くわかるであろう．すぐ見透かされてしまうからだ．逆に，誠実にかつ緻密に業績予想を行っていることが理解されれば，バイサイドから大きな信頼が得られることになる．

（6）投資価値評価

前節において精緻なモデルに基づく業績予想の作成の必要性を示しえたと思われる．そこでアナリストに課された次のステップは「投資価値評価」（レーティング）をいかに行うかである．バイサイド・アナリストは，セルサイド・アナリストの業績予想と投資価値評価を一覧できる．

ここで多くのバイサイド・アナリストは非常に奇妙なことに気づくであろう．

たとえば医薬品セクター・アナリストの場合，ほとんどのアナリストが5期間（5カ年度）にわたる業績予想を行う．そこでAというアナリストとBというアナリストのある銘柄のEPS予想がほとんど同じであってもレーティングが異なることもある．また反対に大きくEPS予想数値が異なるにもかかわらずレーティングが同じであることもある．

　この要因は2節においても述べたように第1にベンチマーキングが所属する証券会社によって異なるためである．ある銘柄にレーティングを付す場合，アウトパフォーマー（ある基準となる株価指数の動きに対しそれを上回るパフォーマンスを得られると予想するという意味）としたとしても，アウトパフォームすべき対象がTOPIXなのかセクターインデックス（東証）なのか，はたまたグローバルなセクターインデックスなのかによりレーティングの意味はまったく異なることになる．実は現実には各社マチマチのベンチマークを使用している[17]．

　第2の要因は証券会社毎に採用している「投資評価モデル」が異なる点にある．単純に数年後の株価収益率を比較する場合，あるいは配当割引モデルを使用する場合，さらにEVA@等，千差万別の状況を呈している．当然のことながらそれらのモデルを基に計算される内在価値（妥当株価）はこれまでの論議をみてわかるとおり，まったく異なることになる．またそれぞれのモデルにおいて様々な前提を置いているが，その前提のわずかな条件の設定の違いによって妥当株価が異なってしまうことも確かである．ここで筆者が指摘したいのは業績予想数値自体が，モデルのある前提を変更することによって大きく変動する点にある．しかし兎にも角にもEPSの予想数値が算出され，今度はそれが独り歩きすると共にさらに様々な前提条件をインプットすることにより妥当理論株価が算定されることになるという事実を踏まえる必要がある．それぞれの投資評価モデルは優れた「理論」性があると同時にその限界もわきまえる必要があるということである．

　多くのモデルは業績予想期間を超えるEPS成長性については，やがて産業平均並みあるいは全産業平均並みにその後の期間収束しているという前提を置いている．しかし5年あるいは7年の業績予想期間を超えてもかなり当該産業平

均を超える成長率が期待できると判断するアナリストもいるかも知れない．そのような場合，モデルのメカニズムから妥当株価は現行の株価と同じ 2,500 円となり割安感はないが，6 年目から 10 年目までもセクター平均をかなり上回る EPS 成長性が期待できるためプレミアムをつけ目標株価を 3,000 円とするというコメントを出すこともあるのである[18]．

3．コーポレート・ガバナンスの変容

（1）コーポレート・ガバナンスとは何か

　コーポレート・ガバナンスには様々な概念が入り混じっているが，本来は「株主が企業の所有者として，企業の経営に影響を及ぼすこと」[19]と定義することが最も相応しいであろう．株主は当然，一定のリスクを負いながら，リターン（配当益であれ株式値上がり益であれ）を目論んでいる．そしてそのリターンは株式を所有する企業が「継続的に安定的な利益を上げるかあるいは利益成長を遂げる」ことによって得られる．

　ここからコーポレート・ガバナンスとは「株主によって投資先企業が継続的に安定的な利益を上げるあるいは利益成長を遂げられるよう企業経営に何らかの影響を及ぼす行為」であると換言できる．さらに言えば，「もし今日，安定的な利益を上げているあるいは利益成長を遂げる可能性があるならば，それらを阻害するような経営がなされないように防御的な方向に企業経営をもって行く」行為も含まれる．株主による具体的な「行為」として指摘されるのは「議決権行使」であるが，投資家・アナリストと企業との能動的情報交換等今日では多くの他の「行為」をなすことが可能である．

　このような「行為」を積極的に行わないこと，すなわち与えられた権利を放棄することは，株式売却等の手段を講じExit（売却）しない限り，やがては株主として得るべき投資パフォーマンスを失うことにもなるし，マクロ的にみても資本市場という重要な社会システムが機能不全に陥ってしまうことになる．今日までわが国でこのような論議は様々な理由から，書生論として受け止めら

れる気風があった．しかし，1990年代を通じてのROEに代表される企業パフォーマンスの停滞，あるいは悪化傾向，さらにそれを反映しての株価の低迷はわが国の経済社会全般に大きな閉塞感を起こした．株価の継続的な低迷は全体として「投資家」の投資しようとする意欲自体を遠のかせてしまうからである．これら閉塞感を突破する1つの処方箋としてコーポレート・ガバナンスの強化が本気で唱えられたのは至極当然なことである．

そのような意味で，わが国において，ここ数年にわたる「企業年金連合会」（旧「厚生年金基金連合会」）を中心とする「機関投資家」側における議決権行使への積極姿勢は注目される．経営者の保身につながる恐れのある敵対的買収策に対する議案に反対したり，あるいは逆に社外取締役制度の導入に不熱心な企業に苦言を呈するなどの活動を行っている．これらに刺激され，多くの機関投資家は彼らの自主規制機関（日本投資顧問行協会等）のガイドラインに沿い独自の議決権行使「原則」を保有するところも出てきた．とは言え，多くの機関投資家はコストや議決権行使の時期の集中化などを理由に，専門的コンサルタント（ISS = International Shareholder Service社が代表例）に実質的な意思決定を依存しているケースが多い．

そこで，このような動きが，果たして，真に資本市場にとって意味のある「経営者」の暴走を食い止め，企業価値向上に資するものになっているかを判断するにはしばし時間が必要であろう．

確かに一部の論者が言うようにコーポレートガバナンスが強化されることによって直ちに日本企業のパフォーマンスが良くなるわけではない．また社外取締役や委員会設置方式への移管などの「形」を整えれば良いと言うものではない．もちろん「実体」が伴わなければならない．理想的な「形」を常に追い駆けつつ「実体」の評価も厳しくなされなければならない．

米国においては形式的にはエンロン事件以前にも，今一部の日本企業が胸張って導入した制度は存在していた．社外取締役を導入していることはガバナンス強化のための必要条件とは（ある程度）言えたとしても，その「社外取締役」が「真に」機能しなければ意味はないからだ．確かにわが国における一部の社

外取締役の資質や行ってきた言動（すべてを検証したわけではないが）を見るにまことに情けないものがあることも確かである．米国での最近の論議をみると「取締役会」自体の活性化の問題が大きく取り上げられていることに注視しなければならないであろう．

（2）資本市場における「環」の貫徹と機関投資家の役割

数年前にある新聞のコラム欄に匿名ながらこのような論調があった．

「わが国では本年四月から改正商法が施行され，米国型の企業統治の手法が導入できるようになり，これを受けて，日本企業の間で社外取締役による経営監視機能の強化を図る「委員会等設置会社」に移行することを決めた会社が出てきた．

しかし会社の実態や社内の動きを知らない社外取締役が企業統治の問題を解決できると誰も思っていないし，社外に適任者がいるとも思えない．実際，米国企業の多くの取締役会は最高経営責任者（CEO）の友人や知人で構成される「クローニー（身内）資本主義」である．日本の一部経営学者や投資ジャーナリズムは，経営の目的は株式価格（企業価値）の向上にあり，取締役は株主の信託を受け，経営陣や従業員から独立し株主を代表して経営の執行を監督管理しなければならないとしている．この主張は，法律上の建前であり，大規模株式会社の生成発展の歴史や歴史の教訓を無視した虚構の話にすぎない．共同体である企業の目的は経営の長期的存続と発展にあり，社会との調和と雇用が最重要課題である．取締役会はこの目的の下に資本の受託者として経営の執行，管理状況を監督し，利害関係者に一定の責任を果たさせるのが使命であると考える．」[20]

言うまでもなく企業の所有者は「株主」である．そして企業経営を執行する委託を株主（取締役会）から受けた経営者が現実に経営を行う．この根幹をどのような論者も否定することはできない．法律上の建前と実質を分けることはできない．その点を明確にしておかなければコーポレート・ガバナンスのあらゆる論議はループする．大げさに言えばその「建前」を否定してしまえば資本市

場特に機関投資家は存在理由がなくなる．したがって，上記の議論には資本市場に携わる人間としては加わることはできないであろう．

　そしてまず「建前」を是とした上で株主の目的は何かという議論に移行することができる．ここで多くの投資家・株主にとっての目的は「投資リターン」であり，「株価」が最大の関心事である．株価は基本的に企業が将来生むキャッシュ・フローの現在価値として決定される．企業の「将来キャッシュ・フロー」というとき，目先の利益ではないということに留意する必要がある．通常将来キャッシュ・フローというとき，いかなる投資評価方法を取るにせよ投資家は5年間から7年間程度の企業の収益構造に対する緻密な予想を立てなければならない．したがって，前節でも述べたとおりファンダメンタルズ分析に基づく銘柄選択を行おうとする機関投資家がこのような長期業績予想を行うことは必須である．

　そして「企業が産み出す将来キャッシュフローが豊潤」であると認められたとき株主価値は上昇する．ここで分かるように企業は短期的な利益を追求しているのみでは株主・投資家からは評価されない．経営者が中長期の経営ビジョンを明確にし，株主に説明し，リーダーシップをもってマネジメントにあたる．それを遂行するには，従業員や取引先との長期的な良好な関係を築かねばならない．また社会規範・倫理に基づく「企業行動」を遂行しなければならないのは「社会的組織」の一員として当然の前提であり，何も株式会社固有のものではない．たとえば医薬品会社が新薬を開発するとき，非常に厳密な臨床試験を経て，パブリックな機関（米国ではFDA等）によって承認を得ることになっているが，それを履行することは当たり前のことである．副作用があると分かっている薬剤につき社会規範を無視して販売することはもちろんできない．

　であるとすれば「将来キャッシュ・フロー」が豊潤であるか否かは，結局，「市場における公正なる競合」の結果如何による．そして常に競争による淘汰の問題がある．「企業行動」が社会的に問題なくとも，激しい市場競争の中にあり一歩経営者が判断を間違えば，市場での地位をあっけなく失う―赤字化―こともあることは一方で冷厳な事実である．すなわち現在の市場における地位

第4章 わが国における資本市場ネットワークの変容　107

を失うことになれば「将来キャッシュ・フロー」は生まれて来ない．もっと端的に言えば，他社との競合との状況にどう対処していくのか，そこに投資家・株主の視点は絞られることになる．半面，現在，低利益水準に喘ぐ企業が経営者の交代や画期的な新製品の発売等により会社がターンアラウンドするときは絶好の投資妙味の場合もある．

　このように経営者は株主（投資家）に厳しく日々評価される存在である．しかし，資本市場において厳しく評価されるのは本来経営者だけでない．上場公開企業は今日ボランタリーな情報を含め活発なインベスター・リレーションズ活動を行っているが，その活動はアナリスト（主にセルサイド・アナリスト）によって厳しく日々評価されている．さらにアナリスト自身は機関投資家によって評価される．機関投資家は運用委託者（基金等）によって厳しく評価される．そして機関投資家が企業および企業経営を評価する．これらが資本市場の１つの「環」になるとき，活力ある企業社会が生まれる[21]．そしてここでのキーワードはそれぞれの構成者間で能動的な情報交換が行われることが必須である．筆者はそれを社会システム理論の用語からの緩用で「情報相互作用」と呼んでいる[22]．

　そして，これら情報相互作用がフェアーに効率的に行われることが資本市場において肝要となる．また資本市場の各構成者間に緊張感と洗練された関係が維持されなければならないことも重要な点である．記憶に新しいところでは米国でも2000年にフェアーディスクロージャー問題，2002年にはエンロン問題に端を発した監査法人やアナリストの利益相反問題等がある．これらを指し米国における資本市場の不健全さ，不完全さを指摘し米国資本市場システムを全面的に否定する論調も目立つようになった．

　どのようなシステムも社会システムである限り，社会の構造変化を把握できないで陳腐化してしまうことも事実である．また「システム」として完璧であっても「参画者」の意識次第でワークしないこともある．問題はそういった事態が引き起こされた時の復元力あるいはシステム改革力が社会全体に備わっているかが問われることになる．

　筆者の見る限り，米国で起こった一連の問題に対してSEC，NYSE等の監

督機関およびCFAIやNIRI等の自主規制機関が短期間にお互いに密度の濃い議論を重ねて対応策を出してきた．すでに新しい次元でのコーポレート・ガバナンスシステムは順調に稼働し始めているように思える．真剣に議論を重ね一歩でも改正しようとする熱意がみられることは確かである．いかに資本市場の社会的重要性に彼我の格差があるとは言え日米の対応の差を感じさせるものであった[23]．

　日本株式を投資対象とし運用する機関投資家のポートフォリオ・マネジャーにとって，もっとも嬉しいことは「東証株価指数」全体が上昇することでありかつ自らのポートフォリオが相対的により高く上昇することである．相対的にアウトパフォームしても東証株価指数全体が大きく下落している状態は顧客の運用資金の絶対額（財産）が減少してしまうことを意味している．ということはやはりまずは「東証株価」全体が上がることが望ましい．そこで機関投資家がなすべきことは，日本株式会社の「将来キャッシュ・フロー」が豊潤になるようにできるだけのことを行う義務があるということである．日本の企業の中には，本来成長する可能性があるにもかかわらず，経営意思決定のスピードが遅かったり，激しいグローバル競争状況を冷静に把握できないためムザムザ，低収益に喘いでいるという企業も多い．このような企業に対し何かしら機関投資家（株主）としてできるだけのことをするというのは今日，彼らに与えられた社会的職務からは当然のことなのである．

4．まとめ——資本市場の「環」の貫徹の必要性と若干の提言

　以上アットランダムにみてきたように資本市場におけるメジャープレイヤー間の情報相互活動は今日，ますます高度にかつ効率的なものになりつつあるように思える．特に情報通信手段の高度化は大きな影響を与えてきた．しかし，それ故にますます一定のルールのもとにフェアーな市場をつくることの重要性が増してきた．米国で起こった「選別的開示」「利益相反」「会計粉飾」の問題はすべて解決されたわけではない．「ガバナンス」の強化もわが国では途上に

ある．そういった問題を抱えている最中に，東京証券取引所がシステム等で様々なトラブルを起こし，資本市場における自主規制機関の要としての資格を問われ始めている．また会計基準のハーモナイゼーション問題も未解決である．さらに80％近くの上場公開企業に対する十分なるアナリスト評価がないなどの問題もある．企業のIR情報がどんなに充実してもこれでは情報訴求先がないということになる．

豊潤な情報がIR活動を通じて市場に流れ情報介在者でありセルサイド・アナリストが投資情報として加工し，投資家に流す．それを参考にしつつ投資家は意思決定する．そして投資家は保有企業に対し，受託者責任（機関投資家の場合）のもと誠実なる株主権行使（議決権行使等）を行う．これにより資本市場のポジティブな環は貫徹することになる．

いつの時代にも様々な困難があるが，今日においても問題山積の中，自主規制機関を中心とした改革が待たれるところであろう．最後に本章をまとめるにあたり，わが国において資本市場が公平かつ効率的に運営されるために今直面している問題を最後に列挙したいと思う．取り上げた事由の詳しい説明は近著にも譲るとして，この章，執筆の契機となった研究会（「中央大学企業研究所「コーポレートガバナンス研究会」」）での議論を踏まえたものであること（文責はもちろん筆者個人）をお断りしておく．

第1に，4,000近くある上場・公開企業に関する複数（できれば5人以上の）情報介在者（セルサイド・アナリスト）による分析情報が市場に行き渡るようにするための社会装置（インフラストラクチャー）を整備する．

第2にセルサイド・アナリストの投資格付けにつき，投資家（個人投資家も含む）を念頭におき，何らかの「ガイドライン」を設け他のアナリストと比較できるようにする．また投資格付けを付与するに至った理由を必ずレポートに記載するようにする．

第3に監査法人（公認会計士）による上場・公開企業との監査契約は直接当事者同士が行わず，自主規制機関（東証等）がコーディネーターになり指名することとし，独立・対等の関係とする．コーディネーターを通じ監査報酬は支払わ

れる．

　第4に「独立取締役」は，非常勤ではあっても，週1，2回は出向き，経営執行の妥当性をチェックできる人材を要件とする．いわゆる広く，適度に離れたところから適切なアドバイスを行う（Arm's Length）ことのできる人が望ましい．そのためには，任期は4年程度とし，最初の1年目は業務の把握にあたり他の2年度生以上の独立取締役とのバランスをとる．どんなに優れた人でも，月に一度会社を訪ねて，たとえ予め配られた資料を精読していたとしても，株主の付託に応えて，経営執行者の「監視」を責任をもってすることは到底できないとみるべきであろう．この点が，社外取締役を積極的に導入しない企業の大きな事由ともなっている．確かにその見解には意味があるのである．それではどうすれば良いのかということで出てきたのがこの案である．

　以上第1から3まではすでに米国において論議されたかあるいは論議されようとしているものである．第4は独自のものである．一つぐらい日本オリジンのものがあっても良いのではないか．

1) この節に関する詳しい論議は以下を参照のこと．北川哲雄［2003-b］および［2006］
2) 最新のものは以下を参照のこと．㈳日本証券アナリスト協会・ディスクロージャー研究会［2006］
3) 大手投資顧問会社におけるバイサイド・アナリストの数（5社合計）は1993年9月時点で38名であったが2004年9月において216名へと大幅に増加している．（出所）『投資顧問会社要覧』［1993］および［2005］
4) 北川哲雄［2003-a］
5) 2005年12月末日時点のmsnマネー欄のアナリスト格付け欄より筆者調査．
6) これらの詳細については『IR情報ハンドブック2006』が参考となる．
7) 『IR情報ハンドブック1999』pp. 1-8が参考になる．
8) 例えば日経金融新聞におけるアナリストランキングでは27セクター（2006年3月30日朝刊）に分かれ評価されている．因みにアメリカにおいて *Institutional Investor* 誌によるランキングでは27セクター（2006年10月号）である．
9) しかし，ヘッジファンドの隆盛とともに，米国においては2005年以降従来の相対評価にかえてターゲットプライスを明確にするようアナリストに強制する動きが出ている．

10) 2004年度より四半期決算開示が一般化するが，2003年度までに一部企業を除き，中間と通期決算発表後トップマネジメントが出席のもとに行われることが慣習化していた．
11) 通常IM（Information Meeting）と呼ばれる．IMには決算発表直後に行われる「決算説明会」，年1回程度経営計画等の発表，業務内容の詳細な説明を目的に行われる「定期アニュアルミーティング」と呼ばれるものもある．そのほか研究開発や新製品にかんする定期的IMを開催することもある．また多くの日本企業において株主構成の多様化から，内外各地で，機関投資家と個人投資家を分けてIMを開催することも増えてきた．そのほか，主要な機関投資家を直接定期的に訪問することも行われている．
12) これらの論議についての詳細は以下を参照のこと．北川哲雄［2003-a］
13) 具体的にはカバーしている銘柄のうち，「買い」推奨している銘柄の購入をポートフォリオ・マネジャーが行い，セクターインデックスをアウトパフォームする状態を意味する．
14) *Institutional Investor*誌（2005年10月，112頁）によれば運用資産750億ドル以上という大手運用機関の場合，アナリストに求める能力として順番に列挙すると①担当業界に対する知識，②特別サービス（会社訪問の同行，スモールミーティングの設営など），③レポートの質，④通常のサービス，⑤業績予想，⑥銘柄選択，⑦営業部門の販売力，⑧所属証券会社の注文執行能力となっている．これに対し運用資産4.9億ドルから10億ドルまでの運用機関の場合（小規模な運用機関），上記の大手と最も異なるのは⑥位であった「銘柄選択」が②位に来ている点である（全体では⑤位）．大手運用機関の場合，通常内部に大きな調査部門を抱えている．従って大手の場合，セルサイド・アナリストに期待するのは業績予想でも銘柄選択でもなく産業やテクノロジーに対する造詣，レポートの質という，いわば極めてファンダメンタルズな領域に着目していることが分かる．一方小規模の運用会社の場合は内部に十分なリサーチ部隊を置くことができないため，どうしても「銘柄選択」のアイデアをセルサイド・アナリストに求める傾向が強いことが分かる．しかし，ここでも留意すべきは①位でないということである．産業やテクノロジーに対する造詣がトップであるという点に注意しなければならない．
15) 北川哲雄［2002-a］
16) 現在の「連結短信」等で強制開示上要求されている様式をそのまま使用して予想財務諸表はできない．そもそも強制開示の目的は過去の実績把握目的のためである．同一機関における業績予想財務諸表のフォーマットは同じでも，サブシートとなると各セクターの産業特性から大きく内容が異なることは当然である．
17) エンロン問題以降一連の金融改革の結果，ベンチマーキングの適切な設定および投資格付けの偏在は是正されつつある．これらの詳細については下記文献を参照の

こと．北川哲雄 [2004]
18) この場合，モデルを一部変形し，業績予想期間を延長した部分について一定のプレミアムを反映するという業績評価モデルを採用している機関もある．
19) 若杉敬明他 [2003], p. 11.
20) 日本経済新聞「大磯小磯」, 2003年9月4日．
21) この点については北川哲雄 [2000] 23-24頁を参照のこと．
22) ここで使用される「情報相互作用」という概念は主に現代社会システム理論の成果に依拠している．特に，ニコラス・ルーマン（佐藤勉監訳）『社会システムの理論』[1995]，737-790頁を参照のこと．
23) この点についての詳細は北川哲雄 [2003-b] および [2004-a] を参照．

参 考 文 献

Association for Investment Management and Research [2001], *Proposed Issues Paper Entitled Preserving The Integrity of Research.*

Association for Investment Management and Research [2002], *Proposed Research Objective Standards* 2002.

Daft, R. L., Lengel, R. H. and Treviono, L. K. [1986], "Message Equivocality, Media Selection, and Manager Performance–Implications for Information Systems," *MIS Quarterly.*

Herbert Blumer [1969], *Symbolic Interactionism- Perspective and Method*, Prentice-Hall.

Levit, Arthur [2003], *Take on the Street*, Prentice-Hall.

New York Stock Exchange Release [2002], *Proposed Draft; SEC, Attorney General, NASD, NYSE and State Regulators announce historic agreement to perform Investment Practice.*

New York Stock Exchange Release [2003], *The Securities and Exchange Commission, NASD and the New York Stock Exchange permanently Bar Henry Blodget from the Securities Industry.*

北川哲雄 [1998]「資本市場の構成者と制御システム」『経済系』第195集，関東学院大学．

北川哲雄 [2000]『アナリストのための企業分析と資本市場』東洋経済新報社．

北川哲雄 [2002]「バイサイドアナリストの台頭と資本市場における情報相互作用の高度化について」『証券経済研究』第37号．

北川哲雄 [2003-a]「バイサイド・アナリストの機能強化とコーポレートガバナンス」月刊資本市場No.218.

北川哲雄 [2003-b]「資本市場制御機構における重要性概念の再検討─アメリカにお

ける公正開示規則をめぐる論争を中心として—」『企業研究』第2号，中央大学企業研究所．
北川哲雄［2003-c］「情報開示の基本哲学」『会計を学ぶ私の一冊』藤田幸男編著，2003年，白桃書房．
北川哲雄［2004］「アメリカにおけるアナリスト利益相反問題に関する一考察—AIMR提案の分析を中心として—」『企業研究』第4号，中央大学企業研究所．
北川哲雄［2006］「わが国における資本市場の変容と現状に関する一考察」『株主圧力の高まりと日本企業の変革』，日本経済研究センター．
北川哲雄［2006］「アナリスト業務の実際」『証券アナリストのための企業分析—第3版』，東洋経済新報社．
『投資顧問会社要覧』［1994］［2003］日本証券投資顧問業協会編．
遠山　曉［1998］『現代経営情報システム論の研究』日科技連．
ニコラス・ルーマン（佐藤勉監訳）［1995］『社会システムの理論』（上・下）恒星社厚生閣．
㈳日本証券アナリスト協会・ディスクロージャー研究会［2006］『リサーチ・アナリストによるディスクロージャー優良企業選定（平成18年度）』．
若杉敬明・他［2003］「日本再生とコーポレートガバナンスに関する研究会」『月刊資本市場』，2003年8月号，資本市場研究会．

第5章　配当政策とコーポレート・ガバナンス

1．問題提起

　本章は日本の企業が，現在，配当政策の見直しを迫られている状況にあることをコーポレート・ガバナンスに関連させて論じたものである．

　企業が事業から生み出した利益のうち，配当にいくら支払い，内部留保としていくら残すかの決定は配当政策と呼ばれる．本来，重要な経営上の決定事項であるが，日本の企業は，これまで長い間この配当政策にそれほど意を用いてきたように思われない．もちろん，減配や増配に踏み切る場合は，慎重な意思決定を行ったであろうが，逆にいうと多少の業績の変動があっても，毎年，一定額の配当を安定的に支払うことができればよしと考えていたようにみえる（安定配当政策）．また，1株当たりの配当水準は，同業他社との横並び意識が働いたこともあって，企業間の差は意外に小さかった．投資家サイドからの配当に関する要求もさほど強かったようにはみえない．以上の意味で，企業にとって配当の支払いは，戦略的な目標というよりも，あたかも借入金に対する契約金利の支払いに近いものとみられてきた．

　しかし，90年代に入ってから，コーポレート・ガバナンスの議論がにわかに活発になり，その中で従来の財務政策，その一環としての配当政策（広くは利益の分配に関する政策）も批判の対象になるに至り，企業経営者もここ2～3年，配当政策のあり方を基本的に考え直すことを迫られている．コーポレート・ガバナンスの言葉は，人によって使い方が多少ずつ異なるが，これをめぐる論議には2つのテーマが含まれている，と筆者は考えている．一つは，企業の目的をどのように設定するかという問題，二つ目は，その目的を実現するためには，

どのような組織や監視の仕組みが有効かという問題である．バブルがはじけ，株式市場が長期停滞に突入すると，低い投資パフォーマンスに悩む株式投資家は，企業目的は株主利益の最大化にあるとの観点から，これまでの企業経営のあり方を批判し始め，配当政策の見直しを求めるようになった．というのは，株主が企業に預託している資本の運用効率が低く，株主の満足を得られないなら，配当の引上げや自社株の買戻しをつうじて，株主の手に資本を還流させる方が得策であるし，またそれが資本の運用効率を高めさせるためのインセンティブになると考えるからである．これに対し，企業目的を株主利益の最大化と一元的に考えるのではなく，もっと多元的に設定しなければならないとする立場からは別の議論もなされる．いずれにしても，企業経営者は，これまでの配当政策を継続するにせよ変更するにせよ，その基本的な考え方を明確にすることが避けて通れなくなってきている．

　近代企業財務理論では，配当政策が株主利益にどのような影響を与えるかの考察が重要なテーマになっている．有名なミラー・モジリアーニの配当無関連命題（MM命題）は，企業がどのような配当政策をとろうとも，それは株価や企業価値に影響を与えないというものである．この命題に基づくならば，従来の配当政策が必ずしも株主利益を損ねるということにはならない．ただし，MM命題は，いくつかの前提条件をおいた上で成立するもので，その前提条件を変更すると，必ずしも成立しなくなる．利益のうち配当として支払った後に企業内に留保される内部留保は，株主資本の一部をなし，株主資本コストを上回る運用をされることが当然の前提条件になっている．ところが，企業経営者がそのような前提に立って，この内部留保を運用しているかという点に，日本企業の株主は疑問を持ち始めてきたのである．内部留保は，現実には，極めて曖昧な性格を持たされ，かつ運用されている．その曖昧さが日本のコーポレート・ガバナンスの問題を引き起こす1つの原因になっていると筆者は考えている．しかも，それは企業目的を一元的に捉えることの是非という問題とも関連しているので，企業経営者の間に上述の企業財務理論が浸透してゆけば，自然に解消してゆく問題ではない．

本章は，このような内部留保の性格とコーポレート・ガバナンスの関係に着目し，今後の配当政策を論じようとしたものである．企業目的をもっぱら株主利益の最大化とする考え方が，広く企業の利害関係者の支持を得られるようになるかどうかについては疑問を感ずるが，そうだとすれば，配当政策や利益分配政策がこれからどのような変化を遂げてゆくものか考えてみたい．

まず2節において議論の出発点として，70年代以降における日本企業の配当政策の特色を概説した．特色の一つとして，低い配当性向があげられるが，これはいいかえれば，高い内部留保の蓄積ということになるので，この配当政策のもとで企業の資本構成が大きく変化したこともここで述べてゆくことにする．3節では，上記のように資本構成の中でウエイトを高めた内部留保の性格について，経営者の間でどのように認識されているか，またはそのような認識を生み出す根拠やそれを正当化するどのような議論があるかを考察してみたい．そしてこの内部留保の性格の不明瞭性に，80年代以降の資本効率の悪化を招く1つの原因があったのではないかということを4節で取り上げたい．資本効率の低下は，いずれ株式投資家の収益悪化に繋がってゆくはずであり，現実にも90年代に入ってバブルがはじけると，日本の株式投資収益率は惨たんたる状況に陥った．5節では，株主が経営コントロール手段として配当政策に眼を向け始めたのはどのような理論に基づいているのかを論じてみたい．最後に，6節で，配当政策の変化をめぐる最近の話題をとりあげ，それを踏まえながら，日本企業の配当政策が今後どのように変貌を遂げてゆくかの展望を試みたい．

2. 日本企業の配当政策の特色

日本企業の配当政策の特色は，すでにいろいろのところで論じられていることであるが，議論を進める前提として，最初にデータに基づいてこれを確認しておくことにする．最近の配当政策見直しと関連させるため，従来の配当政策の特色が際だっていた80年代までの時期を対象に整理しておく．

（1）安定配当政策と画一的な配当支払い

　日本企業の配当政策の特色は，1株当たりの配当金額をできるだけ安定的に維持する安定配当政策が取られてきたことである．額面発行増資の時代（70年代の初めまで）には，額面金額に対して最低10％の配当をすることが資本市場で求められた．当時，大半の会社で額面金額は50円であったから，最低の配当レベルは1株年5円であった．もちろん業績の悪化により減配や無配を余儀なくされれこともあったが，そのような場合にはできるだけ早急に5円配当に復帰することが重大な経営課題となった．利益率の高い企業の中には5円を超える配当を支払うところもあったが，それでも6〜7円くらいの間に集中していた．このように当時の日本企業の配当支払いは，極めて画一的であり横並び的であった，ということができる．なぜこのような慣行が生まれたのかはよく分からない．戦時経済における配当統制が関係しているのかもしれない．いずれにせよ，株式資本のレンタルプライスが，それを利用する企業の事業特性や財務状況などとは関係なく，10％程度であることが株式発行市場で成立していたとみることができる．したがって，企業にとって，配当の支払いは，配当政策という主体的な決定に基づくというより，市場の期待する画一的な配当を支払い，かつそれを安定的に保つことが，一種の与件として求められたみることができよう．

　1970年頃を境にして，増資の方法が額面発行方式から時価発行方式に転換した．しかし，額面に対して，できるかぎり安定的な配当を支払うという慣行はその後も維持された．全国証券取引所協議会の調査（全国証券取引所上場会社が対象）によると，1株当たり配当を前年と同額支払っていた会社の割合は，70年代をつうじて，各年とも50〜70％になっていた．80年代に入るとさすがに増配会社の比率が上昇するが，それでも据置き会社の比率はいつも50％を超えていた．なお，当時無償交付増資により実質的な増配を行う会社もあったので，これを考慮にいれると据置き会社企業の比率は上記よりも低くなるが，ただ，1株当たり配当をあまり変更しないという政策は，時価発行増資に移行してからも根強く残った．また，80年代になって増配会社が増えたといっても，1株

当たり5〜7円の配当を支払う会社の割合は終始60％を超えていた．

（2）低い配当性向

日本企業の配当政策の二つ目の特色として，低い配当性向があげられる．ただし，この特色は70年代に入ってから時価発行増資が一般化してからの特色である．

配当性向の分子である支払い配当が安定的でも，分母の当期純利益が業績を反映して変動するため，図5-1にみるように，配当性向は景気変動に従った波を描いて上下するが，70年代に入ると60年代に比べ平均水準が低くなっていることがはっきりと分かる．70年代，80年代をつうじても，配当性向は趨勢的な低下を続けた．日本企業の配当性向は米国企業のそれと比較してその低さが指摘されるが，それは80年代に入ってからのことであり，70年代までは低かったわけではない．なお，90年代に入り配当性向が一転して上昇しているのは，いうまでもなく企業収益の急激な悪化によるものであり，収益の回復に伴って，また低下している．

額面発行の時代の額面配当率10％の支払いは，税引き前で最低20％の資本

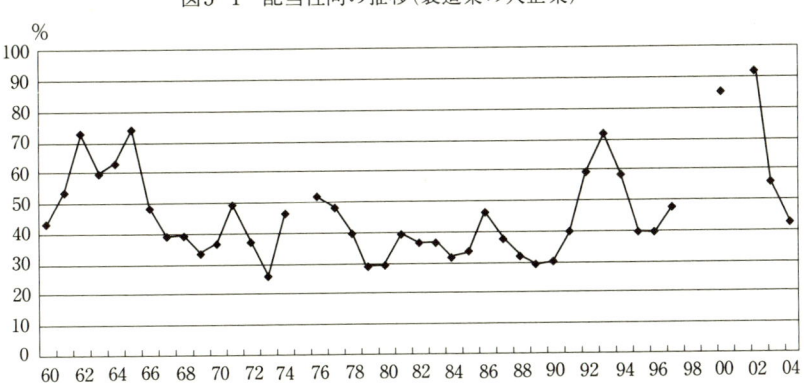

図5-1　配当性向の推移（製造業の大企業）

注）　1．大企業とは資本金10億円以上の企業（以下同じ）
　　　2．配当性向が100％を超える年はプロットしてない．
資料）「法人企業統計年報」

金利益率を上げる必要がある（法人税等の税率を50％として）ことを意味しており，配当負担はかなり重かった．ただ，当時，政府により低金利政策が捉えていたため，企業は負債比率を高めることにより，つまりレバレッジ効果を働かすことにより，資本金利益率を高めることが可能であった．これにより配当負担をある程度軽減することができたが，それにしても配当性向はかなり高くならざるをえなかった．

　日本の産業界が時価発行増資への移行を要望したのは，このように額面発行のもとにおける画一的な配当の支払いの負担がかなり重かったためであった．おりから日本経済は資本自由化の時代を迎えて，自己資本の充実など企業の財務体質の強化が広く財界の課題とされていた．このような大義名分が，時価発行増資への移行に込められていたのであるから，増資による手取り資金は増大しても，それに比例して配当支払いを増やすことにはならず，その結果，配当性向が急速に低下することになったのである．

（3）内部留保の蓄積

　配当性向の低下と裏腹の関係で，70年代の後半から80年代をつうじて急速に内部蓄積が進んだ．

　表5-1にみるとおり，日本の大企業（製造業）の株主資本比率は，1975年から2000年にかけて17.0％から43.9％に上昇している．もちろん80年代後半の活発なエクイティ・ファイナンスにより，資本金，資本準備金の構成比が上昇したことも原因であるが，内部留保（以下，数字を使うときは法定準備金以外の剰余金という定義で使ってゆくことにする）の増加テンポがさらに高い．現在の資本構成を米国のそれと比べると（表5-2），株主資本の充実という点では日本の方が上回っている．米国では80年代以降，株価重視の立場から，負債の活用や自社株の買い戻しなどが行われた結果，株主資本比率はむしろ低下している．90年代の長期不況の過程で，特定企業の過剰債務をめぐるニュースが多かったことが誤解を引き起こしているところもあるが，日本の大企業を平均的に見るかぎり，企業の資本構成は過剰債務と表現されるほど不健全ではない．

表5-1 製造業(大企業)の資本構成(%)

	総資本	資 本					負 債
			資本金	資本準備金	利益準備金	その他準備金	
70	100.0	25.5	10.5	1.0		9.0	79.5
75	100.0	17.0	7.4	1.6	0.9	7.1	83.0
80	100.0	22.1	6.6	3.6	0.9	10.9	77.9
85	100.0	30.4	7.2	6.6	1.0	15.6	69.6
90	100.0	37.3	9.3	9.0	1.0	18.0	62.7
95	100.0	40.8	9.7	9.2	1.3	20.6	59.2
00	100.0	43.9	10.0	9.4	1.4	23.1	56.1
01	100.0	47.6	10.6	10.4	1.1	25.5	52.4

注) 1970年の統計年報では,「資本」の内訳の勘定名が1975年以降と違うので正確には継続して比較できない.
資料) 財務省「法人企業統計年報」

表5-3 製造業(大企業)の資産構成(%)

	総資本	資 本			負 債
			払込資本金 (金庫株は控除)	利益留保	
85	100.0	45.3	12.3	32.9	54.8
90	100.0	39.7	11.6	28.6	59.8
95	100.0	38.0	13.3	25.2	61.5
00	100.0	38.6	14.0	24.6	61.4

資料) 米国商務省 "Quartaly Financial Repoort for Manufacturing, Mining and Trade Corporations"

3. 内部留保の性格

　内部留保の充実というかたちで日本企業の資本構成が大きく変化したことが,企業経営にどのような影響をもたらしたかを考察する前提として,この内部留保の性格について考えてみたい.

内部留保は，いうでもなく貸借対照表の資本（株主資本）の部に含められ，株主持分の一部である．つまり，会計上も商法上も，内部留保はすべて株主に帰属するという扱いになっている．しかし，実際の経営者の意識の上では若干異なり，もう少し曖昧な性格のものとして認識されている．内部留保は「会社のもの」であるという言い方をする経営者もいる．「会社のもの」という表現の意味するところは必ずしも明らかでないが，会社内部者である経営者および従業員に帰属するもの，あるいはその使用について経営者の裁量に委ねられている資本という意味で使われている場合が多いようである．このような会計学，商法上の扱いとは別の意識が生ずるのは，それを支えるロジックが存在するからではないかと思われる．内部留保の性格を正面から論じた論議はあまりないが，間接的にせよこの問題に触れた所説を参考にしながら考察を進めたい．

（1）従業員の「見えざる出資」と企業の「見えざる負債」

　高度成長期の日本企業の行動様式の特徴として，しばしば利益より成長の重視があげられる．小林，加護野（1988）は，従業員が企業に対して「見えざる出資」を行っているメカニズムを解明することによってこれを説明した．年功賃金制度のもとでは，従業員は若年期に生産性以下の賃金を受け取り（企業からみると「過少支払い」），高年期に生産性以上の賃金を受けとる（同じく「過大支払い」）ことになり，同一の従業員をとれば生涯賃金は各人の生産性に対応したものになっているとしても，若年期には企業に対し出資をしていることになり，高年期にこれを取り崩して受け取るという関係になっている．このため，企業が高い成長を遂げつつある時期をとると，従業員構成に占める若年者の比率が上昇するので，企業の過少支払いが過大支払いを上回り，これが企業利益増大の要因になるとともに，資本調達の手段にもなっている．このことが日本企業に対し成長重視の経営を促す要因になったと主張している．このような企業の賃金の過少支払い分は，負債としての性格も持っているが，確定した金額として捉えられているわけではないし，上記のような認識が関係者間ではっきりと共有されているわけではないので，負債勘定には計上されない．結局，利益の

内部留保（任意積立金）の中に紛れ込んでいると考えざるをえない．つまり，内部留保の中には，従業員の「見えざる出資」が含まれていることになる．

この議論をさらに展開させるならば，終身雇用の慣行のもとでは，従業員の解雇は簡単に行えないし，会社側の事情でやむをえず解雇を行う場合も，割増退職金など余分の支払いが必要になるので，このような関係からも企業は従業員に対して「見えざる負債」をもっていることになる．これも金額が確定せず，負債勘定に計上することが制度上できないので，結局，内部留保として準備しておかなければならない．このように，内部留保には，実質的には負債性の資本が含まれていることが，内部留保はすべて株主に帰属する資本であるという観念に対する抵抗感を生み出しているとみることができる．

（2）内部留保は経営者が交渉によって株主から得たもの

従業員の賃金は，企業の外部にある労働市場で，外生的に決まるだけではなく，従業員は企業が生み出した利益（外生的に決まった賃金を控除した後の利益）からも分配を受ける権利があるとする考え方がある．従業員はみずからの努力に基づいて企業特殊的技能を蓄積し，それによって利益を生み出すことに寄与しているのであるから，すべての利益が無条件に株主に帰属するものではなく，従業員も契約上の賃金に加え，利益分配に対する請求権を持っているという考え方である．したがって，株主と従業員の間で利益を分け合った後ではじめて最終的な分配が決定するというのである．そして，株主と従業員の間では，将来の事業計画や利益見通しなどの条件を考慮に入れた交渉を経て，最適な分配が決まる．青木（1984）は，協調的交渉ゲームモデルを使ってこれを明らかにしている．このような考え方に従うならば，配当が企業利益のうち株主への分配であり，残された内部留保は従業員のために使える資金であるという意識が生まれても当然である．

株主と従業員の交渉というのは比喩的表現であり，現実には経営者が両者の調整者としての役割を果たしながら，両サイドの満足度が均衡する点で分配が決められる．この際に，経営者が両者の公正かつ客観的な調整者になるのか，

いずれかに加担した調整者になるのかはまた別の問題であり，企業によって違っているであろう[1]．一般的には，日本企業の経営者が従業員出身者が多いだけに，公正かつ客観的な調整者というより，配当を少な目に押さえ，従業員利益のために優先して使うことのできる内部留保を蓄積しようという意識が強く働いたのではないかと思われる．この点は後に再度触れたい．

（3）内部留保は企業の利害関係者の共有財産

　貸借対照表の右側には，企業が保有する資産の原資が示されており，その金額相当の資産を維持することに関し，法律上の規定ないし実質上の制約が存在する．たとえば，資産が負債以下に減少する債務超過に陥ると，経営者の裁量が極度に制限されるし，最終的に倒産した場合は，企業財産の処分権は株主から債権者に移ることになる．また，債務超過にならないまでも，純資産が「資本金＋法定準備金」を下回る場合，つまり資本の欠損の状況にあるときは，配当を支払うことができない．しかも，資本金および法定準備金を減少させることは，株主および債権者保護の観点から，商法に定められた場合に限定されるし，その手続きも厳格に定められている．ところが，任意準備金についてはその積み立て，取り崩しについての制限は極めて緩やかである[2]．負債が債権者の請求権の金額を表すのと同様に，資本金と法定準備金は，その処分に関する制限の厳しさから，株主の企業に対する請求権の大きさを表しているという意識が生み出されてくる．このことが逆に，任意積立金が株主の持分であるとの意識を希薄にさせる効果をもつことになる．

　現実にこの内部留保がどのように使用されているかをみると，様々な利害関係者が必要に応じて使っているように見える．たとえば，期間利益が赤字の場合にも配当の支払いが行われるのは，株主がこれを使用していることになるし，従業員の雇用維持の理由から，赤字の事業部門から撤退しないという場合やリストラのために特別退職金を支払うのは，従業員が実質的にこれを使用しているとみることができる．借入金によって実行したプロジェクトが失敗し，企業収益が赤字に転落した場合にも，ただちに債務不履行に陥ることなく，元利金

の支払いを受けることができるのは，債権者が使用していると解釈できる（プロジェクト・ファイナンスの場合は別であるが，企業向け貸出の場合は，損失分が内部留保を食い込むかたちで事業の失敗は処理されるからである）．このようにみると，任意準備金（正確にはこれに相当する金額の企業財産）は共有財産であり，様々な利害関係者がこれに対して入会権[3]をもっているという表現で，経営者の意識を説明できるように思われる[4]．

（4）法人実在説の立場から——内部留保は会社のもの

会社は法律上の人格を与えられた法人である．この法人の本質をめぐって古くから議論がある．法人は商取引を簡便に行うために考案されたフィクションであり，現実に存在するのは，会社を構成するのは株主，従業員，債権者，取引先など自然人のみであるとみるのが法人名目説と呼ばれる考え方である．これに対し，法人実在説の主張は，法人は自然人と同じく固有の目的を持って存在する主体であるとする．そして，会社（法人）の固有の目的とは，会社の存続と発展である．つまり，会社は設立された当初は，設立者（出資者）が事業を興し利益を生み出すことがその目的であったから，株主の目的イクォール会社の目的であり，会社固有の目的といったものは存在しない（法人名目説）．しかし，会社が存続を始めると，その存続と発展に対し共通の利害関係を持つ関係者が多く出てくる．特に経営者や従業員が会社特殊的な知識，技能，顧客情報などを蓄積し，それが会社にとって中核的な財産になることもある．これは株主といえども売却できない会社財産である．経営者や従業員も，他の会社に転職しそこで活かせるとはかぎらない．それは会社の存続と発展の中ではじめて活かすことのできる資産である．このようにして，会社は，いったん設立されると，みずから存続し発展を続けることを主張し始め，これが会社の目的になる（法人実在説）[5]．

このよう立場に立つと，会社の所有するすべての資産は，最終的に，株主，債権者，従業員など会社の利害関係者のいずれかの請求権の対象になるというだけではすまなくなる．会社がその固有の目的を実現するために，会社資産に

対する会社自身の法人持分ともいうべき請求権を考えることも可能である．会社の自律性を高めるために，負債を減らしたり増資を控え，かわりに内部留保を充実させたいという趣旨の発言をする経営者もいるが，このような発言は，企業関係者それぞれの固有の利害によって，経営が過度に左右されることを避けたいとするもので，意識的あるいは無意識的に法人実在説に基づいたものと解釈することもできる．

4．経営の自由度の高まりと資本効率の低下

（1）内部留保と日本型企業モデル

以上みてきたように，内部留保は会計学や商法が前提にするように，すべて株主持分であるとするのは，少なくとも日本の企業関係者の意識のレベルでいうかぎり現実的ではない．ただ，その性格は不明確であり，おそらく企業ごとにその性格づけは少しずつ異なると考えられるが，日本の企業の関係者がある程度共通に持っている意識をまとめるならば次のようになるだろう．

まず，株主は配当の支払いを受けた後に残る内部留保に対する請求権を保持しつつも，それをどのように運用するかの決定は，経営者に委ねたと考える．従業員もまたこの内部留保の蓄積に対して貢献しているという意識をもち，これに対して潜在的な請求権を持っていると考える．これは前述の「見えざる出資」や「見えざる負債」という考え方を根拠にしているだけではなく，終身雇用（あるいは長期雇用）を前提にして習得した企業特殊的技能や知識に基づくレントが発生しているはずであり，それに見合う報酬を十分受け取らず，企業の中に蓄積されていると考えている．素朴な感覚的な例でいえば，従業員によって開発された新技術の成果として利益が上がったのであれば，それがすべて株主に帰属するものであるとする考え方には疑問を持っているということである．そのうちかなりの部分は，本来，従業員にボーナスなどのかたちで支払われるべきであり，かりに内部留保されたとしても，雇用の安定や所得の着実な増大など従業員の利益のために使用されるべきであると考える．

このほかにも，特定の企業向けの特殊部品メーカーなども，汎用部品メーカーにはないリスクを負い，しかも新製品開発や合理化によるコストダウンをつうじて，納入先企業の利益に貢献しているはずであるから，業況が悪化したような場合に，納入先企業からの支援を受けてしかるべきである，あるいは発注の縮小に対しては補償してもらえるという期待をもっている．

したがって，経営者の立場としては，この内部留保は，様々な利害関係者からの潜在的な請求権の行使を受け止めなければならない原資と考えざるをえない．そして，その使用についての調整権限は，もっぱら経営者に与えられていると考えられてきた．その調整において，様々な利害関係者のバランスを考え，いわばパターナリステック（家父長的温情主義的）に処することが期待されていた．これが日本的経営といわれるものの一面をなしており，内部留保はすべて株主に帰属し，経営者は株主の忠実な代理人として行動するよう求められるアングロサクソン型の企業モデルと対照をなしていた．

これを次のように別のいい方で説明することもできる．すなわち，内部留保は，様々な企業関係者のリスクのための自家製保険（home-made insurance）の機能を期待されている．株主にとっては，業績悪化からの減配，無配のリスク，従業員にとって解雇のリスクに対する保険の機能を果たしている．一方，内部留保は研究開発や新規事業（そのためのM＆Aを含め）のためにいちばんふさわしい資金源と考えている経営者が多い．このようなプロジェクトは，企業の発展のために必要であるので，これに消極的でありすぎると，経営者は，業績停滞の責任を負わなければならない．しかし，新分野でのプロジェクト自身のリスクは相対的に高く，借入れに大きく依存するのは容易ではない．また，株式の新規発行によった場合，プロジェクトが失敗したときには安定配当を維持できなくなるという事態に陥る．内部留保は新プロジェクトを始めるに当たって経営者が負わなければならないこのようなリスクに対して保険になるのである．このように，内部留保の蓄積は，広く企業の利害関係者の遭遇するリスクに備えた共通の蓄え，その意味で自家製保険であり，内容をすべて特定できない様々なリスクのパッケージに対応する総合保険としての性格を持っている．

（2）資本効率の低下

　上記のことは，日本では企業目的を多元的に捉えるところが多く，その際，複数の企業目的を調整するうえで，内部留保が強力な調節弁として機能してきたことを示している．そして内部留保が豊富であれば，それだけ経営者の自由度が高いことになり，共有財産をめぐる企業関係者の利害対立は潜在的には存在しても，利害調整は容易であり，表だって問題になることもなかった．

　ところが90年代に入り，株価の暴落によって株式投資家が特に大きな損害を被るに至り，それまでの企業経営についてあらためて検討が加えられ，株主利益を犠牲にした経営が行われてきたのではないかとの問題提起がなされるようになった．これが日本でコーポレート・ガバナンス問題が議論される一つの発端になったのである．

　経営者は株主の代理人として適切な行動をとってこなかっただけではなく，株主と従業員の関係においても，公平で中立的な調整者ではなく，従業員側に過度に加担した調整を行ってきたのではないかとの批判ももちあがった．特に70年代から80年代にかけて内部留保の蓄積が進んだ時期に，この資本はコストがゼロないし極めて低いと考えた経営者は，これを従業員利益を重視した運用に向けたのではないかと批判された．近代財務理論では，内部留保が株主に帰属する資本であるという前提に立って，そのコストは株主の期待収益率であると考えるわけであるが，当時の経営者にとって，このような資本コストという概念にほとんど馴染みがなかった．ましてや，内部留保の帰属やその使用方法について，すでにみたように曖昧な性格づけをしているかぎり，内部留保の資本コストについて上記のような発想が生まれようがなかったのである．

　株主の立場からは，資本の効率性は主として資本利益率をもって計られ，それが株主資本コストを上回っているかどうかで，実行した投資の妥当性が判断される．他方，従業員サイドに立てば，資本利益率だけではなく，企業の成長や安全性の維持が資本運用の重要な基準になる．企業成長によって，雇用が確保され，企業内部での昇進の機会（同時に所得増大の機会でもある）が広がるからである．同時に，資金不足から倒産になれば失業に追い込まれる従業員にとっ

て，余裕資金を豊富にもち，高い流動性を保持し安全性を高めることもみずからの利益になる．

これを80年代以降の企業の資産内容の変化によって確認しておこう．表5-3にみるとおり，流動資産の構成をみると，棚卸資産は在庫管理技術の向上を反映して低下しているが，かわって現金預金と有価証券という金融資産が増加していることが分かる．流動性の高い金融資産を豊富に確保しておくことは経営破綻に対する防波堤になるが，キャッシュフローをほとんど生み出さない金融資産は，資本効率を低下させることになり，それが行き過ぎれば株主から過度の保守主義としての批判を免れない．90年代の不況期に入り，この金融資産の縮小に手がつけられたことは表5-3にみられるとおりである．

固定資産の中をみると，有形固定資産の比率はあまり変わらないが，投資等（投融資）の比率が急増している．投融資増加の原因は様々であるが，既存事業の国内における成長可能性が低下したため，経営の国際化や多角化によって新しい成長機会を模索しようとする動機が1つの大きな要因であった．しかし，現実にはこの投融資の対象事業が失敗するリスクも高く，概してその資本利益率は低かった．それにもかかわらず急激な増加を遂げたのは，企業規模を拡大し，従業員の雇用確保やポストの創出といった動機が強く働いたためであり，その結果，資本効率あるいは株式価値の向上という観点からの判断が疎かにさ

表5-3 製造業（大企業）の資産構成（％）

	総資産	流動資産	うち現金預金	有価証券	棚卸資産	固定資産	うち有形固定資産	投資等
70	100.0	58.0	11.7	4.8	16.1	41.7	31.8	9.5
80	100.0	63.0	10.7	4.8	20.0	36.9	25.1	11.6
90	100.0	58.2	13.4	5.1	12.4	41.7	25.6	15.9
00	100.0	46.0	7.3	2.6	9.6	54.0	27.0	26.1
04	100.0	44.6	7.2	1.7	8.6	55.3	24.9	29.2

資料）「法人企業統計年報」

れた．

　資産構成が上記の変化を遂げたことを反映し，図5-2にみるように，株主資本利益率（ROE）は好況だったとされる80年代をつうじて一貫して低下を続けた．これを資本構成の変化と照らし合わせて考えると，内部留保の急速な蓄積が背景にあったことはいうまでもない．額面増資の時代の重い配当負担から解き放された企業は，上述したように，株主利益の増大以外の企業目標をも追求し始めたことが1つの原因である．同じ図5-2に株主資本配当率（DOE）の推移も示してある．ROEのような年々の上下の変動はないので，この間，趨勢的に低下してきたことがはっきり示されている．何の先入観念なしにこれをみれば，株主資本利益率の低下を反映して株主資本配当率が下がってきたと解釈するだろうが，実際は内部留保の蓄積に伴って後者が低下したために，前者が低下したという関係の存在することも否めないのである．

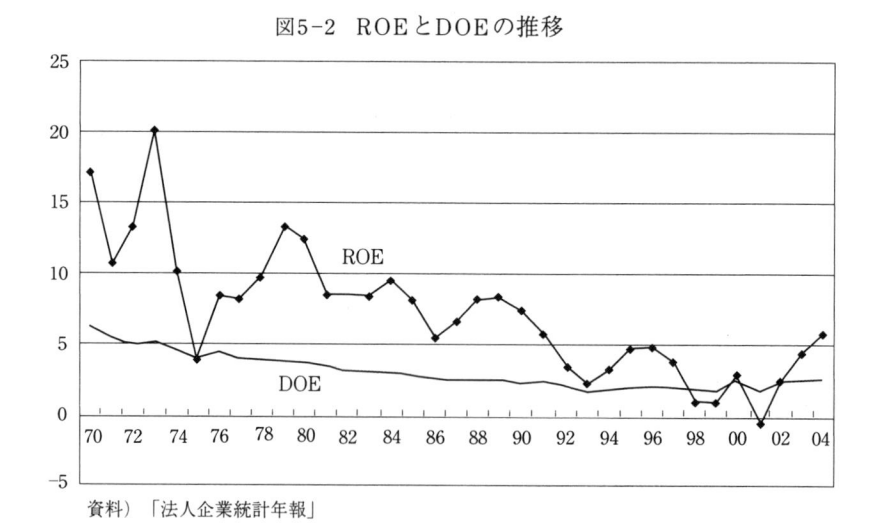

図5-2　ROEとDOEの推移

資料）「法人企業統計年報」

5．エージェンシー問題と配当政策

（1）エージェンシー問題の指摘

このようにみると，70年代から80年代にかけて内部留保の蓄積が進んだ時期に，日本の経営者は従業員利益を重視した経営に傾斜してゆき，その分だけ，株主利益が軽視されたとみることができる．それでは，当時，なぜ株主がこのような分配に対して反対を唱えて配当の引き上げをもっと強く要求しなかったのかという疑問が出てくる．

簡単にいえば，配当は低くても，株価上昇率が高かったため，現実の株式投資収益率がかなり高かったことによるのである．80年代をつうじて，ROEの低下にみるように資本効率の悪化が進行したにもかかわらず，長期にわたる金融緩和政策等を背景に株価が上昇を続け，特に80年代の後半にはバブル経済に突入することによって，高い投資収益率が実現していたのであった．証券経済研究所の資料[6]によると，東京証券取引所第一部上場会社の市場収益率（配当利回り＋株価値上がり率）は，1970-1980では年平均16.3％，1980-1990では19.7％（株価がピークをつけた1989まででは24.5％）と極めて高かった．このうち，株価値上がり益は，株式が売却されないかぎり，会計上の利益として計上されないものであり（当時は，取得原価法を採用していたため），法人投資家にとっては含み益の蓄積をもたらすだけであるが，この含み益は，経営者がみずからの裁量で使用できる財源になるため，むしろ歓迎される傾向があった．企業収益が悪化して配当の支払いが困難になるときや不良資産の処分等によって大きな特別損失が発生するようなときには，損失を表面的に糊塗する手段として含み益が使われたことは，これまでよく見られた．配当は低くとも，株価が上昇を続けている間は，金融機関などの法人投資家から高い配当を求める声が挙がらなかったゆえんである．

しかし，すでにみたように，この間，企業の資本利益率は低下を続けてきたのであるから，株価がいつまでも上昇を続けることは不可能である．果たして90年代に入りバブルがはじけ，株価が急落を始めると，その犯人探しの中で，

問題の本質は資本効率の長期的な低落にあることが次第に明らかになってきた．そしてエージェンシー・コスト理論に依拠しながら，これまでの経営が批判されるようになってきた．

すなわち，企業の目的は株式価値の最大化にあるとの立場から，経営者は株主の忠実な代理人（agent）として行動すべきであるが，情報の非対称性と経営者のモラルハザードを前提にすると，経営者は必ずしも株主の利益のためにのみ行動するとはかぎらない．このために企業に発生する費用や収益の損失がエージェンシー・コストと呼ばれるものである．そこで，経営者が株主利益の最大化のために行動するよう監視を行ったり，適切なインセンティブを与えることなどによってはじめて，株主の目的を実現することが可能になるというのがエージェンシー・コスト理論である．この考え方が，それまでの日本型経営を攻撃する立場にとって恰好の理論武装になった．

この理論を日本に適用することが適切かどうかは議論があるところである．特に，企業目的を株式価値の最大化に一元化することの是非については意見が分かれるが，これまでの経営に対する批判の高まりの中で，広範な支持を得たことは確かである．株式価値最大化の経営とか株主価値創造の経営といったタイトルを付した出版物が90年代に入ると日本で相次いで発行されるようになった．

エージェンシー・コスト理論は，経営者がその立場を利用して個人利益を追求する問題としてもともと構築された理論であるが，日本の場合，株主利益と従業員の間の中立な調停者としての機能を果たさず，行き過ぎた従業員利益重視の経営の中で，株主利益への配慮がバランスを失してしまったということが問題の焦点とされる場合が多い．これに対して，株主サイドが反撃に転じ，振り子が反対の方に大きく振れているのが現状であり，その過程で，エージェンシー理論がもてはやされているとみた方がよいようにもみえる．

（2）エージェンシー問題と配当政策

エージェンシー・コスト理論に立つと，望ましい配当政策とはどのようなも

のになるのか．

　たとえば，Easterbrook（1984）の所説は次のようなものである．株主が株主利益を最大化させるように経営者をモニターすることは，当然，有意義であるが，株主が広く分散しているような場合には，モニター費用はこれを実行する特定の株主だけが負担することになる．ところが，モニター実施によってもたらされる利益は全株主が均霑することになるので，このような状況のもとでは，株主の側にモニターを実行しようとする動機は生まれにくい．この場合，配当をできるだけ増やし，内部留保をおさえるならば，経営者は資金調達の必要が生じたときに，外部資金を調達するため，資本市場を利用せざるをえない．そのときに，資金の使途やその収益性について，投資銀行，証券アナリスト，会計士などの専門家のチェックを受けることになる．その結果，経営者は株主利益に反するような投資などを行いにくくなる．さらに，負債比率をできるだけ引き下げ，極度の安全重視の経営に向かおうとする経営者に対し，配当の増大はこれを制御する役も果たす．周知の通り負債は節税効果を持っているので，経営破綻のリスクが問題にならないかぎり，負債比率を高めることで企業価値を向上させうる．しかし，経営者および従業員は企業に対して人的資本を提供する立場にあり，この人的資本は株主の提供する資本と違い，分散投資によるリスク軽減ができない．そのため，負債の取り入れに対し消極的になる傾向がある．配当を増やすことは，このような問題への1つの対処法にもなるという主張である．

　Jensen（1986）は，フリー・キャッシュフローという概念を使って同じような主張を行っている．フリー・キャッシュフローは，営業キャッシュフローから設備投資（ただし，企業価値を増大させる設備投資のみ）を実施した後になお残った資金を意味しているが，Jensenはこのフリー・キャッシュフローが，経営者によって間違った使い方をされやすい資金であると考える．たとえば，企業規模の拡大のみを狙い，企業価値を高めることには貢献しない企業買収などに使われるケースが多いという．配当は，経営者の手からこのフリー・キャッシュフローを切り離すことになると主張しているわけである．

EasterbrookおよびJensenの主張は，80年代の日本の企業の実態をみると，かなりの説得力を持っていると思われる．当時，日本はバブル経済下にあり，資本市場そのものがモニター機能を果たすことができなかったので，Easterbrookの主張のように資本市場の役割にどの程度期待をかけられたか疑問もあるが，少なくともJensenのいうように，経営者の裁量に委ねられる資金が多すぎるとエージェンシー問題を引き起こしやすくなることは実証されたといえる[7]．

最近になり，株主，特に機関投資家から企業に増配を求める声が高まってきているのは，このような理論をベースにしているとみることができる．おりから，日本にも株主が株主権を積極的に行使してゆく株主アクティビズムの兆しも見え始めてきているので，この流れにのって，企業内に蓄積されている余裕資金を増配ないし自社株購入に使うよう要求する動きが，一般論としてではなく，個別会社に対する具体的な要求として出てくるようになった．また，外国人持株比率が上昇している企業も多くなり，投資目的のない余裕資金を保有することへの批判も出ている．さらには，保有する余裕資金に着目して敵対的TOBを仕掛ける外国投資家グループも登場したため，買収を阻止するため思い切って配当を引き上げざるをえなくなった企業もある[8]．

(3) 一般投資家の配当への関心の高まり

一般投資家の場合は，積極的に株主権を行使することは容易ではないので，業績や経営に不満な会社の株は売却して株主の地位を去る（ウォール・ストリート・ルール）ほかないが，投資家が上記のようなエージェンシー問題に疑念を抱くと，株式の売買の際に使う株価評価基準が変わってくる．

時価発行増資に移行した頃から，投資家の株式評価基準として，株価収益率（PER）が登場してきた．PERは，株価が1株当たり当期純利益（EPS）の何倍であるかを計算したものである．そしてRERが低ければ，株価は割安，高ければ割高と判断する．EPSの高いほど株価が高くて当然であるから，EPSをベースにして適正株価を想定するという考え方は合理的であり，また成長率

の高い企業は将来のEPSが高くなるとみられるから高いPERを適用するという考え方も分かるが，具体的にどのくらいのPERが適正なのかについてはっきりした基準がない．証券アナリストの分析などをみると，同業他社や業界平均のPERを基準にして，特定の会社の現在のPERが高いとか低いとか評価することが多い．したがって，PERが株式セールスの手段に使われると，高い企業のPERに鞘寄せられ，平均PERが次第に高くなるという現象が起きる．現に，東証第一部上場会社の平均PERは80年末には22倍であったが，85年には33倍になり，89年末には67倍にまで上昇してしまった．株価の暴落を経験し，このPER基準が投資家の疑念を呼んだことは当然である．

　さらに，PERによる株価評価には，当期純利益は，それが配当に支払われようが一部が内部留保されようが，すべて株主に帰属するという暗黙の前提がある．もし内部留保されたら，それが前述したような意味で様々な関係者の入会権の対象になってしまうということになると，このPERという評価基準に合理性がないということになる．類似の株価評価尺度として，株価純資産倍率（PBR）が使われることがある．これは，株価が1株当たり純資産（＝株主資本）の何倍になるかを計算したものである．純資産に内部留保が含まれているから，同様の理由で，PBRを使った株価評価も果たして合理的なものかどうか疑わしくなる．このような状況の中で，投資家が配当に注目するようになるのは当然の帰結であり，額面発行増資の時代の株価評価基準であった配当利回りが再度注目を浴びるに至ったのである．

　とくに2005年に入る頃から，投資家が配当に対する関心を高めている様子を伝えるニュースが多く聞かれるようになった．代表的な高配当利回り銘柄の電力株はいっせいに上昇を始めた．また，高配当銘柄を中心に運用する投資信託も販売され，好評を得ていると伝えられている[9]．内閣府の「金融商品・サービスに関する特別世論調査」（2005年12月調査，06年2月発表）の中に，株式投資の理由を問う調査項目がある（複数回答方式）．回答者の中で「配当が期待できるから」とする割合が，前回調査（04年10月）の31.0％から45.6％に急増していることが目立っている．ちなみにいちばん多い回答は「株価上昇による値上

がり益が期待できるから」であるが，前回の50.6％から48.3％と微減しており，配当をあげた回答の割合と接近している．

以上のような配当に対する関心は，もちろん，金融市場で超低金利が長引いていることがその1つの原因であろう．同時に企業の配当政策が変わりつつあることに一般投資家が眼を向け始めたことを反映しているとみることができよう．また，企業の利益分配を配当のかたちでより多く受け取りたいとする一般投資家の期待も込められているように思われる．

2003年4月を底にして，株価の長期低落傾向は底を打ち，上昇過程に入ったようであるが，その時期に投資家が株式評価の基準としていたのが配当利回り

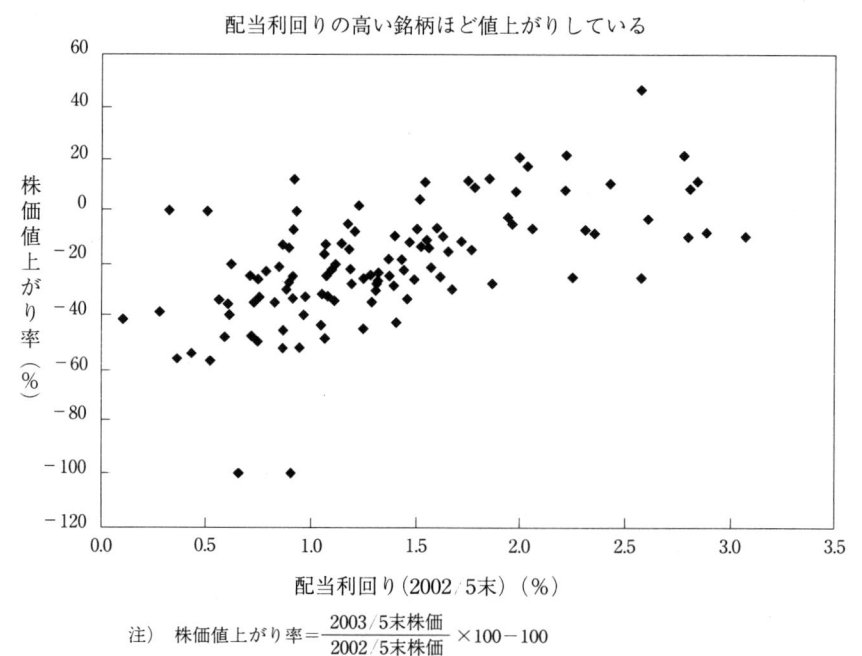

図5-3 配当利回りと株価変動

配当利回りの高い銘柄ほど値上がりしている

注) $株価値上がり率 = \frac{2003/5末株価}{2002/5末株価} \times 100 - 100$

$配当利回り = \frac{2003/3予想配当}{2002/5末株価} \times 100$

資料) 東洋経済新報社「会社四季報CD-ROM」より作成．

であり，市況の反転を呼ぶ1つの要因になったのではないかと推測される．株式市場が上昇に転じる直前1年間における株価の動きと配当利回りの関係を検討することによってこれを確認してみたい．図5-3は，2002/3月期と2003/3月期の配当が変わらない会社115社（各業種の主要会社の中から選んだ．データ数を増やすため，決算月が3月以外の会社も一部含む．なお，配当に変更のない会社だけを選んだのは，配当の変更があると，それは将来の業績変化のシグナルとして投資家に受け止められ，株価が影響を受けるからである．）を対象にして，2002/5末から2003/5末の株価の値上がり率を2002/5の配当利回りに対比して示したものである（5月末株価をとったのは，この時期に決算短信等で当年度の配当の見通し情報を投資家が得ることができるからである）．

日経平均株価（東証第一部）は，この期間に28％低下しているので，対象会社の株価も値下がりしているものの方が多い．しかし，配当利回りの高い銘柄は値上がりしているか，値下がりしても値下がり率が相対的に小さい．逆に配当利回りの低い銘柄は値上がりしたのが少なく，値下がりしたものについてはその程度が大きいことが分かる（相関係数0.6）．これは投資家が配当を重視する株式選択を行っていたことを示す1つの資料ではないかと考えられる．

6．配当政策見直しの動きと展望

（1）少しずつ変わる配当政策

以上のような環境のもとで，経営者の配当政策への考え方も徐々に変わりつつある．

2002年度の企業業績は，IT不況からの立ち直りで急速に好転した．前年度は大手企業でも赤字に転落する企業が続出したが，2002年度に入り業績が改善すると，ただちに復配ないし増配に踏み切る企業が多かったことが注目される．日本経済新聞社の調べによると（2003年6月5日朝刊），3月決算の全国上場企業のうち23％が増配や復配を実行した．従来なら業績回復の初年度にただちに増復配に踏み切ることをせず，業績の長期の展望を確認した上で実行する傾向

があった．さらに2004年3月期決算では，ほぼ3社に1社が増復配を行ったと伝えられるほど，配当変更企業の多いことがニュースになった（2004年5月21日朝刊）．引き続き2005年3月期決算では，全国上場企業約1,830社（金融，新興市場上場を除く）のうち，約860社とほぼ2社に1社が配当を増額または再開した（2005年6月25日朝刊）．

　しかも，これまでの安定配当政策に代えて，年々の利益の一定割合（目標配当性向）を配当として支払ってゆく方式に転換する企業も出てきた．また，2001年の商法改正で額面株式制度が廃止されたので，額面金額に対して一定割合の配当という観念も意味をもたなくなった．さらに，株式分割も活発に行われるようになったため，1株当たり配当の単純な会社間比較もできなくなり，他社との横並びを意識した配当の決定も薄れつつある．

　これらの状況の中で，従来の配当政策の基本的な考え方を見直そうという経営者も増えつつある．たとえば，当時，日本経済新聞夕刊に「経営者が語るIR」というコラム欄が連続して掲載されていたが，そこで配当政策について言及する経営者が急激に増えていたことが想起される．これは配当重視を打ち出すことで安定的な株主を確保しようという動きとみることができる．ちょうど株式市況がボトムを打った頃の2003年4月22日付けのこのコラムで，三井物産社長は次のように語っておられるが，これは日本の経営者の配当政策についての意識の変化を比較的早い段階でよく伝えている．

　「経営の方向性や戦略などを説明するため，機関投資家を訪問し始めた．投資家との対話を通じ，市場の声を経営にフィードバックしたい．投資家からは，増配を求める声などがあった．業界の横並び意識が働いた面もあって，年8円配当を続けてきたが，これから配当政策について考え方を整理したい．……」

　そして，2005年3月期に同社は配当を，従来の1株8円から一気に15円まで引き上げ2006年3月期はさらに24円に増配した．

（2）企業経営者と投資家の意識のズレ

　しかし，一方，経営者と投資家の間には依然として意識のズレがあることを

示す資料も存在する．生命保険協会は，投資家の立場に立って企業の投資家に対する利益還元状況に関するアンケートを毎年，実施している．

2002年度の調査（同年8月実施，12月発表）では，経営に際して最も重視している指標は何かの質問があり，これに対する回答をまとめたものが図5-4である．ROE等利益率に関する回答が上位にきているのは，近年の利益重視経営の反映であるが，配当に関する項目は回答の割合が低く，そろって下位に位置している．2003年度の調査（同年8月実施，12月発表）では，配当に関する選択肢がなくなっている．配当政策の見直しが始まったと思われる時期だけに残念である．ただ，配当政策に関する具体的な数値目標を設定しているかどうかを問う質問項目が加わっている．これに対する回答を，2005年度の調査（同年8～10月実施，12月発表）でみると，配当性向を目標指標として設定している企業の割合は38.6％になっている．これを前々年，前年の24.4％，30.4％と比べると急速に増加しているが，数値目標を設定していない企業の割合56.0％に比べてまだ小さい．さらに同協会がアンケートを送付した1,200社を対象に，決算短信への配当政策の記載状況を独自で調査したところ，具体的な数値基準を公表している企業は142社あることが分かった．公表している企業の数は毎年増

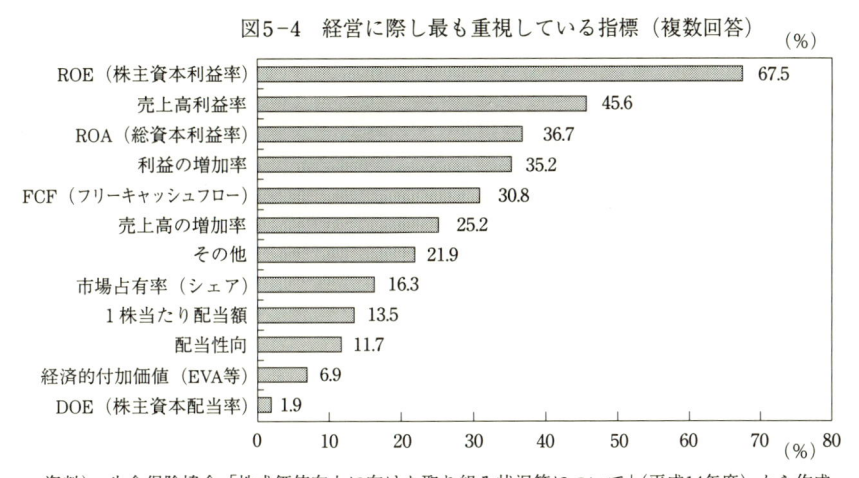

図5-4　経営に際し最も重視している指標（複数回答） (%)

指標	%
ROE（株主資本利益率）	67.5
売上高利益率	45.6
ROA（総資本利益率）	36.7
利益の増加率	35.2
FCF（フリーキャッシュフロー）	30.8
売上高の増加率	25.2
その他	21.9
市場占有率（シェア）	16.3
1株当たり配当額	13.5
配当性向	11.7
経済的付加価値（EVA等）	6.9
DOE（株主資本配当率）	1.9

資料）　生命保険協会「株式価値向上に向けた取り組み状況等について」（平成14年度）から作成．

加しているようであるが，比率としてはまだ10％強にとどまる．なお，「配当性向30％以上」を明確に掲げる企業は86社あったとのことである．

同協会のアンケート調査は，投資家向け（機関投資家194社，回答数81社）にも実施されている．それによると利益還元目標の公表については，「公表すべき」と「公表が望ましい」とする回答が合わせて83.9％に上っている．また公表を要望したい配当指標について，76.5％の投資家は配当性向をあげている．

企業の配当政策に変化の兆しがみえると先に述べたが，これをみると，全体としてみるならば，配当政策や利益の分配は，経営目標としてまだ二次的な扱いしか受けていないように推測される．少なくとも投資家の期待との間にまだギャップが残っているようだ．

（3）まとめと今後の展望

コーポレート・ガバナンスとは，前述したとおり企業の目標をどのように設定し，かつその目標を達成するためにどのような仕組みを構築することが望ましいかをテーマにした問題である．日本ではバブル経済が崩壊し，企業経営が大きな打撃を受けた1990年代に入って，このコーポレート・ガバナンスの問題が盛んに議論されるようになった．70年代に入って以降，企業の資本構成が大きく変化したことに問題の根源の一つがあることをこれまで述べてきた．すなわち，時価発行増資への転換後も，従来どおり額面に対して一定率の配当を支払うという配当政策を継続したため，内部留保の蓄積が急速に進んだ．ところが，この内部留保の性格が極めて曖昧で，企業をめぐる関係者が必要に応じてこれを使うものとされ，その運用については経営者の裁量に多く委ねられてきたようだ．このような状況のもとでは，内部留保が株主資本であるという意識は生まれにくく，ましてや株主の期待収益率を資本コストとしてこれを運用するという考え方は生じなかった．

したがって，この内部留保の運用をめぐって，企業関係者の間に利害対立が生ずる可能性は存在したが，それが深刻にならないかぎり，表だった議論の対象にならないですんだ．最近になり株主が配当の引上げや自社株の買戻しとい

うかたちで，これまでより高い利益分配を求めるようになってきたのは，性格の曖昧な内部留保の蓄積に対して危惧の念を持ってきたことの現れである．これらの株主の主張をサポートしているのが，米国で発達した近代財務理論である．その理論は，企業の生み出した利益はすべて株主に帰属するもので，それの一部を内部留保とする場合も，株主利益の最大化を基準に運用すべきであるということになる．経営者がそのような運用をするかどうか疑念がある場合は，できるだけ多く配当することが望ましいことになる．

　日本における昨今の議論の中には，このような考え方に立つ米国型の経営方式が世界標準になり，日本の経営も少しずつその方向に進むだろうというものもある．しかし，米国型経営か日本型経営かという二元論で論ずるのは，あまりにも素朴過ぎる．米国型，日本型といわれるものも，所詮，歴史の産物としての性格を色濃くもっているからである．日本型経営が株主利益に比べ，従業員利益を重視し過ぎるという特色を持つが，これも，せいぜいここ30年程度にみられるものであり，けっして古いものではない．日本の経営者は会社内部出身者が多いため，株主に選任されたというよりも，従業員の支持を得て選ばれたという意識を持っており，おのずから従業員代表という性格も併せ持っている．このため，経営の意思決定の中に従業員厚生の視点が強く入り込む傾向にあるが，このことが現実の経営の姿として顕著になるのが，内部留保という財源を得て，経営者の自由度が高まった時期に入ってからなのである．

　80年代における資本収益率の低落を株主から批判され，米国型の経営が賞賛されている現状は，一方に大きく揺れた振り子が，その反動でもう一方に振り戻されている過程ということができ，これも一つの歴史の産物といえなくはない．

　これからもしばらく，株主側からの配当重視の主張は続くであろうし，その流れに沿って利益配分の変化は続くだろう．これまで繰り返し述べてきたように，日本の配当政策の問題点は，内部留保の性格の不明確性と深く関連しており，これがときに株主の経営者に対する信任を揺るがす原因になってきた．したがって，内部留保の性格を不明確にしたまま，これが資本構成の中でさらに

ウエイトを高めてゆくことには様々な抵抗があるからである．しかも，日本は90年代の経営不振を背景に，現在，株主アクティビズムの台頭を迎えたところである．それらの声に沿って配当政策を見直す動きが進むことになるだろう．この問題がこれからどのように展開してゆくかを述べてむすびにしたい．

第1は，利益配分に関する企業の考え方をもっと具体的に開示してゆくことが求められてゆくであろう．決算短信には，「利益配分に関する基本方針」を記載することになっているが，読んでみても抽象的な表現にとどまっているところが大半であり，投資家に対する情報としてはほとんど価値を持たない．たとえば，内部留保蓄積の理由として財務体質の強化をあげる企業は多いが，株主資本比率や負債比率についてどのような水準を望ましいと考えるか，あるいは目指しているかを記述する企業は滅多にない．また，内部留保を将来の事業拡張のために運用するとしている場合にも，それによって目指すROEの目標を掲げていない企業も多い．

第2は，内部留保がだれに帰属するかが不明確である点に関し，負債性のものはできるだけこれを内部留保から切り離してゆこうとする努力も行われるだろう．すでに年金会計制度の改正により，将来の年金負担を負債として明確にすることになった．ただ，負債性の内部留保は，多くの場合，それを数量的に把握することは困難であるがゆえに，内部留保という曖昧なかたちで処理されてきた．たとえば，従業員が新製品や新技術の開発によって，企業利益に対して貢献していながら，それが従業員報酬として十分支払われ，費用化されないがゆえに，従業員も内部留保への潜在的な請求権を持つという意識を生み出している．とはいえ，それを数量的に把握し費用化するすることもまた容易ではない．しかし，従業員の発明により企業が取得した特許に対して従業員が十分報酬を得ていないことが訴訟事件になったように，従業員の利益に対する貢献を総体的抽象的に捉えるのではなく，できるだけ個別に費用化するという方向に従業員報酬システムを変更してゆくことも試みられるのではなかろうか．

もう一つは，従業員の利益への潜在的な請求権が，ストック・オプションの取得を通じ，株主としての企業利益への明示的な請求権に転化されるという方

向にも進むであろう．その場合，新規のストック・オプションの付与は，現在の株主の利益を侵害するという潜在的効果をもつので，本来ならば，これを人件費として費用計上しなければならない．費用化しないと，その分だけ内部留保が膨らんでいることになり，内部留保の性格の曖昧さを増すことになる．企業会計基準委員会は，最近，このストック・オプションの人件費計上を義務づけることを決め，2007年3月期から導入することにした[10]．このようにして，性格の不明瞭な内部留保を腑分けし，少しずつ純化してゆくという努力がこれからも続けられるであろう．

第3に，上記にもかかわらず，内部留保が株主資本として純化されてゆくことには限界があるだろう．むしろ別の性格のものとして純化され，企業関係者から共通の認知を受けてゆく可能性もある．すでに述べたように，内部留保は企業の利害関係者に対する自家製保険としての機能を果たしており，これはエクスプリシットに認識されていないとしても，広く企業関係者のサポートを得ており，これからも変わらないと思われるからである．証券投資理論によれば，株式投資に伴い投資家が負担するリスクのうち，個別企業固有の原因による事業失敗等のリスク（アンシステマティック・リスク）は，投資家サイドの分散投資によって解消できるため，個別企業がそれに対して事業の多角化などにより保険機能を備えることは意味がないことになっている．しかし，現実の株式投資家がすべて十分な分散投資が可能なわけではない．ましてや，倒産により職を失うかもしれない経営者と従業員にとっては，企業が備える保険機能の意義は大きい．前述した法人実在説を支持するかどうかを別にしても，企業存続発展の目的のためある程度の保険コストをかけてゆくことは，広く利害関係者の支持を得られるだろう．内部留保のもつこのような性格について，共通の認識を持つことにより，その曖昧さからくるコーポレート・ガバナンス問題をある程度緩和することができよう．ただし，そのように性格づけを付与された内部留保の適正な規模やその資本コストをどのように考えるかという新しいテーマが提起されることになろう．

1) 米澤，松浦（2000）は，このような考え方に立ち，日本の企業の配当政策を実証分析している．ただ，従業員と株主の交渉力は日本の企業でも一律ではなく，それぞれの企業のコーポレート・ガバナンスによって差があるとし，たとえば外人株主のシェアーが高い企業では株主を重視する配当政策を，株式持ち合いの割合が大きい企業では従業員利害を重視する配当政策をとっているといった興味ある結論を導いている．
2) 資本（2005年改正前商法で資本は資本金を指す）を減少するには，株主総会の特別決議（過半数の株式を有する株主が出席し，3分の2以上の賛成が必要）が要求される．さらに会社債権者保護の目的で，これに異議のある債権者に異議を述べる機会を与えることが求められる．

　法定準備金を資本の欠損（純資産が資本金と準備金の合計より小さくなった状況）にあてるために使用する場合には，株主総会の承認を必要とする（普通決議）．また，特定の目的なしで法定準備金を減少させる場合（配当，自己株式の買受け等にあてられる）には，その額が制限されており，株主総会の決議が必要であり，かつ債権者保護手続きも必要となる．

　これに対して，任意準備金は，特定の目的のために積み立てられたものはその目的にしたがって使用され，目的の定めのないものの使用については，株主総会の承認を要するか取締役会決議で足りるかは見解が分かれている．

　以上は前田（2003）を参考にした．
3) 入会権は部落共同体の構成員が山林，原野などに入り，雑草，まぐさ，たきぎなどを採取する慣習上の権利を表しており，民法で認められた権利である．これに関する規律は，第一次的には慣習に委ねられている．慣習に委ねる規定の曖昧さは内部留保の性格に通じるところがある．
4) 有賀（1993）は，企業の所有の本質に関しつぎのようなことを論じている．企業に対する財産権のうち，売掛債権のように明文化された権利・債権は「特定財産権」と呼ばれ，その額に相当する支払いを受ける権利を持ち，その権利を実行するために必要な手段の行使が認められている．これ以外の企業財産に対する処分権やその果実の対する包括的な権利は，契約で明確に定められているわけではなく，残余財産権の形をとっている．ただ，この残余請求権の帰属ははっきりせず，株主のものというより，さまざまな利害関係者によって共有されていると考える．企業の内部留保が共有財産であるという考え方はこの論文にヒントを得たものである．
5) 法人実在説については，岩井（2002, 2003）を参考にした．
6) 財団法人日本証券経済研究所編「株式投資収益率2003年」．
7) Jensen（1989）は，日本の企業が大量のフリー・キャッシュフローを抱え，かつ金融機関からの監視を受けなくなったため，経済的に合わないような買収や多角化に走ったり，価値喪失をもたらすような活動に携わっていると，すでに80年代

において警告している.
8) 2003年12月,米系ファンドのスティール・パートナーズ・ジャパンは,ユシロ化学工業(金属工作用油剤最大手)とソトー(毛織物染色整理加工大手)の2社に対して敵対的TOBを仕掛けた.両社とも大量の余裕資金を持っていたことが狙われた理由であるようだ.買収を阻止するため,ユシロは配当を前年の1株14円から200円に,ソトーは同じく13円から200円に大幅引上げを行った.いずれも1株当たり純利益を上回る配当で,このため内部留保を取り崩している.この当時は外人投資家によるユニークな要求として話題になったが,その後,日本の投資ファンドによる収益分配に関する要求も出ており,珍しいニュースでなくなった.
9) 日本経済新聞2005年9月7日夕刊は,2005年8月末の高配当投信の本数は合計で41本,純資産残高は7,303億円に達し,昨年末時点の20本,1,377億円から急増したと伝えている.
10) 日本経済新聞2004年12月25日朝刊.

参 考 文 献

青木昌彦(1984),『現代の企業』,岩波書店.
有賀 健(1993),「企業の所有と支配」,伊丹敬之,加護野忠男,伊藤元重編『日本の企業システム 第1巻企業とは何か』,有斐閣.
岩井克人(2002),「株式会社の本質:その法律的な構造と経済的機能」,大塚啓二郎ほか編,『現代経済学の潮流2002』,東洋経済新報社.
岩井克人(2003),『会社はこれからどうなるのか』,平凡社.
小林孝雄,加護野忠男(1988),「見えざる出資:従業員持分と企業成長」,伊丹敬之ほか著『競争と革新―自動車産業の企業成長』,東洋経済新報社.
前田 庸(2003),『会社法入門』〔第9版〕,有斐閣.
米澤康博,松浦義昭(2000),「わが国のコーポレート・ガバナンスが配当政策に与える効果」,松浦克己,吉野直行,米澤康博編著『変革期の金融資本市場』,日本評論社.
Easterbrook, F. (1984), "Two Agency-Cost Explanation of Dividends," *American Economic Review* 74 : 650-659.
Jensen, M. C. (1986), "Agency Costs of Free Cash Flow, Corporate Finance, and Takeover," *American Economic Review* 76 : 323-329.
Jensen, M. C. (1989), "Eclipse of the Public Corporation," *Harbard Business Review, September-October* 1989.

第Ⅱ部
企業価値の追求と評価

第6章　企業のパフォーマンスとガバナンス構造

1．企業のパフォーマンスとコーポレート・ガバナンスに関する考察

（1）はじめに

　コーポレート・ガバナンスに関する議論は，今日まで，全国，いやそれどころか世界中，まさしく津々浦々で取り上げられ，そして，かなりの場合，その場限りでの議論で終わっていたことは，現在の時点ではかなりの研究者の率直な印象となっていることは，否定できない事実であろう．すなわち，そこで欠けていた議論，しかもかなり本質的にもかかわらず，事実上迂回されていた議論は，次の問題である．

　「『良い』コーポレート・ガバナンス・システムを持つことの，企業にとっての目的は何か」

　この疑問に対する答えは，確かに厄介なものである．すなわち，企業（具体的には株式会社）にとって，最終的な目標は利益の獲得であり，会社が株主のものであろうと，従業員のものであろうと，最終的には利益を獲得して，それを彼らステークホルダーにいかにフェアに配分するか，ということが問題だからである．結論を先に言ってしまえば，極端に言えば，『良い』コーポレート・ガバナンス・システムを持つことが，利益の獲得にも結びついていない限り，企業にとってはメリットはないとさえ言えそうである．では，コーポレート・ガバナンス・システムとして良いものを持っていれば，パフォーマンスも優れたものになるのだろうか．

　ここでは，まず，このような疑問に対する解答に関する過去の様々な試みについて見てみよう．

（2）コーポレート・ガバナンス・システムはパフォーマンスにどのように影響するか

パフォーマンスに対するコーポレート・ガバナンス・システムの影響については，これは，という結論は現れていないというのが，正直なところであり，現状である．アメリカの有力な格付け会社であるスタンダード＆プアーズは，サービスの一環として，コーポレート・ガバナンス・スコアリングを行っており，そこでは，公式のコメントとして，次のような叙述がある[1]．

2003年4月の商法改正を契機に，コーポレート・ガバナンス（企業統治，以下，ガバナンス）の改革を進める企業が増えているが，格付けにとっても，コーポレート・ガバナンス評価（以下，ガバナンス評価）の重要性は高まっている．スタンダード＆プアーズの格付けにおいて，ガバナンス評価は独立した項目ではないが，ガバナンスの優劣は，信用リスクや経営陣の能力などの格付け要因に間接的に影響を及ぼす．昨今の企業不祥事などを受け，世界的にガバナンスの重要性は再認識されている．スタンダード＆プアーズでは1990年代後半から総合的なガバナンス評価を行う専門部署を創設し，その部署の公表するレポートをアナリストが参考にしているほか，幅広くガバナンスに関する情報を収集している．

ガバナンス評価を重視する理由としては，第1にエンロンのように，ガバナンス上の問題が一因となって破綻する例が増加しているためである．言い換えれば，ガバナンスを分析することで問題の早期発見に道を開こう，という動機が働いている．

第2に破綻に至らないにしても，企業のガバナンスの弱さが市場の信認低下につながり，資金調達や財務の柔軟性を損なう場合がある．たとえば，前会長が逮捕された武富士や，子会社の不正会計が明るみに出た韓国のSKコープがそれに当たる．

第3に，健全なガバナンスは，経営改革の原動力として信用力にプラスの影

響を及ぼしうる．現在多くの日本企業が，過去の成功モデルから脱却することを迫られているが，健全なガバナンスが機能することで戦略の実効性が高まると期待される．

株主利益 VS. 債権者の利益

　一般にガバナンスは株主利益の重視と捉えられる向きが多い．債券格付けとガバナンスはどのような関係があるのかを整理してみたい．

　スタンダード＆プアーズはガバナンスの定義を株主だけでなく，すべての財務上の利害関係者にとって，公正な利益分配を保証するための経営上の仕組みと位置づけている．通常，企業は複数のステークホルダー（利害関係者）を持つが，経営者がどちらか一方の利益に傾斜することなく，公正でバランスのとれた利益配分を行うことが企業の健全な発展につながると考えるからである．長期的に見て株主の利益を高める政策は債権者への返済能力を高め，プラスとなる場合が多い．流動性が潤沢でない場合の自社株消却のように，株主にとってプラス，債権者にとってはマイナスに見える事例もあるが，どちらかといえば例外的なケースではないか．

　以上のように，ガバナンスは格付けにとって重要であるが，ガバナンスの仕組みを改善すれば，格付けが並行して上昇する，というものではない．健全なガバナンスは，経営に問題がないことを確認する「必要条件」であり，格付けは，あくまでも収益力，資産の質の改善など，具体的な業績で判断される．業績の分析にあたって，ガバナンス評価が影響を及ぼすことはある．たとえば，適切なガバナンス体制を持つ企業とそうでない企業があり，両者とも業績が改善していると仮定する．前者では，改善が一時的なものではなく，持続性を持つであろうと判断される可能性が後者に比べて高くなる．

　スタンダード＆プアーズは2003年にオリックスの格付けを「トリプルB」から「トリプルBプラス」に引き上げた．これは，同社の自己資本比率や，資産の質が改善傾向にあることを評価したものだが，ガバナンスが強化されたことも，将来にわたり安定した業績が期待できるという判断の根拠の一部である．

　一方で，弱いガバナンスが格付けに与える影響もある．ガバナンスに問題を

抱える企業の場合，表面的な財務内容がよくても，その実態を割り引いてみる必要性はある．不良債権を公表数字より保守的に見る，などが一例である．米国SECの調査でも，ガバナンスの弱い企業は高いリスクプレミアムを払っている，という結果があり，市場参加者も同様な見方をしていることがわかる．

　また，ガバナンスの弱い企業は，企業の再建を要するような危機に直面した場合，適切な対応がとれず，市場の信頼低下と格下げが連鎖的に生じやすくなる．たとえばスタンダード＆プアーズは2004年2月に武富士の格付けを「トリプルBプラス」から「トリプルB」に引き下げた．これは，盗聴事件に伴い事業環境が悪化しており，社内の改革や投資家の信頼回復も遅れていることを反映している．同社は創業者に実権が集中し，創業者一族の株式保有比率が高いために，外部チェックが働きにくい体質を持っていた．事件後，会長は辞任し，外部メンバーによるコンプライアンス委員会が設立されたが，抜本的なガバナンスの強化につながるのかは，さらに注視する必要がある．

　野村證券では97年の不祥事（総会屋への利益供与）の際，トップをはじめ取締役の大半が辞任し，経営の大幅な刷新が断行された．結果として投資家の信頼も回復し，格下げも回避できたが，これはガバナンスが比較的有効に働いた例といえる．

ガバナンス評価の手法

　企業のガバナンス評価については，定量的に捉えることが難しく課題が多いのは事実だが，スタンダード＆プアーズでは分析手法をさまざまに工夫している．第1に経営トップのコミットメントを重視している．ガバナンスの「体制」がいかに整備されても，それを生かすのは経営者の意思によるからだ．たとえば，トップがどれだけ外部の声に耳を傾ける姿勢を持っているのか，悪い情報や批判を受け入れるか，社内の風通しはどうか，などが判断の材料となる．第2に株主構成も重要である．一般には多様化し，かつ発言力を持ち積極的にコミットする投資家がいることが望ましい．韓国の財閥のような複雑なオーナー支配や，日本に見られる実質的な資本の持ち合いは，ガバナンスにとってはマイナス要因となる可能性がある．このほか，情報の透明性，財務関係者のチェ

ック機能がどのように働いているのか，なども重要なポイントである．

　スタンダード＆プアーズはガバナンス定量化の試みとして，「コーポレートガバナンススコア」という評価制度を策定している．これは企業の依頼に基づき，ガバナンスのインフラや実行状況を分析，1-10で評価するものである．日本企業では，2002年にオリックスが公開している（「全般的に強固」，スコア：7.9）．スコアの評価は表面的なチェックではなく，実行状況が重視される．たとえば取締役会に社外役員が多数占めることは一般にプラスであるが，その場合，社外役員の利益相反はないか，取締役会で活発に活動しているか，なども調査の対象である．有効なガバナンスのあり方は企業によって，あるいは市場環境によって多種多様であり，踏み込んだ分析が必要である．

　スタンダード＆プアーズによる，コーポレート・ガバナンス・システムとパフォーマンスの間のこのような道筋の解説は，大変シンプルなもので，現在のところ大きな反論もなく主張できることを述べていると言えよう．

　ただし，このような影響関係のルートは，でき得る限りフォーマルな，すなわち，いわゆる経済学的なバックグラウンドをもったもの，あるいはそれにより納得できるような解釈ができるものであることが必要である．ここのところを省いて，「良いコーポレート・ガバナンス・システムは，優良企業にとって必要なものだ」などと説いて回っても，都合良く使われるだけの話になる．

　このような問題に関しては，まず，良いコーポレート・ガバナンスが，企業のパフォーマンスを高めるという，そのルートについて考えることが必要である．これについては，一般的には次のようなルートが想定されるであろう．

　① 良いコーポレート・ガバナンス・システムが実現する
　② その結果，(1)透明性の向上，(2)マネジメントへの信頼性の向上
の2つが実現する

　ここでは，コーポレート・ガバナンスの目的を，大きく2つとみなし，マネジメントへのモニタリング機能の有効化，マネジメントへの有効な動機付け，の両方を実現することにより，優れたコーポレート・ガバナンス・システムの実現とみなす．その結果，

③ 投資家・株主は当該企業のマネジメント，経営に満足する
④ 当該企業の評価が高まり，株価は上昇する
⑤ それは，株主価値の向上を意味する
⑥ こうして，マーケット・バリューに顕在化し，当該企業の高い評価が目に見えることになる

　こうなると，株主・投資家が銘柄選定を行うにあたっては，コーポレート・ガバナンスの重要性が増してくることがわかる．他の機会における，前述のスタンダード＆プアーズによる見解としても，次のようなコメントがある[2]．

それによると：
S&Pの格付け：主要分析ファクター
　まず，スタンダード＆プアーズ（S&P）の信用力格付け分析ファクターは，事業リスク評価と財務リスク評価に分けられる．事業リスクと財務リスクをそれぞれ幾つかの観点から分析・評価し，評点化している．格付けはそれらを総合的に評価して決めている．
　事業リスクを評価するために，産業の将来性，競合状態，競争の決め手，資金需要などの観点から分析する．企業については，市場での地位，コスト競争力，事業効率，多角化，経営方針などの観点から分析する．最低でも年１回のアニュアル・レビューを通して，経営方針など直接発行体とヒアリングを行い，企業の動向をつねにフォローしている．
　財務リスクの評価にあたり，数字も大事だが，数字の裏付けも大切である．財務方針，収益性，キャッシュフローによる債務の返済能力，資本構成，財務の柔軟性などの観点から分析する．企業の財務リスク分析では本業からのキャッシュフローによる債務の返済能力の安定性を重要視している．財務柔軟性は債務履行能力を見るうえであくまでも補完的な要素ではあるが，企業の手元流動性，メインバンク等銀行の信用力に注目する．銀行の信用力が後退し，企業の財務柔軟性の負担になることもある。
コーポレート・ガバナンスの格付けへの影響

格付けにはコーポレート・ガバナンスのさまざまな要素が織り込まれている。コーポレート・ガバナンスと企業の信用力との関連性は以前より密接になりつつある．しかし，コーポレート・ガバナンスの良し悪しが格付けに影響するケースもあれば，しないケースもある．格付け評価では，企業の事業リスク，財務リスク評価が基本であり，ガバナンス上の評価できる要素，問題点などは，基本となる要素に照らしながらみていく．

コーポレート・ガバナンスの幾つかの要素
- 経営の支配，制御

  経営主体の属性

  ○同族会社……経営の抑止力の面から問題が起きることがある．日本ハムの不正事件に対する対応の遅れ．

  ○株式持合い……ガバナンス上プラスか，抑止力，透明性など，マイナスも．

経営支配権を持つ大株主とのビジネス上の結びつきを重視
- 経営陣，組織運営

  経営陣のコーポレート・ガバナンスに対する洞察の深さ

  経営者の交代周期，経営陣のバックグラウンド・評判，適性，実績評価，経営方針

- 事業戦略

  事業戦略の現実性，事業リスクとのバランス・一貫性，不測の事態への対応

- 情報開示，財務の透明性

  情報の質，正確性，開示姿勢および透明性

  ヘッドラインリスク　マスコミの話題になるような事件に対して，会社が適切な情報開示を行わず，マスコミの出すニュースヘッドラインに左右される事態を招く……雪印，三井物産などのケース

- 業種特性

  信用が重視される業種，企業

消費者に対する信用・ブランド（食品，消費財）が生命線の業種，企業
　　例）雪印のケース2002年2月から5月の3カ月間に格付けはB＋か
　　らCCへ，急速かつ大幅に格下げになった．
　公共性の高い業種
　　例）東京電力　原子力発電データ改ざん
　　　　モニタリングしながら慎重に対応
・内部取引
　内部取引のウエートの高い場合　　例）NTT
　リスクコントロールが重要視される業種　　例）総合商社
　取引，投資損失の原因が十分把握されているか
　グループ会社の不採算事業の実態把握
　不動産事業のようにいろいろな産業のリスクに巻き込まれる
　過去はリスクコントロールが十分効いていなかった

以上が講演会での要約であるが，このあと，質疑応答が行われている．

　Q＆A
Q1：格付評価では定量的な側面だけでなく，定性的な側面が重視される．コーポレート・ガバナンスは定性的な要素を分析・評価する新しいフレームワークと考えられるがどうか．
A：格付けプロセスで重視するさまざまな定性情報にコーポレート・ガバナンスがどのように影響しているかを分析，評価している．コーポレート・ガバナンスはひとつのアングルに過ぎない．環境変化，イベントリスクへの対応，抑止力を効かせ正当な判断力を保っているかなどの視点が重要である．
Q2：S＆Pはコーポレート・ガバナンス・スコアを計算し，独自の評価システムを作っているが，そのスコアと格付けとの関連性はあるのか．
A：コーポレート・ガバナンス・スコアは企業構造を見る上で格付けにも参考になる．ただし，債務返済能力の観点から，格付けに影響するケースと影

響しない場合がある．スコアが悪い場合，環境変化への対応力の一環として，格付けにマイナスに働くことがある．

Q3：コーポレート・ガバナンスに優れた企業の格付けが上がるということはないのか．

A：理論的にはありうるが，具体的にどのようなケースが考えられるかということになると難しい．ただ次のような場合，格付け対応に影響することがある．収益に大きな影響を与えるイベントが起きたとき，発表前に格付会社に事前説明の機会が与えられることがある．格付け上マイナスのファクターであっても，経営陣がそのイベントによる事業面，財務面への影響をしっかりと認識し，具体的な対応策を示すことができれば，格付けが据え置かれることがある．

Q4：同族，株式持合いなど経営主体の属性が，格付評価の重要なファクターにどのように影響するか．

A：同族経営の問題が顕在化しない場合は，見えてきた段階で評価に織り込む．韓国の財閥企業の場合，かつてはグループ内のお金の流れが不透明だったが，最近はグループの定義が厳格になり，社外取締役を入れ，透明性が飛躍的に向上，信用力にもプラスの影響が出ている．

Q5：エンロン問題では格付会社が実態を見破れず格下げのタイミングが遅かったと批判されているが．

A：格付会社は万能ではない．すべてお見通しというわけではないし，調査は強制力を持たない．格付けとは基本的に発行体からの依頼とディスクロージャーへの協力に基づいて行われる．したがって虚偽の情報を提供されたら対応は難しい．格付会社に対する期待にはこたえていきたいが，過度に期待を集め，神格化されて見られるのには負担を感ずる．

また，ニッセイ基礎研究所も，この問題について，次のような言及を行っている[3]．

……ところで，信用格付けのガバナンス版であるCGR (Corporate Governance

Rating）を作成するには，どのような企業を「グッド・カンパニー」とするか具体化の必要がある．上述したように，このCGRは機関投資家がVoiceを発信するためのツールなので，株主にとっての「グッド・カンパニー」を検討しなければならない．一般に，株主は，株主価値の最大化を指向するとされているため，経営効率に焦点を当てた評価尺度が適切と考えた．経営効率が高まれば，株主価値も増大すると考えられるので，経営パフォーマンスの良い企業を，「グッド・カンパニー」とした．具体的には，生産性が高いか，市場から高く評価されているか，経営は安定的かといった視点からの評価となっている．

次の課題は，「グッド・カンパニー」と「グッド・ガバナンス」の間にどのような関係があるかを分析することである．しかし，企業内でどのようにガバナンスが行われているかを観測するのは難しく，わずかな情報を断片的に入手できるに過ぎない．そこで，客観的に観測可能な株主構成や資本構成，従業員特性，取締役会構造といった，ガバナンスとの関連が深い企業特性に注目した．これらを「ガバナンス特性」と呼ぶことにする．ここに注目したのは，ガバナンス特性が，様々な形で経営に影響を与える可能性があるからである．たとえば，Voiceに積極的な外国人株主が増加すれば，経営者はこれを脅威と感じ，彼らの主張に沿った経営姿勢に転じるかもしれない．また，取締役が多額の自社株を保有すれば，経営姿勢は，自然と株主価値を重視したものとなろう．

特に重要なのが，ガバナンス特性の企業間差異である．これが企業行動に影響を与え，経営効率に格差をもたらすメカニズムについては，これまでの研究から様々なモデルが想定される．上述したように，「グッド・ガバナンス」は直接観測し難いが，経営効率への寄与を通じて，その要素を間接的に捉えることが可能と考えられた．こうして，実証研究により，そのメカニズムを丹念に解明する試みをしている．

次頁の図は，CGRの構成を概念図として示したものである．ガバナンス特性と経営パフォーマンスを結び付けるものが，評価モデルであり，ここには経営

CGRの構成（ニッセイ基礎研究所REPORT，2002.6，p.14）

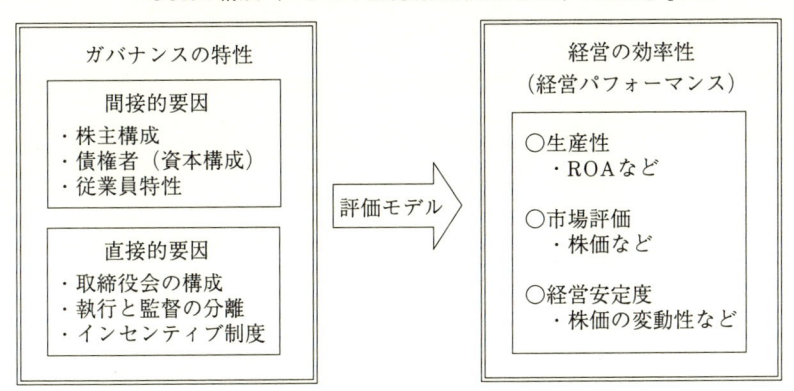

```
┌─────────────────────┐              ┌─────────────────────┐
│   ガバナンスの特性    │              │    経営の効率性      │
│  ┌───────────────┐  │              │   (経営パフォーマンス) │
│  │   間接的要因    │  │              │                     │
│  │ ・株主構成     │  │              │  ○生産性            │
│  │ ・債権者（資本構成）│  │   評価モデル  │   ・ROAなど         │
│  │ ・従業員特性   │  │    ═══▶       │                     │
│  └───────────────┘  │              │  ○市場評価          │
│  ┌───────────────┐  │              │   ・株価など         │
│  │   直接的要因    │  │              │                     │
│  │ ・取締役会の構成 │  │              │  ○経営安定度        │
│  │ ・執行と監督の分離│  │              │   ・株価の変動性など │
│  │ ・インセンティブ制度│  │              │                     │
│  └───────────────┘  │              │                     │
└─────────────────────┘              └─────────────────────┘
```

パフォーマンスに対するガバナンス特性の寄与が定量的に表現されている．CGRは，この評価モデルを用いて，ガバナンス特性をもとに計算されることになる．実際，企業がどのように評価されているかのイメージをつかむため，CGR試作版を作成してみた．2000年3月末の東証一部上場銘柄（除く銀行・証券・保険）を対象に評価モデルを構築し，レーティングを算出した．2000年3月末はITバブル絶頂期という特殊な時期ではあるが，上位60銘柄のリストには「カタカナ企業」，下位60銘柄のリストには「漢字企業」が多かった．ただし，このモデルはグッド・ガバナンスを確率的に表現するものであり，上位にランキングされる銘柄にも，ほぼ確実に相応しくないものが少数含まれるということに注意が必要である．細かな順序情報に大きな意味はないが，上位（あるいは下位）グループに属するかどうかは重要である．上位（下位）グループに属する企業群では，グッド・ガバナンスの可能性が高い（低い）ことが，実証研究で示唆されているからである．

　国内機関投資家が，Voiceの発信に取り組み始めて約5年が経過したが，現状では，そのためのデータベースやツールなどのインフラが，まだ十分に整備されていない．こうした環境下で，実効的なモニタリング活動を行うには，情報収集や意思決定などにかかるコストが最も大きな障害となる．コスト低減には，インフラ整備が効果的で，これによりモニタリング効率の飛躍的向上が期

待される．まだ，実用的に十分な水準ではないが，CGRがこうしたインフラの一部となるよう，開発に取り組んでいる．

このように，ガバナンス特性と経営パフォーマンスの関係についての本格的な研究は，実質的にようやくその端緒についたばかりであることがわかる．

2．エージェンシー理論によるコーポレート・ガバナンス問題へのアプローチ

(1) はじめに

マネジメントが他のステークホルダーの犠牲の下に自らの利益を追求するインセンティブを持つ時，典型的なエージェンシー問題が起こる．このステークホルダーが株主の時，そこにはこの問題を解決するためのいくつかのメカニズムが考えられることになる．

アグラワール＆ネーバー (1996) が挙げるマネジメントと株主の間のエージェンシー問題をコントロールするための7つのメカニズムとは，①インサイダーの株式所有，②機関投資家の株式所有，③大口所有者（大株主）の株式所有，④外部取締役の利用，⑤負債の利用，⑥マネジメント労働市場，⑦企業コントロールの市場，である．

① インサイダーの株式所有とは典型的には経営者が，自社株を保有する，ということである．
② 機関投資家の株式所有とは，次の
③ 大口所有者（大株主）の株式所有，および
④ 外部取締役の利用と並んで，
　それによりマネジメントに対するモニタリングが強化され，業績を上げられる，という考え方による．
⑤ 負債の利用によっても，それによる資金の貸し手によるモニタリングを生起し，業績を上げられると考えることができる．
⑥ マネジメント労働市場の存在は，潜在的な雇い主に対して自らへの評価の

向上という動機付けをマネジメントに行い，業績を向上させうると考えることができる．
⑦ 企業コントロールの市場の存在は，業績の貧弱なマネジメントに対して解雇の脅威を与え，業績の向上を促す，という効果が考えられる．

これらのメカニズムの間での相互関係も重要である．ただ，それらが企業の業績（パフォーマンス）と，どのように関連しているかが，最も重要となる．

これらのメカニズムは，企業内部で業績の向上を目指して設定されるものと，そのような目的と直接は関係なく外部から設定されるものがあり，前者はendogenous（① インサイダーの株式所有，④ 外部取締役の利用，など），後者はexogenous（⑦ 企業コントロールの市場，など）なものと呼ぶことができる．

企業の業績指標としては，トービンのQを利用し，各指標個々との関係を調べると，① インサイダーの株式所有，④ 外部取締役の利用，⑤ 負債の利用，⑦ 企業コントロールの市場，の4つが，アグラワール＆ネーバー（1996）によると，企業業績と関係があった．

(2) コントロールのための諸メカニズム間の関係及び企業業績との関係

ここでは，マネジメントにインセンティブを与える4大メカニズムは，企業外からマネジメントをモニターする集団に依存するもの——負債の利用，マネジメントの労働市場，会社コントロールの市場，と，内部からのモニター（大株主，取締役）に分けて考えることにする．しかし，後者にはさらに新たなエージェンシー問題が発生するが，それを解決するのが外部大株主，機関投資家，外部管理者市場，などと考えられる．

一方，どこでモニタリングが行われるか，により区別もできる．

⑤ 負債の利用——資本市場，⑥ マネジメント労働市場——潜在的（prospective）雇い主，⑦ 企業コントロールの市場——潜在的買収者，

また，誰がモニタリングを行うか，という考察も可能である．

① インサイダーの株式所有——内部株主，② 機関投資家の株式所有——機関投資家，③ 大口所有者（大株主）の株式所有——外部所有者，④ 外部取締役の

利用——取締役会メンバー……

一方，①インサイダーの株式所有，④外部取締役の利用，⑤負債の利用，⑥マネジメント労働市場，の4つは内部的意思決定であり，②機関投資家の株式所有，③大口所有者（大株主）の株式所有，⑦企業コントロールの市場，の3つは外部者による意思決定である．

さらに，これらはマネジメントのインセンティブを高めるものではあるが，コストも伴う．それには，ダイレクト・コスト（たとえば株式の大量の内部所有に伴うポートフォリオの非分散化により潜在的に発生する），とインダイレクト・コスト（企業コントロールの市場の活発化でマネジメントへの信頼が低下し，内部契約のコストが高まる，など）がある．

これらのメカニズムは，その利用による限界ベネフィットが限界コストと等しくなるまで利用されれば最適であろう．ただし，それらのすべてが常に企業価値を極大化するように利用されるとは限らない（たとえば買収は，買収者のベネフィットを大きくするべく行われるなど）．そして，重要なことは，これらの諸メカニズムは相互に影響し合うものである，ということである．

3．過去の実証的試みの敷衍

（1）コーポレート・ガバナンスのスコアリングの試み

スタンダード＆プアーズは，2002年以来，企業の依頼により，コーポレート・ガバナンス・スコアを提供している[4]．これは，コーポレート・ガバナンスのスコアリングの試みとして，最も初期からの，そして注目される試みである．

スタンダード＆プアーズのコーポレート・ガバナンス・サービスの手法では，企業の経営，取締役会，株主とその他財務的利害関係者間の相関関係について分析を行う．スタンダード＆プアーズのコーポレート・ガバナンス・サービスでは，以下に述べる4つの要素に基づくガバナンスの包括的な基準について評価を行っている．

①株主構成

② 財務的利害関係者との関係
③ 財務の透明性と情報開示
④ 取締役会の構成とプロセス

コーポレート・ガバナンス・スコア

　コーポレート・ガバナンス・スコアおよびそれに付随する分析によって企業は，競争が激化する市場におけるさらなる差別化を図ることができる．コーポレート・ガバナンス・スコアは，以下の分析が反映される．

　企業のガバナンスとは，スタンダード＆プアーズによると，「企業の経営陣，取締役，株主とその他財務的利害関係者間の相関関係」の有効性の分析を意味し，そこでは個々の企業のガバナンスの社内組織におけるガバナンスとプロセスに焦点を当てることになる．

コーポレート・ガバナンス・エバリュエーション

　スタンダード＆プアーズのコーポレート・ガバナンス・エバリュエーションは，コーポレート・ガバナンスにおける強みと弱みを明らかにしたいと希望する企業に対して行われる非公開の診断サービスである．また，このサービスは，企業が既存の基準を，コーポレート・ガバナンスの，実践のためのガイドラインをベンチマークとして比較対照させる一助ともなるであろう．投資家の要望があれば，特定の企業に対してカスタマイズした調査を非公開に実施することも可能とのことである．

　コーポレート・ガバナンス・スコアおよびエバリュエーションは誰にとってのメリットか

企業にとって

◆インベスター・リレーションズの一環として，コーポレート・ガバナンス・スコアがなければ自社への投資を考えないであろう新たな投資家を引き付け，つなぎとめる

◆コーポレート・ガバナンス基準を示すことで投資家に向けて自社の差別化を図る

◆改善の基準として利用する

◆増資のプロセスにおいて，投資家に追加情報を提供する（株式公開，債券発行，シンジケートローン，M＆A取引）

投資家にとって

  ◆異なる企業間のコーポレート・ガバナンス基準を明らかにし，比較する
  ◆企業がいかに事業を行うかを理解し，コーポレート・ガバナンス・リスクの特徴を測る
  ◆少数持ち分株主を含め，株主の利益を企業経営陣がどのように扱っているかを把握する
  ◆企業の相対的な透明性を把握する
  ◆投資判断を行う際の追加情報を得る（戦略的投資家およびポートフォリオ投資家）

コーポレート・ガバナンス・スコアの規準

　スタンダード＆プアーズは，コーポレート・ガバナンス基準のための評価手法を開発した．この手法の開発は，1998年より行われており，多くの国際機関およびコーポレート・ガバナンスの専門家によって提案されたコーポレート・ガバナンスを実践する上での原則を統合したものである．

定　義

　「コーポレート・ガバナンス・スコアは，優れたコーポレート・ガバナンス・プラクティスの規約および指針を現時点で企業がどの程度まで採用し，遵守しているかに関するスタンダード＆プアーズの見解である」

　コーポレート・ガバナンス・サービスの見解において，企業がどの程度までコーポレート・ガバナンスのベストプラクティスの規約および指針に適応しているかは，「CGS-1」（最低）から「CGS-10」（最高）までのコーポレート・ガバナンス・スコア（CGS）によって表される．

　さらに，これらのスコアは，下記の4つの要素についてもそれぞれ与えられ，それぞれが総合的なCGSの要素となる．

  ① 株主構成
　　　株式所有者の透明性
　　　株式所有の集中および影響

② 財務的利害関係者との関係
　　株主総会の規定の容易さ，アクセスの容易さおよび情報開示
　　議決および株主総会の手続き
　　所有権（所有権の登録と譲渡および公平性）
③ 財務の透明性と情報開示
　　情報開示の質と内容
　　開示のタイミングと開示情報へのアクセス
　　監査法人の独立性および地位
④ 取締役会の構成とプロセス
　　取締役会の構成およびプロセス
　　取締役会の役割および有効性
　　社外取締役の役割および独立性
　　取締役および経営陣の報酬，評価および承継方針

　ただし，今日，現在のスコアはすべてが得点法ではなく，たとえばオリックスの現在のコーポレート・ガバナンス・スコアは7＋である．
　このような方向でのコーポレート・ガバナンス・スコアリングの試みは，わが国を含めてあちこちで見られる．ただし，ここに，非常に大きな問題点がある．それは，このような「スコアリング」と称する，コーポレート・ガバナンスの良し悪しの，得点化の方法の大半が，アンケートによるものだということである．確かに，コーポレート・ガバナンスの「良し悪し」などという概念は，すぐれて定性的なものであり，本来それを目に見える形で表そうという試み自体が，無理を伴うものであることは，疑う余地はないであろう．しかし，いかに名の知れた研究機関によるものであっても，企業がアンケートを受け取り，それに対して応答するという形での回答，そしてそれをアンケート作成者が独自の方法で得点化する，という技法に，客観性，実態を表す能力という意味での問題点の存在を感じるのは，筆者だけではないだろうと思われる．これは，たとえば「国際比較研究」と称して，日本人研究者がドイツの工場を訪問し，

マイスターたちに英語で質問して歩き，結果としてその「結果」なるものが，まったく実態を表すものでないことと共通するものがある．聞くなら必ずドイツ語で，しかもドイツ人研究者に立ち会ってもらうのでない限り，そこでの回答は，研究に使える代物ではなくなることは明白であり，国際経営の研究における重要な注意点として知られている．コーポレート・ガバナンスに関しても，スタンダード＆プアーズのような，伝統ある格付け会社が，しかも業務として行うスコアリングのためのインタビューやアンケートであれば，回答する側の態度，あるいは回答の信憑性は信頼できるであろうが，そうでない限り，アンケートなどによる方法，それに基づくスコアリングは，信頼性，信憑性という点で問題があると，筆者は考えている．そこに恣意性が入り込む余地，可能性が大いにあると思って間違いないであろう．

　このような考察から，恣意性の入り込む可能性が，より小さいのは，公表データからスコアリングする方法である．すなわち，「良いコーポレート・ガバナンス」を達成するのに必要な条件を，できるだけ客観的にいくつか設定し，それを満たしている程度をもって，コーポレート・ガバナンスの良し悪しの尺度とする，というやり方である．前述のニッセイ基礎研究所の報告書における，「ガバナンス特性」という概念が，まさしくこれにあてはまり，それをできるだけ客観的に表す指標をくふうすることが，この方向での研究の第一歩となる．このようなアプローチによるものの代表的な事例として，ゴールドマン・サックス証券による計測例を見てみることとする．

ゴールドマン・サックス・コーポレート・ガバナンス（GSCG）ランキングの算出方法

　個々の企業のコーポレート・ガバナンス・レベルは，企業評価基準としてますます重要性が高まると考えられるが，実際に客観的な評価を施すのは非常に難しい．同社は，①株式保有構造，②情報開示，③株主資本利益率，④インセンティブ報酬制度，という4つの広い分野で客観的かつ定量的に計測可能な6つのガバナンス基準を設定し，以下の方法で各項目のスコアを算出した．た

だし，本来なら社外取締役の選任も基準に含めたいところだが，データがそろわず断念したとのことである．

① 株式保有構造
- 外国人保有株比率
    - 20％超　　　　　1点
    - 20％以下　　　　0点
- 銀行（信託銀行除く）と事業法人による保有株比率
    - 10％未満　　　　1点
    - 10％以上　　　　0点

② 情報開示
- 四半期決算
    - 発表している　　3点
    - 発表していない　0点

③ 株主資本利益率
- 2000年～2003年度のＲＯＥ（2002年～2003年度は東洋経済予想）
    - 常に10％超　　　2点
    - それ以外　　　　0点
- 2000年度から2003年度にかけ，連続してＲＯＥが上昇している　1点
    - それ以外　　　　　　　　　　　　　　　　　　　　　　　　0点

④ インセンティブ報酬制度
- 従業員ストック・オプション制度を
    - すでに導入済みあるいは導入を発表　2点
    - 未導入　　　　　　　　　　　　　　0点

　以上，10点満点の基準を設定し，時価総額1,000億円以上の東証1部上場企業（金融除く）362社についてコーポレート・ガバナンスのスコアを算出した．

　次に，この362社をスコアが高い順にランク付けし，スコアが同点の場合は，2003年度予想ＲＯＥ（東洋経済の最新予想を使用）の高い順にランク付けすることとした．

「10点満点」の企業はなかったが，GSCGランキングのポイントが7点以上の企業は，トレンドマイクロ，コーエー，オリックス，HOYA，メイテック，ホンダ，日本電産，日本システムディベロップメント，ネットワンシステムズ，伊藤忠テクノサイエンス，キヤノン，CSK，コナミ，ソニーなど14社となり，前回の11社から3社増えた．また，今年度から四半期決算を開始した会社が多くあり，そのためGSCGポイントが4点以上の企業が前回の64社から80社へと大きく増えたことが特徴的である．

（2）企業のパフォーマンスとコーポレート・ガバナンスの関係に関する計測
―――コーポレート・ガバナンスと株価パフォーマンスの関連

企業のパフォーマンスとコーポレート・ガバナンスの関係に関する計測を行う場合，企業のパフォーマンスの指標をどのようなものにするかが重要な意味を持つ．この点については，多数の議論があるが，詳細は別稿に譲り，ここでは，マーケットを通した市場での評価というものを，企業のパフォーマンスに対する1つの指標と考える．ゴールドマン・サックスのGSCGランキング上位企業は，株価パフォーマンスにおいても下位の企業を大きく上回っていることが明らかとなっている．計算対象とした362社をGSCGランキングに基づいて4つのグループに分類し，それぞれの株価パフォーマンスの計測を試みた結果，GSCGランキング上位企業は，株価パフォーマンスにおいても下位の企業を大きく上回った．グループIにはガバナンスの充実した，すなわちスコアが最も高い（7～9点）企業が，グループIVにはガバナンスに乏しい，すなわちスコアが最も低い(0～1点)企業が含まれている．各銘柄の相対パフォーマンス(対TOPIX)をグループで単純平均し，その累積パフォーマンスを求め，さらに362社全体のユニバースの累積パフォーマンスに対する相対パフォーマンスを算出した．

その結果，GSCGランキングにおけるポイントの最も高いグループIが，1995年以降，約192％の累積アウトパフォーマンスを示したのに対し，ポイントが最も低いグループIVは全体を25％下回った．

ただ，残念ながらこの4グループ間の銘柄分布には偏りがある．全362社中，

グループⅠやⅡは80社 (22%) しか分類されないのに対し，残りの282社 (78%) はグループⅢおよびⅣに分類されるのである．いずれこの分布が変化し，より多くの企業がコーポレート・ガバナンスが高水準，すなわちGSCGスコアの高いグループに分類されることになり，その時点で，このような比較を行えることが望ましい．

4. 今後の課題

当然，これからの研究進展のためには数多くの課題がある．まず，パフォーマンスとコーポレート・ガバナンスの関係に関する経済学的な理論を，より明快なものにすることが必要である．前述のアグラワール＆ネーバー (1996) による試みは，そのための第1歩を記す，あるいは与えてくれるものであろう．新制度派経済学，特にエージェンシー理論に基づく，そこでの考察は，一層の拡張の糸口を与えてくれるものである．コーポレート・ガバナンスのモデル分析に関しては，筆者もいくつか目にしており，機会を見てその考察も行いたい．次に，企業のパフォーマンス指標として，どのようなものがふさわしいのか，考察が必要である．EVAをはじめとして多数のパフォーマンス指標，さらに，マーケットでの評価の使い方など，試論は山積みである．

そして次に実証研究の進展であろう．S&Pをはじめとする格付け会社のコーポレート・ガバナンス・スコアリング，そしてその裏付け，あるいは適切さの検討が必要である．これは，筆者が主張する，公表データから作成されるコーポレート・ガバナンス・スコアリングの必要性と並行して検討されるべきものである．そして，それらを併せてはじめて，パフォーマンスとコーポレート・ガバナンスの関係に関する意味のある実証研究が行われる準備が完成されることになる．

1) 根本直子：コーポレート・ガバナンス評価，STANDARD & POOR'Sリサーチ，2004. 4. 16.

2) スタンダード&プアーズ,コーポレート・ガバナンスが格付けに与える影響,NPO フェアレーティング研究会, 2003. 12.
3) ニッセイ基礎研究所REPORT, 2002. 6, pp. 8-15.
4) スタンダード&プアーズ,コーポレート・ガバナンス・サービス,同社ホームページより.

参 考 文 献

Agrawal, A. & Knoeber, C., Firm Performance and Mechanisms to Control Agency Problems between Managers and Shareholders, *Journal of Financial and Quantitative Analysis*, Vol. 31. No. 3, September 1996.

Bernhardt W., Qualitätsmessung von Aufsichtsräten, in : Tagungsbeitrag der Jahrestagung 2000, Verband der Hochschullehrer für Betriebswirtschaft, Humbolt Universität zu Berlin, pp. 326-329.

Drobetz, W., Schillhofer, A. & Zimmermann,H., Ein Corporate Governance Rating für deutsche Publikumsgesellschaften, ZfB 74. Jg.(2004), H. 1 5-25.

Drobetz, W., Schillhofer, A. & Zimmermann,H., Ein Corporate Governance Rating für deutsche Publikumsgesellschaften Version : 25. April 2003 WWZ / Department of Finance, Working Paper No. 5 / 03.

DVFA : Deutsche Vereinigung für Finanzanalyse und Asset Management e.V. Scorecard for German Corporate Governance[©].

DVFA-Evaluierungsschema basierend auf dem Deutsche Corporate Governance Kodex-(Basis : DCG-Kodex i. d.F. vom 21. Mai 2003).

Goldman Sachs : Corporate Governance : A Quiet Revolution? Goldman Sachs Global Strategy Research, July 5, 2002.

Goldman Sachs : Corporate Governance : GSCG Update Goldman Sachs Global Strategy Research, August 13, 2002.

Koyama, A., Corporate Governance der japanischen Unternehmen im grossen Wandel----Eine theoretische und empirische Analyse des Zusammenhangs zwischen Governancestil und Unternehmensperformance----, Manuskript zur Jahrestagung des Verbandes der Hochschullehrer fuer Betriebswirtschaft, Universitaet Zürich, Juni 2003.

根本直子:コーポレート・ガバナンス評価, STANDARD & POOR'S リサーチ, 2004. 4. 16.

ニッセイ基礎研究所REPORT, 2002. 6, pp. 8-15.

スタンダード&プアーズ,コーポレート・ガバナンスが格付けに与える影響,NPOフェアレーティング研究会, 2003. 12.

第7章　金融・資本市場における市場参加者による企業価値評価

はじめに

　本章は，企業価値を検討するにあたって，「金融・証券市場において，市場参加者が企業価値をどのように評価しているか」という視点で検討を加える．具体的には，社債市場において投資家は各企業（の発行する社債）をどのように評価しているか，についての実態（データ分析）を行う．社債の投資家にとって企業価値に関連する関心事は，投資対象の社債がどの程度信用リスク（債務不履行の可能性やその可能性の変動）があるか，あるいは他の投資家がどの程度の信用リスクを想定しているか，という点にあると考えられる．投資家は，この信用リスクの程度に応じた投資効率を求め，それが金利に反映される（金利に織り込まれる）と考えることができよう．そこで，実際に市場において，この信用リスクがどの程度金利に織り込まれているのかという実態を見ることで，市場全体として（あるいは，代表的な投資家が），信用リスクという観点から企業価値をどのように評価しているか，また（可能ならば）そのような評価がなぜ行われたのかを明らかにしようというものである．したがって，主として金融機関や投資家（「貸手」と言い換えることも可能であろう）の立場から，企業をどのように評価するかが中心となっている．実際のデータ分析にあたっては，信用リスクは相対的なものであるから，信用リスクの基準をインターバンクの信用リスクとし，そこで取引されるLIBORならびにスワップ金利と社債金利をもとに，社債の流通市場での参加者の評価を明らかにする試みである．スワップ市場は，近年急速に厚みを増してきており，様々な形で裁定取引が行われていることから，

こうしたスワップ市場を基準とした債券の評価は，債券ディーリングなどでの活用が期待されるだけでなく，日本の債券流通市場の特性を明らかにする上で有用な分析手法であると考えられる．我々も，すでに高橋[2001]，[2002]などにおいて，公社債市場でのLIBORスプレッドの計測を行い，その決定要因に関してクロス・セクションでの検討を加えた．また高橋[2003]においては，ケース・スタディとして，マイカルの破綻を前に市場参加者がどのような評価をしていたのかを見るために，代表的なスーパー・マーケットの発行する社債のLIBORスプレッドの時系列比較を試みている．本章では，公社債流通市場における市場参加者の個別債券に対する評価を，スワップ市場情報を利用した債券の評価手法である，いわゆるLIBORスプレッドを計測することで明らかにする．特に，格付に示される信用リスクと投資家の評価とがどのように関係しているのかに焦点をあてることとしたい．具体的には，高橋[2005]の対象期間を拡張して，より詳細な企業価値評価を探る足がかりとする．

　本章の構成は以下の通りである．まず，1節では，スワップ市場情報を利用して債券の評価を行うアイデアについて紹介する．1(1)で基本的なアイデアを紹介した後，1(2)において代表的な先行研究をレビューする．次いで，2節ではスワップ市場情報を利用した債券の評価として，債券の各銘柄のいわゆる「LIBORスプレッド」として認識する概念と推計方法を紹介する．2(1)でLIBORスプレッドの基本概念と計測手法を明らかにした後，2(2)でこうして計測されるLIBORスプレッドとスワップ市場で成立しているスワップ・レートとの関係を明らかにする．さらに3節においては，公社債流通市場におけるLIBORスプレッドの計測を行うとともに，そこでのLIBORスプレッドの決定要因を探る．まず3(1)で実際のLIBORスプレッドの計測結果を格付ごとに計測されたLIBORスプレッドを主として残存年数との関係で示すとともに，3(2)では回帰分析によりその結果の解釈，特に格付に代表されるような信用リスクをどのように織り込んでいるのか，残存期間と格付との関係をどのように考慮しているのかなどについても簡単な検討を加える．また，3(3)では，ケース・スタディとして，代表的なスーパー・マーケットのLIBORスプレッド

を，マイカルの経営破綻時に焦点をあてて，どのように推移していたかを明らかにする．最後に4節において，まとめと今後の課題を整理する．

1．スワップ市場情報を通じた債券の評価

（1）基本的なアイデア

クーポンや残存期間などの異なる債券の銘柄間の比較は，様々な指標を用いて行われているが，基本的には投資収益の比較という形式をとるのが一般的である．一方で，こうした個別の銘柄としてではなく，全体としての債券流通市場における価格形成の特徴を明らかにする試みも数多くなされている．いずれの場合も，もっとも古典的に利用される指標としては，最終利回りが挙げられるが，最終利回りにおいては銘柄ごとにひとつの割引率を想定する（いわゆる金利の期間構造を想定していない）ことから，債券流通市場として成立している割引率やディスカウント・ファクターを知るためには適切な指標とは言えないことも周知の事実である．両者を整合的に取り扱うためには，債券流通市場として成立している，銘柄属性を反映させた割引率やディスカウント・ファクターを明らかにすることが必要となるが，直接的にそれを知ることは事実上不可能である．そこで，我々は直接的に債券流通市場における情報を利用することで銘柄属性を反映させた割引率やディスカウント・ファクターを明らかにするのではなく，スワップ市場情報を利用することでこれらを間接的に明らかにすることを試みた．

スワップ市場においては，いわゆるプレイン・バニラ・スワップとして，規格化された期間について，（債券の用語を用いれば）価格が額面となるようにクーポンを調整された債券が発行されているような状況であると考えることができる．このことからスワップ市場情報から期間に対応したディスカウント・ファクターを知ることができるはずである．こうして得られたディスカウント・ファクターの情報をもとに，債券の各銘柄を評価（キャッシュ・フローの現在価値を推計）し，現実の市場価格との比較を行うことで，割安・割高銘柄の発見，よ

り一般的には，債券流通市場での価格形成の特徴を明らかにすることができるはずである．ただし，こうして明らかになる個別銘柄の市場価格とスワップ市場情報を通じた債券の評価との単純な比較だけでは，たとえば残存年数が違えば，クーポンの違いが価格形成に与える影響を直接比較できないなどの理由から，本当の意味での割安・割高銘柄の比較に代表されるような，債券流通市場での価格形成の特徴に直接結びつけるには無理がある．そこでこうした評価結果をさらに金利ベースで表示できるように工夫を行う意義がある．こうして考えられた指標のひとつがLIBORスプレッドであり，これを利用することで，銘柄間の比較とともに，債券流通市場での価格形成の特徴を明らかにすることができるのである．

（2）先 行 研 究

この分野の代表的な先行研究には，家田・大庭［1998］，小池［1992］，植木［1999］等がある．家田・大庭［1998］は，国内普通社債の流通市場におけるLiborスプレッドを，スワップ市場情報としてBloombergのBBA LIBOR（1, 3, 6, 12ヵ月）とスワップ・レート（2, 3, 4, 5, 7, 10年）を利用し，債券流通市場のデータとして日本証券業協会の公表する「公社債店頭基準気配」週次データを用い，1997年5月-1998年3月の期間について，残存10年までのものについてLiborスプレッドを計測し，その特徴を明らかにしようとするものである．まず，

$$\alpha = \frac{(1+V)+\sum_{j=1}^{m}\left(\frac{C_i}{2}-Sw\cdot\frac{n_j}{365}\right)d(t_{i,j})-AI}{V\sum_{j=1}^{m}\frac{n_j}{365}\cdot d(t_{i,j})} \quad (1)$$

により定義されるLiborスプレッド（α）を計測し[1]，さらに決定因を探るため，対象業種を建設業と非建設業に分け，非建設業については，普通社債（817銘柄）のLIBORスプレッドを計測し，残存，クーポン・レート，格付（国内格付企業（R&I，JCR）の格付情報を利用）を説明変数とする回帰分析を行い，建設業につ

いて，普通社債（38銘柄）のLIBORスプレッドを計測し，発行者別の残存が最大の銘柄についてLIBORスプレッドの時系列推移のグラフから特徴を検討（回帰分析はなし）している．なお，実際のLIBOR スプレッドの計測にあたっては，「利払日間の日数に若干の近似を加える．」という調整を行っていること，（スワップ・レートを）債券の残存期間にあわせ線型補間により算出していることには注意する必要がある[2]．

植木［1999］は，国内普通社債の流通市場のデータとして日本証券業協会の社債基準気配個別銘柄流通利回りを利用し，1997年4月-1999年7月の期間について，国内普通社債の流通市場における社債スプレッド（社債流通利回りの国債利回りに対するスプレッド）を計測し，その特徴を明らかにしようとするとともに，R&I（1998年4月以前は，JBRI）の格付情報を利用し信用リスクから推計される理論社債スプレッドをあわせて計測することで，社債流通市場における投資家の行動についても明らかにしようとしている．

これに対して小池［1992］は，国債流通市場の特徴をスワップ市場情報から行う点は共通しているものの，LIBORスプレッドではなく，個々の国債をスワップ市場情報により再評価し，実際の市場価格と再評価価格の差を一致させるためにeffective durationをもとにスワップ市場のゼロ・クーポン・レートをどれだけシフトさせるかで，国債の流通市場での評価を明らかにしようとするものである[3]．この考え方に従えば，シフト幅α_iは，次の(2)式で求めることができる[4]．

$$\alpha_i = \frac{(P_i + A_i) - \frac{C_i}{2}\sum_{j=1}^{n-1} d(t_{i,j}) + \left(100 + \frac{C_i}{2}\right) d(t_{i,n})}{D_i} \quad (2)$$

なお，小池［1992］では，国債評価のためのディスカウント・ファクターは，高橋［2002］に従えば，ディスカウント・ファクターのlog linear interpolationを前提としたマーケット・レートを補間しない手法により推計している．

2. 債券流通市場における個別銘柄のLIBORスプレッドの計測

(1) LIBORスプレッドの考え方

　LIBORスプレッドとは，LIBORを基準にしたクーポン・レートの，変動利付債を基準として，社債や国債などの固定利付債（以下「債券」と総称する）を再評価しようとする試みである．具体的には，各銘柄を同じ時期に利払が行われる変動利付債に置き換えて考えると，価格が100となるためにはクーポン・レートはどういった水準となるかを，基準である変動金利（基本的には6ヵ月LIBOR）とのスプレッド（LIBOR $+\alpha$）として表すものである（図7-1参照.）[5]．

　ここで，図7-1において $l_{i,j} = 100 (L_{i,j} + \alpha_i) \dfrac{t_{i,j} - t_{i,j-1}}{360}$ である．

　個々の銘柄の債券を，同じ時期に利払が行われる変動利付債へ置き換えるという再評価は，図7-2に見られるようなアセット・スワップを行うことで可能である．したがって，ある債券 i のLIBORスプレッド α_i は，(3)式を満たすことが必要となる[6]．

$$\frac{C_i}{2}\sum_{j=1}^{n} d(t_{i,j}) + 100 = 100\sum_{j=1}^{n}(L_{i,j}+\alpha_i)\cdot\frac{t_{i,j}-t_{i,j-1}}{360}\cdot d(t_{i,j}) + (P_i + A_i) \quad (3)$$

　なお，図7-2でも（図7-1と同様） $l_{i,j} = 100 (L_{i,j} + \alpha_i) \dfrac{t_{i,j} - t_{i,j-1}}{360}$ である．

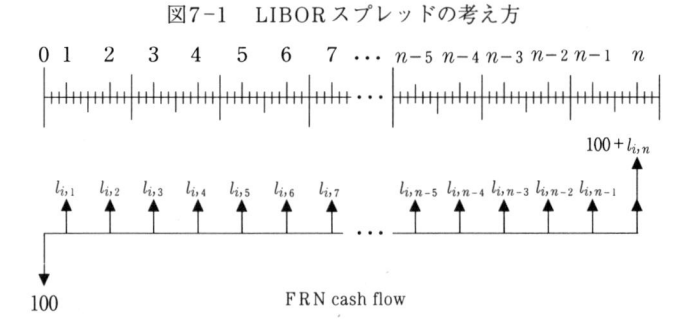

図7-1　LIBORスプレッドの考え方

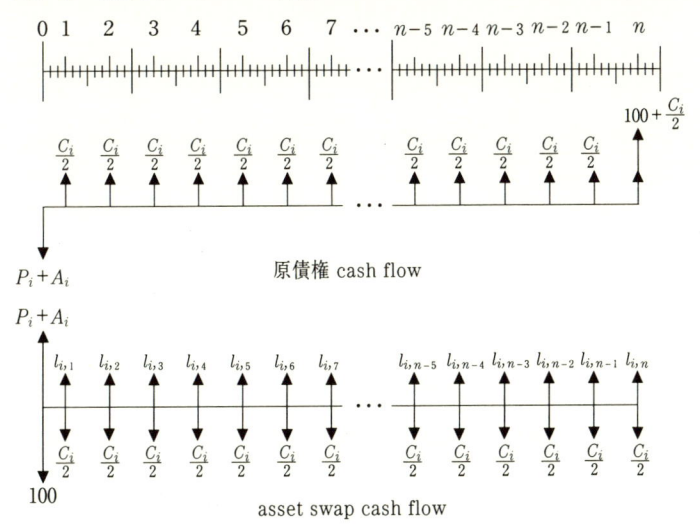

第7章　金融・資本市場における市場参加者による企業価値評価　177

図7-2　LIBORスプレッド計測のためのアセット・スワップの考え方

原債権 cash flow

asset swap cash flow

(3)式におけるに$L_{i,j}$関しては，スワップ金利をもとに推計されたディスカウント・ファクターを利用すれば，

$$L_{i,j} = \left\{ \frac{d(t_{i,j-1})}{d(t_{i,j})} - 1 \right\} \cdot \frac{360}{t_{i,j} - t_{i,j-1}}$$

で与えられる．したがって，

$$\sum_{j=1}^{n} L_{i,j} \frac{t_{i,j} - t_{i,j-1}}{360} d(t_{i,j}) = \sum_{j=1}^{n} \left\{ \frac{d(t_{i,j-1})}{d(t_{i,j})} - 1 \right\} \cdot \frac{360}{t_{i,j} - t_{i,j-1}} \cdot \frac{t_{i,j} - t_{i,j-1}}{360} d(t_{i,j})$$

$$= \sum_{j=1}^{n} \left\{ d(t_{i,j-1}) - d(t_{i,j}) \right\} \quad (4)$$

$$= d(t_{i,0}) - d(t_{i,n})$$

$$= 1 - d(t_{i,n})$$

となることから，これと(3)式より，債券iのLIBORスプレッドα_iは，

$$\alpha_i = \frac{\frac{C_i}{2}\sum_{j=1}^{n} d(t_{i,j}) + 100 - (P_i + A_i) - 100\{1 - d(t_{i,n})\}}{100\sum_{j=1}^{n} \frac{t_{i,j} - t_{i,j-1}}{360} \cdot d(t_{i,j})} \tag{5}$$

として推計することができる[7]．また，こうして推計されるLIBORスプレッドは，投資収益率を示すものであり，LIBORスプレッドの低い銘柄は収益率が低い訳であるから価格が相対的に高い(割高)，逆に高い銘柄は価格が相対的に安い(割安)ことを意味している．

（2）LIBORスプレッドとスワップ・レートとの関係

スワップ・レート SW_i (act/365)とディスカウント・ファクターの関係は，図7-3をもとに考えると，

$$100 \cdot SW_i \sum_{j=1}^{n} \frac{t_{i,j} - t_{i,j-1}}{365} \cdot d(t_{i,j}) = 100 \sum_{j=1}^{n} L_{i,j} \cdot \frac{t_{i,j} - t_{i,j-1}}{360} \cdot d(t_{i,j})$$

として与えることができる．

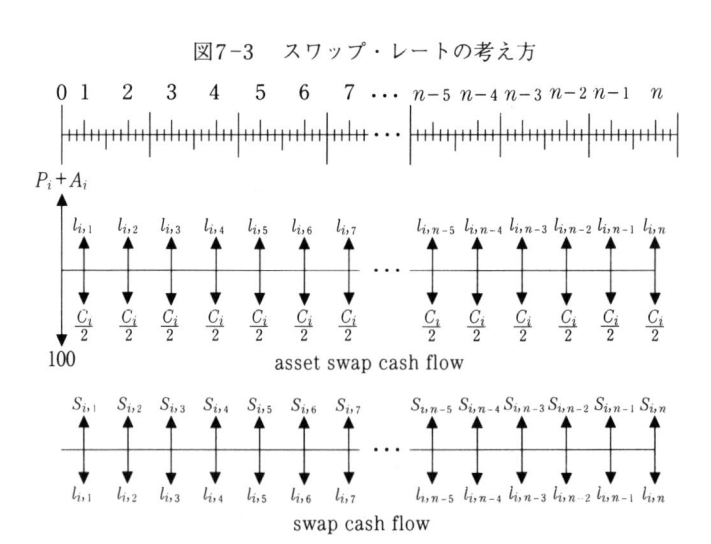

図7-3　スワップ・レートの考え方

第7章　金融・資本市場における市場参加者による企業価値評価　179

なお，図7-3において，$l_{i,j}=100(L_{i,j}+\alpha_i)\dfrac{t_{i,j}-t_{i,j-1}}{360}$

$$S_{i,j}=100\cdot SW\cdot \dfrac{t_{i,j}-t_{i,j-1}}{365} \quad である．$$

(4)式から，

$$100\cdot SW_i\sum_{j=1}^{n}\dfrac{t_{i,j}-t_{i,j-1}}{365}\cdot d(t_{i,j})=100\left\{1-\mathrm{d}(t_{i,n})\right\} \tag{6}$$

という関係がある．そこで，(5)式と(6)式より，

$$\begin{aligned}\alpha_i&=\dfrac{\dfrac{C_i}{2}\sum_{j=1}^{n}d(t_{i,j})+100-(P_i+A_i)-100\left\{1-\mathrm{d}(t_{i,n})\right\}}{100\sum_{j=1}^{n}\dfrac{t_{i,j}-t_{i,j-1}}{360}\cdot d(t_{i,j})}\\ &=\dfrac{\dfrac{C_i}{2}\sum_{j=1}^{n}d(t_{i,j})+100-(P_i+A_i)-100\cdot SW_i\sum_{j=1}^{n}\dfrac{t_{i,j}-t_{i,j-1}}{360}\cdot d(t_{i,j})}{100\sum_{j=1}^{n}\dfrac{t_{i,j}-t_{i,j-1}}{360}\cdot d(t_{i,j})}\\ &=\dfrac{100-(P_i+A_i)+\sum_{j=1}^{n}\left(\dfrac{C_i}{2}-100\cdot SW\cdot\dfrac{t_{i,j}-t_{i,j-1}}{365}\right)\cdot d(t_{i,j})}{100\sum_{j=1}^{n}\dfrac{t_{i,j}-t_{i,j-1}}{360}\cdot d(t_{i,j})}\end{aligned} \tag{7}$$

として計測することも可能である．さらに，金利表示の日数計算方法をユーロ・ボンド表示すなわち，

$$\dfrac{t_{i,j}-t_{i,j-1}}{365}=\dfrac{t_{i,j}-t_{i,j-1}}{360}=\dfrac{1}{2}$$

とすると[8]，(7)式は，

$$\begin{aligned}\alpha_i&=\dfrac{100-(P_i+A_i)+\sum_{j=1}^{n}\left(\dfrac{C_i}{2}-100\cdot\dfrac{SW_i}{2}\right)\cdot d(t_{i,j})}{100\sum_{j=1}^{n}\dfrac{1}{2}\cdot d(t_{i,j})}\\ &=\dfrac{2\cdot\{100-(P_i+A_i)\}}{100\sum_{j=1}^{n}d(t_{i,j})}+\dfrac{C_i}{100}-SW_i\end{aligned} \tag{8}$$

と表すことができる．(8)式の第1項は，利込価格 $P_i + A_i$ が100円を下回っている部分を，スワップ市場で成立しているディスカウント・ファクターを用いて，債券のクーポンに上乗せするといくらになるかを示すものである．この大きさと(8)式第2項の $C_i/100$ の合計は，「債券価格を100円に調整したときのクーポン・レート」であると考えることができる．

ところで「債券価格を100円に調整したときのクーポン・レート」の近似として，当該債券の複利最終利回りを利用することが考えられる．このような近似が許されるならば，LIBORスプレッド α_i は，当該債券の複利最終利回りと債券の残存年数と同期間で，債券のクーポンと同じ時点でキャッシュ・フローが発生するようなスワップ・レートとの差で近似することが可能となる[9]．このように考えれば，実務家の利用する最終利回りによる利回り格差に基づくスプレッド分析と，本章のLIBORスプレッドとの関係は，最終利回りによる分析はLIBORスプレッドによる分析の簡便法と位置づけることができる．

3．LIBORスプレッドの計測と結果の解釈

（1）LIBORスプレッドの計測

以上の考え方をもとに，高橋[2005]などでの分析対象を拡張し，2004年1月20日から12月20日まで，毎月20日時点（休日の場合は翌営業日）のデータでの公社債流通市場のLIBORスプレッドの計測を行った．計測にあたって利用したデータは以下の通り．

- 国内公社債流通市場のデータとしては，日本証券業協会の公表する「公社債店頭売買参考統計値」データのうち，日本格付研究所（JCR）からBBB－以上の格付を得ている銘柄と長期国債（以下JGBと略記する）を対象とする．分析対象とした格付等の分類ごとの銘柄数は，表7-1の通りである[10]．
- スワップ市場でのディスカウント・ファクターは，休日も考慮した実際のスワップ・キャッシュフローをもとに推計することとした．不足する情報に関しては市場金利を線型補間することで推計し，社債キャッシュ・フロ

表7-1 分類ごとの銘柄数

分類	1/20	2/20	3/22	4/20	5/20	6/21	7/20	8/20	9/21	10/20	11/22	12/20
JGB	89	89	88	89	90	88	89	90	88	89	90	88
AAA	221	221	221	218	214	217	216	218	218	221	221	220
AA+	29	30	30	30	30	30	30	30	23	22	22	22
AA	46	46	45	48	47	47	47	47	57	56	65	54
AA−	72	73	72	82	80	83	82	82	82	116	107	105
A+	264	261	260	254	258	257	188	188	192	157	174	173
A	228	222	223	220	198	203	200	198	202	245	242	250
A−	144	151	151	146	143	146	142	145	144	114	103	99
BBB+	141	142	139	139	139	139	141	142	140	123	121	147
BBB	82	82	82	81	79	79	77	75	75	74	73	47
BBB−	36	38	36	30	30	30	25	26	26	26	26	27
計	1,352	1,355	1,347	1,338	1,308	1,319	1,237	1,241	1,247	1,243	1,244	1,232

一に対応するアセットスワップ・キャッシュフロー評価に必要なディスカウント・ファクターも同様に線型補間により推計した[11].

こうした推計結果のうち，1月20日と12月20日のものを格付ごとにグラフにまとめておいた．グラフでは横軸に残存年数を，縦軸にLIBORスプレッドをとり，各債券のLIBORスプレッドをプロットしている．2004年1月20日時点のデータの結果が図7-4～図7-14へ，2004年12月20日時点のデータの計測結果が図7-15～図7-25へ示されている．

図7-4　LIBORスプレッド計測結果（2004/1/20）JGB

LIBOR Spread

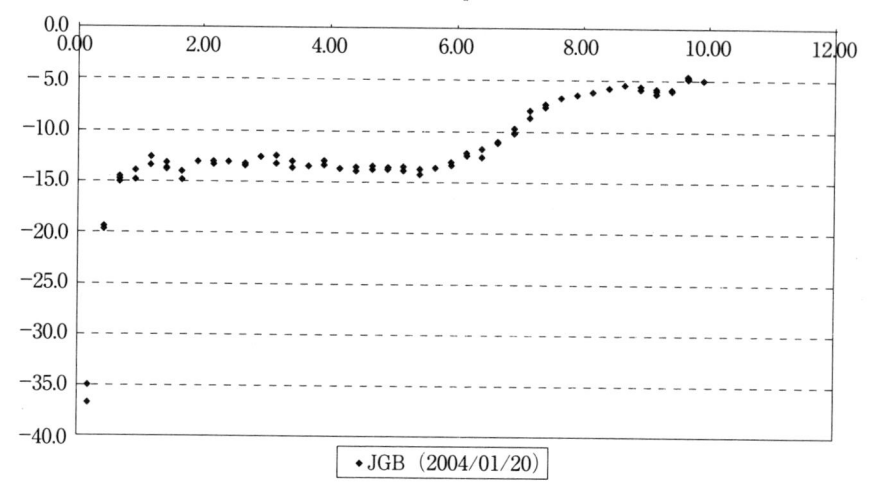

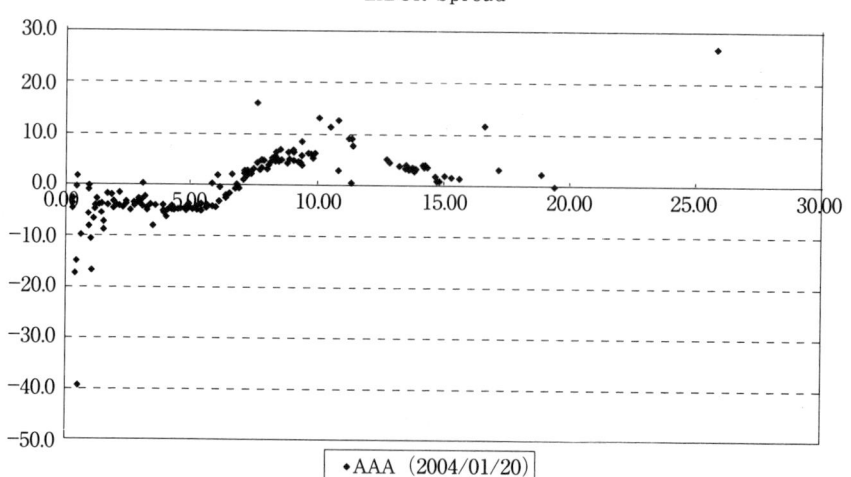

◆ JGB（2004/01/20）

図7-5　LIBORスプレッド計測結果（2004/1/20）AAA

LIBOR Spread

◆ AAA（2004/01/20）

第7章 金融・資本市場における市場参加者による企業価値評価　183

図7-6　LIBORスプレッド計測結果（2004/1/20）AA+

LIBOR Spread

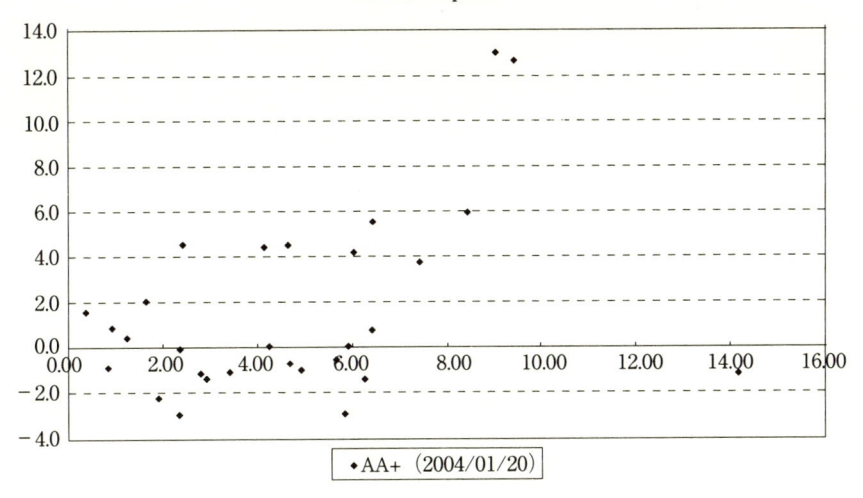

図7-7　LIBORスプレッド計測結果（2004/1/20）AA

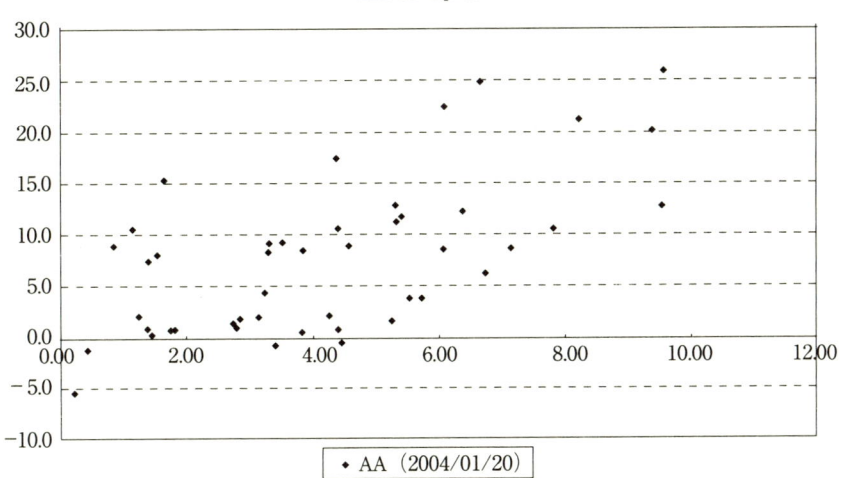

LIBOR Spread

図7-8　LIBOR スプレッド計測結果（2004/1/20）AA−

LIBOR Spread

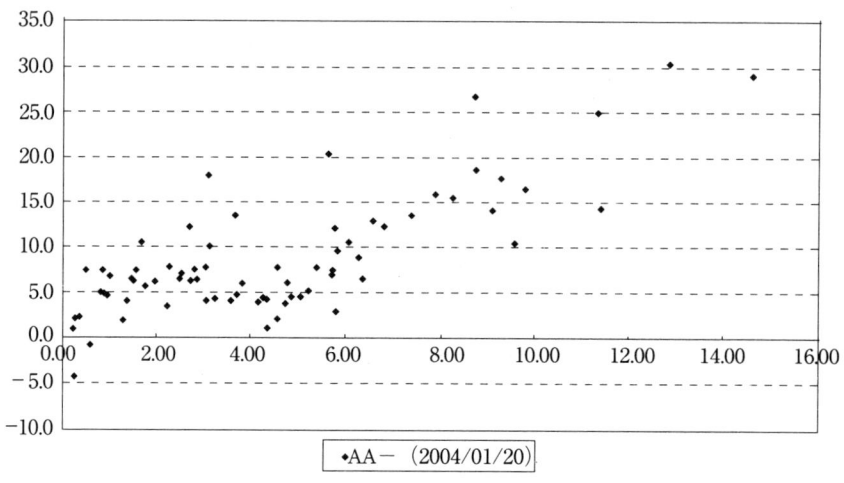

図7-9　LIBOR スプレッド計測結果（2004/1/20）A+

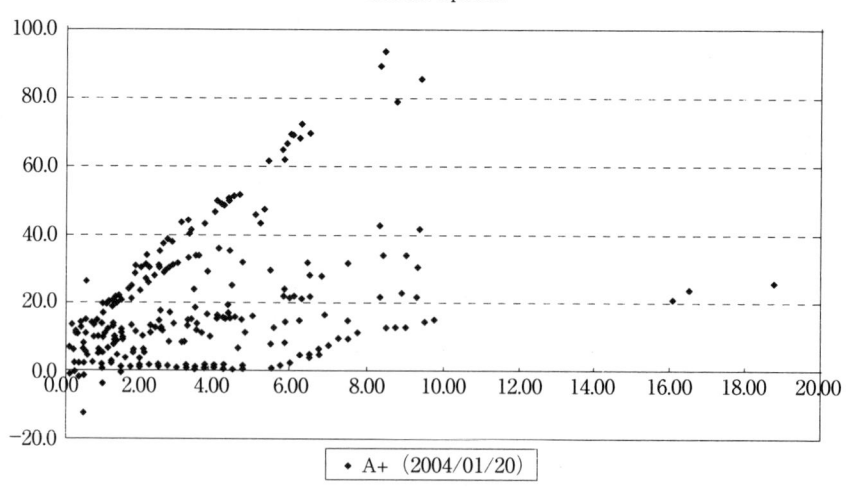

LIBOR Spread

第 7 章　金融・資本市場における市場参加者による企業価値評価　185

図7-10　LIBOR スプレッド計測結果（2004/1/20）A

LIBOR Spread

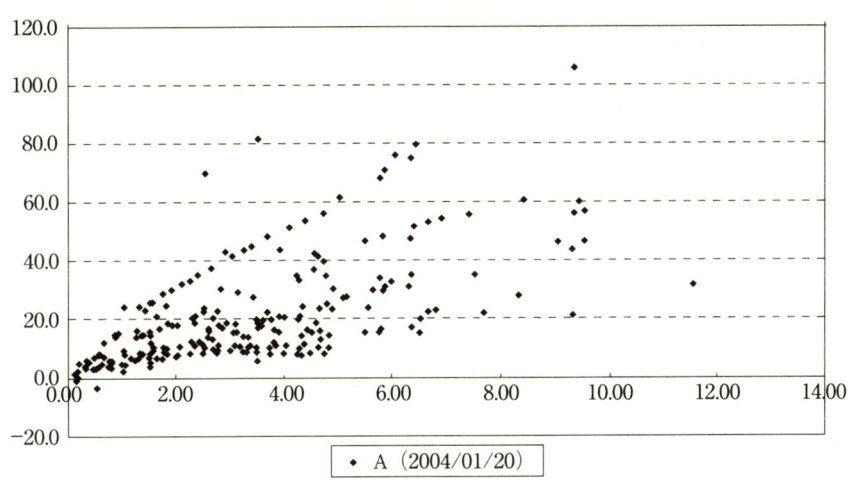

● A（2004/01/20）

図7-11　LIBOR スプレッド計測結果（2004/1/20）A－

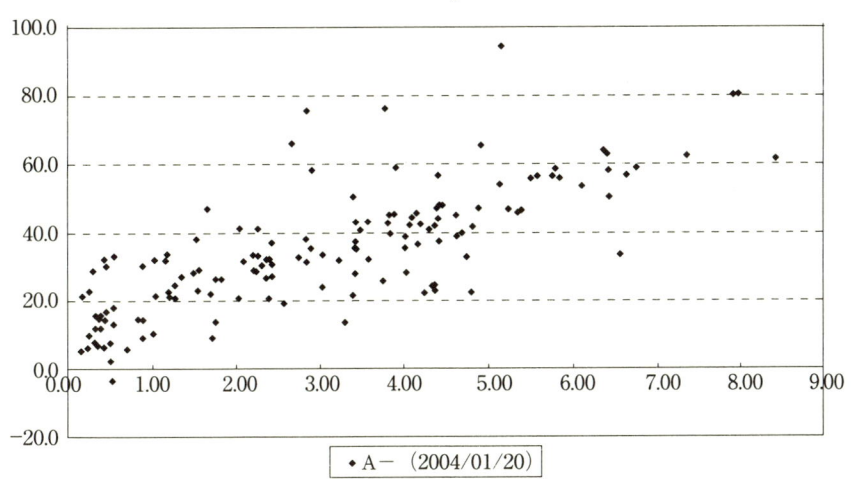

LIBOR Spread

● A－（2004/01/20）

図7-12　LIBOR スプレッド計測結果（2004/1/20）BBB+

LIBOR Spread

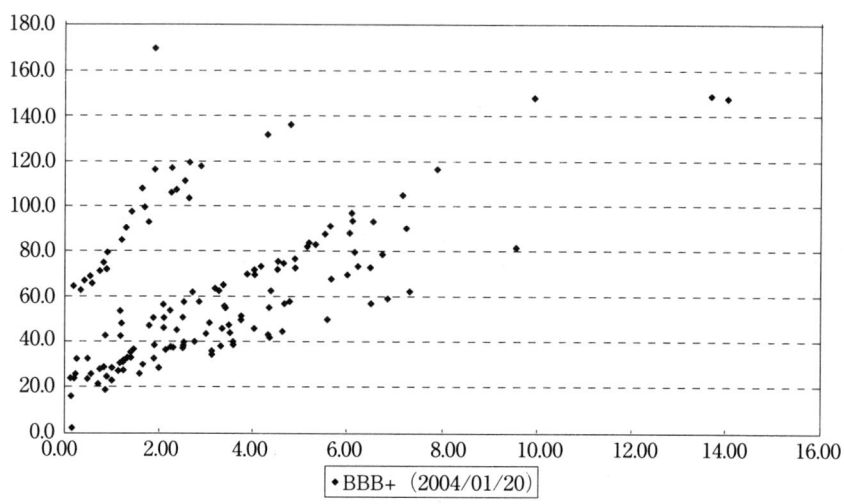

◆BBB+ （2004/01/20）

図7-13　LIBOR スプレッド計測結果（2004/1/20）BBB

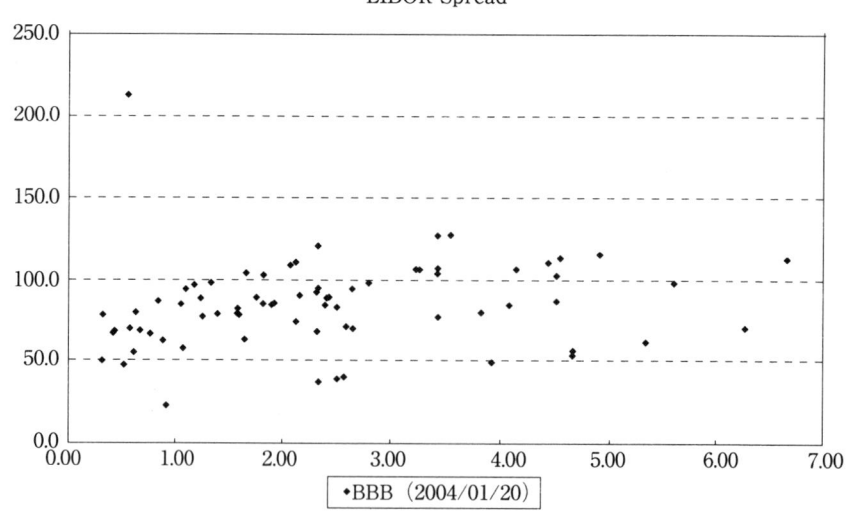

LIBOR Spread

◆BBB （2004/01/20）

第7章 金融・資本市場における市場参加者による企業価値評価 187

図7-14 LIBOR スプレッド計測結果（2004/1/20）BBB−

LIBOR Spread

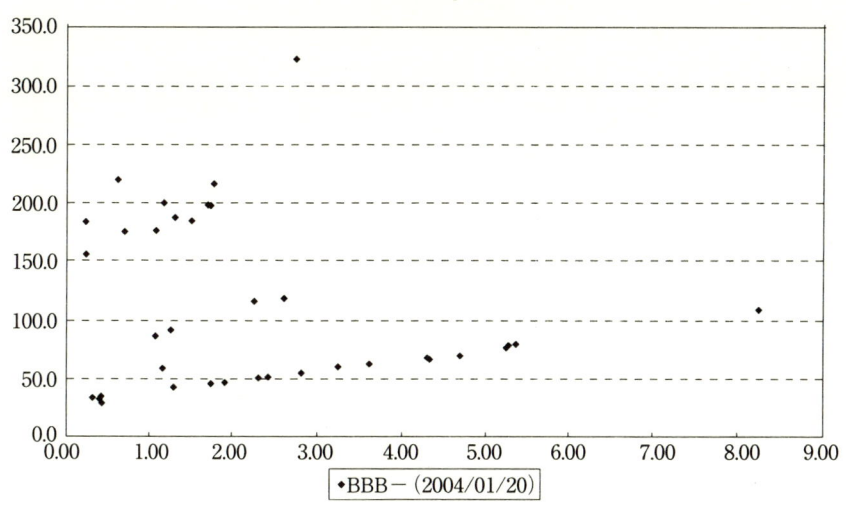

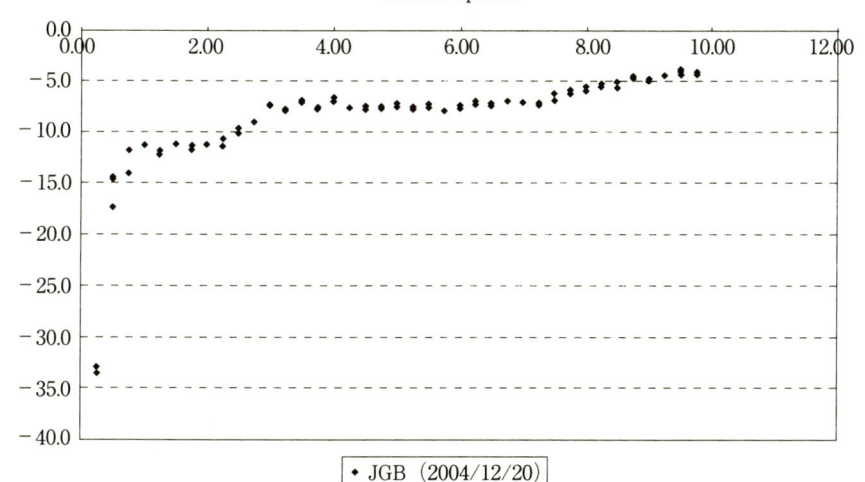

◆BBB−（2004/01/20）

図7-15 LIBOR スプレッド計測結果（2004/12/20）JGB

LIBOR Spread

◆JGB（2004/12/20）

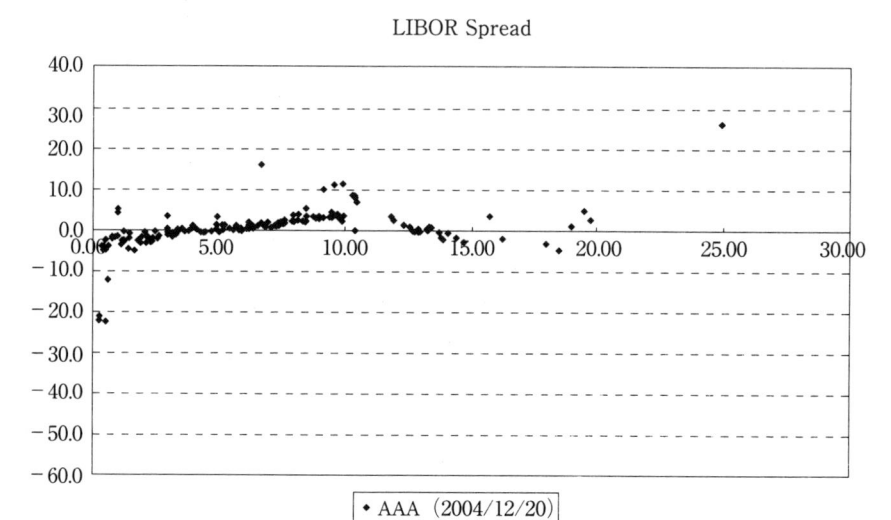

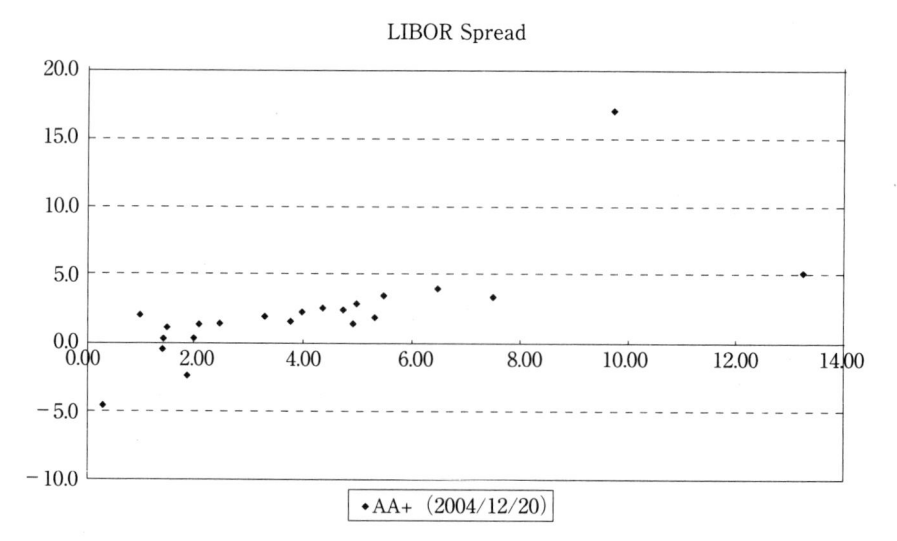

図7-16　LIBOR スプレッド計測結果（2004/12/20）AAA

第7章 金融・資本市場における市場参加者による企業価値評価　189

図7-18　LIBOR スプレッド計測結果（2004/12/20）AA

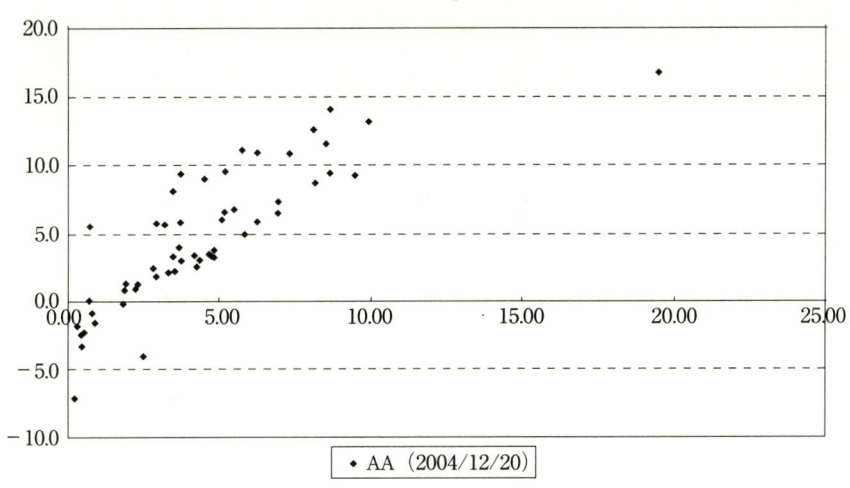

図7-19　LIBOR スプレッド計測結果（2004/12/20）AA－

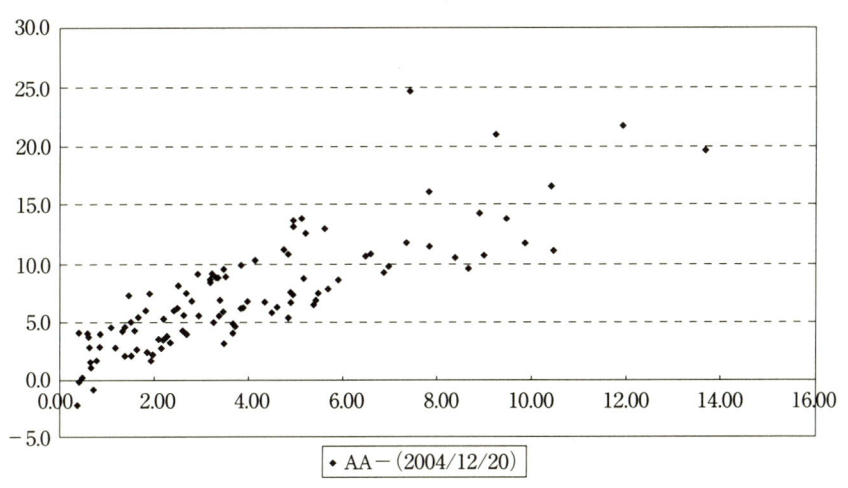

図7-20　LIBORスプレッド計測結果（2004/12/20）A+

LIBOR Spread

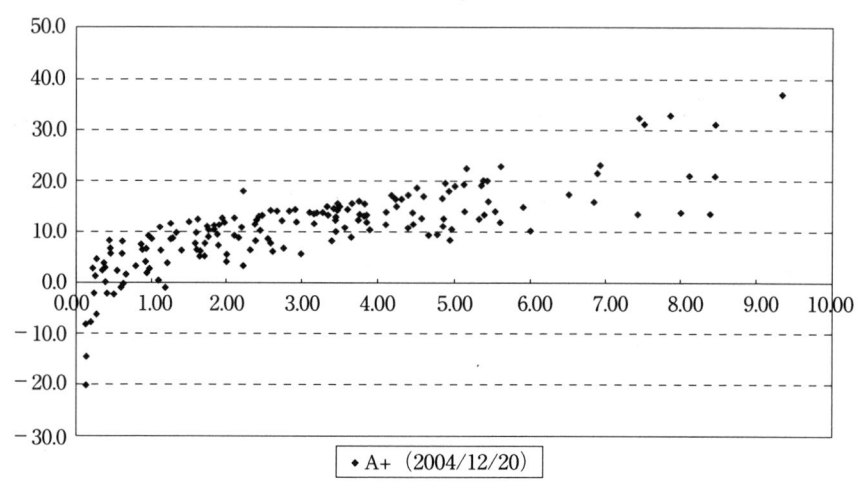

◆ A+（2004/12/20）

図7-21　LIBORスプレッド計測結果（2004/12/20）A

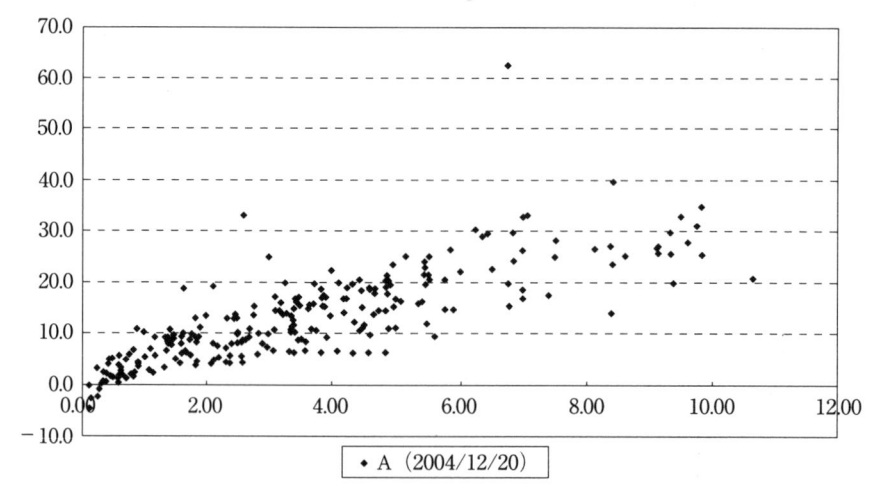

LIBOR Spread

◆ A（2004/12/20）

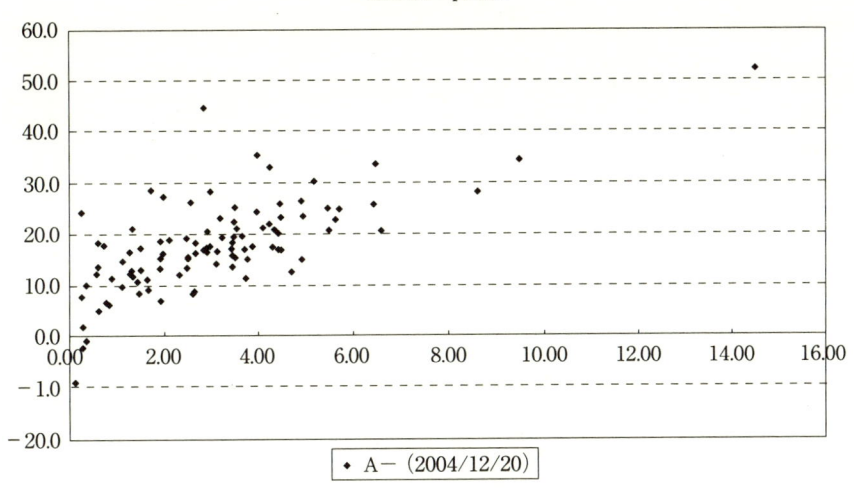

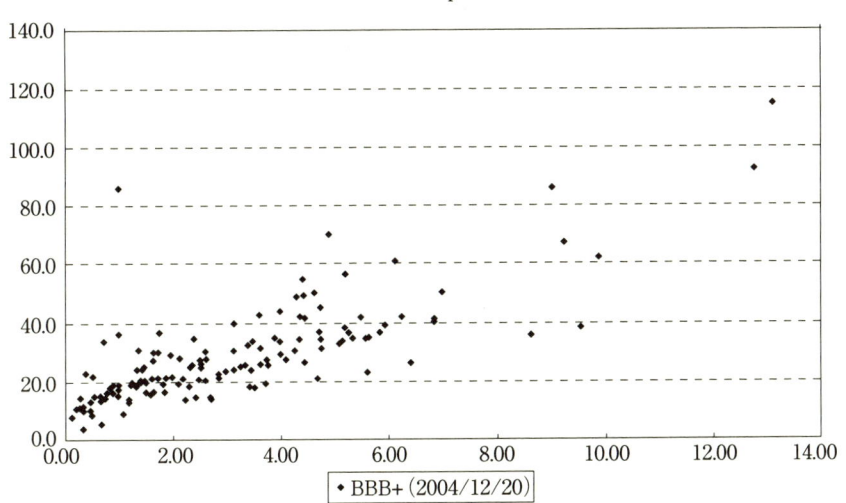

第7章 金融・資本市場における市場参加者による企業価値評価　191

図7-22　LIBOR スプレッド計測結果（2004/12/20）A−

図7-24　LIBOR スプレッド計測結果（2004/12/20）BBB

LIBOR Spread

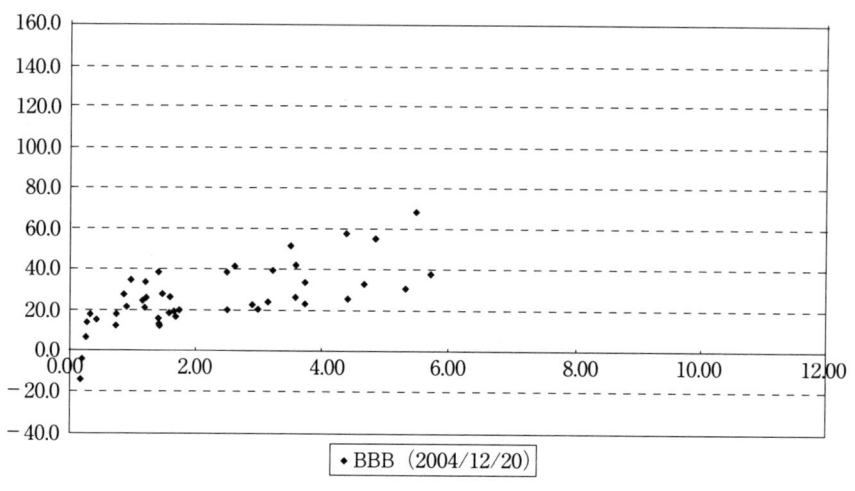

図7-25　LIBOR スプレッド計測結果（2004/12/20）BBB－

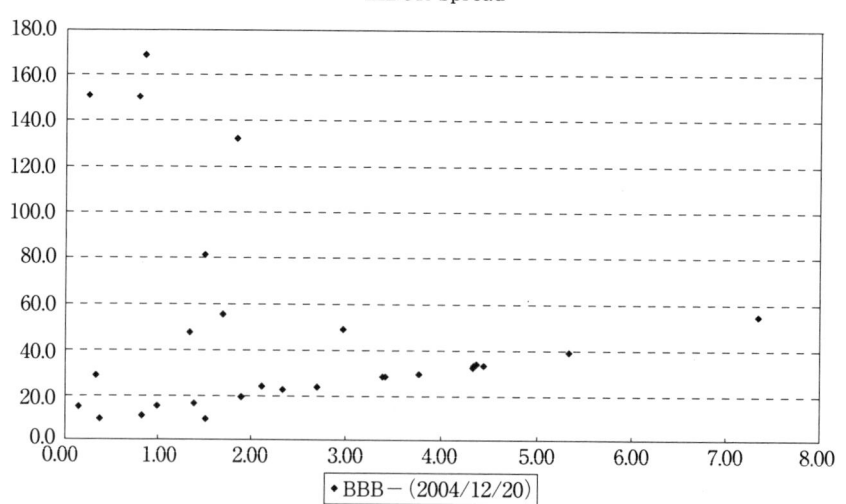

LIBOR Spread

さらに，これらの図の結果を簡単に整理しておいた．図7-4～図7-14の結果は表7-2へ，図7-15～図7-17の結果は表7-3へまとめておいた．グラフからも読みとれるが，表7-2，表7-3で示されているように，格付が低くなるほどLIBORスプレッドは高くなり，いくつかの例外は見られるものの，ばらつき（分散）が大きくなる傾向にあると考えられそうである．

表7-2 LIBORスプレッドの計測結果（2004/01/20）

格　付	平　均	標準偏差	最　高	最　低	高低幅
JGB	－11.5	5.2	－4.6	－36.7	32.2
AAA	－0.7	6.4	－26.6	－39.7	66.3
AA＋	1.6	4.0	13.0	－3.0	16.1
AA	7.7	7.4	26.0	－5.4	31.3
AA－	8.8	6.7	30.4	－4.1	34.5
A＋	18.9	18.1	93.8	－12.3	106.1
A	21.6	17.8	105.7	－3.1	108.8
A－	34.7	17.9	94.8	－3.5	98.3
BBB＋	62.0	31.6	169.1	2.1	167.0
BBB	83.5	26.5	212.5	22.7	189.9
BBB－	111.0	72.5	323.4	30.1	293.4

表7-3 LIBORスプレッドの計測結果（2004/12/20）

格　付	平　均	標準偏差	最　高	最　低	高低幅
JGB	－8.3	4.6	－3.8	－33.5	29.7
AAA	0.4	5.6	26.4	－48.1	74.4
AA＋	2.2	3.9	17.0	－4.6	21.5
AA	4.8	5.0	16.7	－7.0	23.7
AA－	7.3	4.7	24.6	－2.1	26.7
A＋	10.9	7.6	37.2	－20.2	57.3
A	13.1	8.9	62.6	－4.7	67.3
A－	17.6	8.8	52.0	－9.1	61.1
BBB＋	28.3	16.8	114.4	3.7	110.6
BBB	29.6	23.1	149.2	－13.5	162.7
BBB－	48.9	46.5	169.1	9.8	159.3

（2）回帰分析

　計測されたLIBORスプレッドの決定要因について，より詳細に検討するため，残存年数・直接利回り（直利）・格付（ダミー）を説明変数としたクロス・セクションでの回帰分析を試みた．

　まず，予想される符号条件を考えてみよう．残存年数に関しては，前述の通り残存期間が長いほど，同じ企業が発行する社債であっても信用力が低くなる可能性があるため，投資家はそれだけ高い収益性を求めるであろう．この考え方に従えば，残存年数が長いほどLIBORスプレッドは高くなるはずであり，回帰係数の符号はプラスとなると予想される．直利に関しては，利率は同じ時期に発行される債券については，信用力が低いほどあるいは償還期間が長いほど高く設定されるのが一般的である．この利率と現在の債券価格から計算される（キャピタル・ゲイン部分を除いた）現在の収益率を示すものであるから，直利が高いほどLIBORスプレッドは高くなるはずであり，回帰係数の符号はプラスとなると予想される．格付については，信用力を示す指標であるから，投資家は，格付が低いほどより高い収益率を要求すると考えられる．ここでの分析では，格付をプラス・マイナスのノッチも含めたダミー変数の形で回帰を行っているため，回帰係数としては，プラスの符号となることが予想される．

　表7-4は，各時点での回帰結果を示したものである．表では5％水準で有意な係数に関しては網掛けをして表している．この結果から，直利は1月20日と2月20日のみ有意でプラスの値となっているが，それ以外の時点に関しては有意でなく，符号も一定していない．それ以外の回帰係数に関しては，すべて有意で符号も予想した方向となっている．切片の符号がマイナスなのは，この計測式での基本となっているJGB（残存ゼロ年）のLIBORスプレッドがマイナスであることを示しているもので，納得できる結果であろう．この状態を基準に，残存年数に関してはプラスであるから，LIBORスプレッドと残存年数のグラフは右上がりの曲線として描けることを示している．さらには，各格付ダミーもすべてプラスで有意であり，数値を比較すると格付が低いダミーほど係数の値が大きくなっていることがわかる．ということは，LIBORスプレッドと残存年

第7章 金融・資本市場における市場参加者による企業価値評価 195

表7-4 LIBORスプレッドの回帰分析結果

	切片	残存年数	直利	AAA	AA+	AA	AA−	A+	A	A−	BBB+	BBB	BBB−	$\overline{R}^2$
2004/01/20	−29.46	2.44	250.54	7.84	16.23	22.48	23.75	35.85	38.85	52.13	79.16	101.77	128.96	0.6831
2004/02/20	−27.80	3.39	140.69	8.24	17.27	23.22	23.74	35.56	38.92	49.48	75.22	95.18	125.83	0.6236
2004/03/22	−24.66	2.91	54.94	6.05	14.55	19.70	20.86	30.86	34.46	43.64	64.55	77.22	109.69	0.6046
2004/04/20	−20.88	1.88	56.55	7.19	14.09	18.96	20.57	27.44	30.42	39.31	55.80	64.36	97.32	0.5701
2004/05/20	−22.28	2.42	22.31	8.28	15.87	20.76	21.94	28.09	31.54	40.39	54.69	61.05	98.35	0.5661
2004/06/21	−20.68	1.92	84.21	6.85	14.40	18.58	18.86	25.86	29.42	38.43	52.61	56.39	95.43	0.5601
2004/07/20	−21.73	2.43	−48.57	7.06	15.28	19.64	19.94	29.14	29.51	37.99	53.06	55.07	74.37	0.6474
2004/08/20	−23.67	2.30	−47.99	9.44	17.05	21.41	22.02	30.85	30.81	39.22	53.27	57.33	82.30	0.6159
2004/09/21	−18.58	2.19	−33.79	6.35	13.15	17.71	17.98	25.33	26.29	33.52	47.62	49.31	73.43	0.6212
2004/10/20	−18.63	2.23	−40.94	6.29	13.27	17.01	18.47	25.93	26.54	30.88	44.86	46.97	70.51	0.5888
2004/11/22	−19.76	1.96	−69.44	8.09	14.36	17.36	19.93	26.35	27.51	32.77	45.26	45.79	67.77	0.5857
2004/12/20	−17.48	1.79	−10.80	6.18	12.33	14.37	17.85	23.02	24.38	29.83	40.53	42.81	62.45	0.5876

網掛けは5％水準で有意であることを示す．

数の右上がりのグラフが，格付ごとに（低格付ほど）上方にシフトした形で描けるということになる．これらの回帰結果は，先に見た図7-7〜図7-12や図7-15〜図7-17の結果から予想したとおりである．一方，直利に関しては当初は有意でプラスであったものの3月22日以降の推計結果に関しては有意でなくなり，当初はプラスであったものが7月20日以降はマイナスの符号（有意ではない）となっている．これは，かつて言われていた投資家の直利志向が，2004年2月ころまでは認められたものの，弱まってきていることを示すものかもしれない．

（3）ケース・スタディ

本章では，スワップ・マーケット情報を利用して債券の評価を行うLIBORスプレッドと呼ばれるアイデアを紹介し，それを債券流通市場「全体」としての特徴を明らかにするために活用した．その結果，一般的に考えられている通り市場参加者は格付に代表される発行体の信用度に対しもっとも敏感に反応していると考えられるとの解釈を示した．ところで，本来LIBORスプレッドは個別の銘柄に対する分析について考えられたもので，それを市場全体の傾向を知るために活用したものであった．そこで，ここではひとつのケース・スタディとして高橋［2003］で提示した2001年9月に経営破綻に陥ったマイカルの社債と同時期にほぼ同程度の満期の社債6銘柄について[12]，LIBORスプレッドの推移を計測し，市場参加者がどのような評価をしていたのかについて再録することとしたい．図7-26は，マイカルを含む代表的なスーパー・マーケットの発行する社債について，1999年12月から2001年10月までの期間のLIBORスプレッドをグラフにしたものである[13]．図7-26は今回対象とした6銘柄全体の推移を，図7-27は，全体的なスプレッドの傾向を見るために，マイカルと（比較的スプレッドの大きい）ダイエーを除いた社債のスプレッドを表示したものである．

第7章 金融・資本市場における市場参加者による企業価値評価　197

図7-26　代表的なスーパー・マーケットのLIBORスプレッドの推移
（1999年12月〜2001年10月）

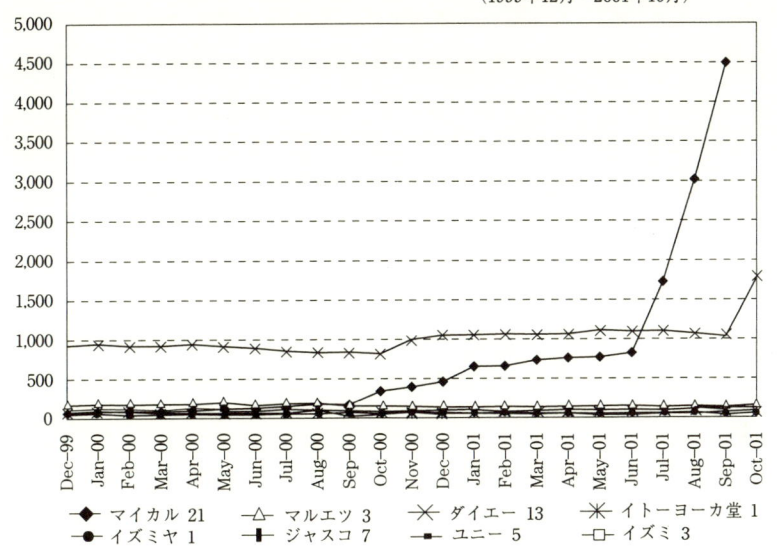

凡例：マイカル 21／マルエツ 3／ダイエー 13／イトーヨーカ堂 1／イズミヤ 1／ジャスコ 7／ユニー 5／イズミ 3

図7-27　代表的なスーパー・マーケットのLIBORスプレッドの推移
（1999年12月〜2001年10月）マイカル・ダイエー以外

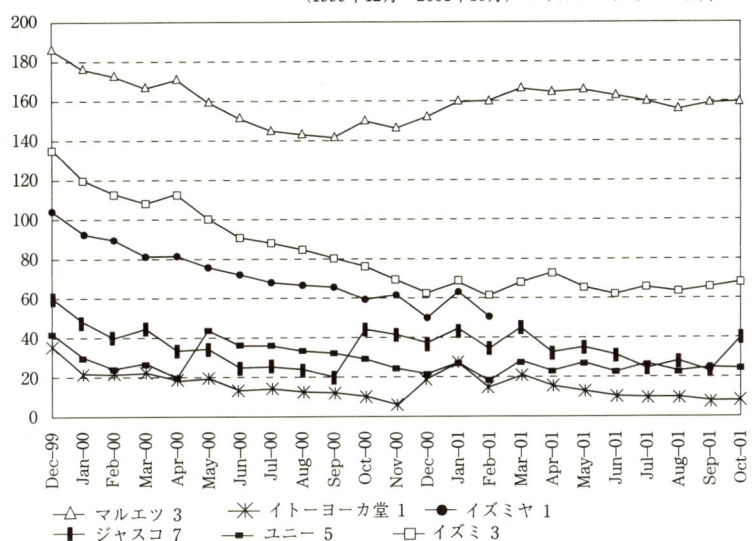

凡例：マルエツ 3／イトーヨーカ堂 1／イズミヤ 1／ジャスコ 7／ユニー 5／イズミ 3

まず，全体的なスプレッドの傾向から見ると，この期間では若干個別の波は見受けられるものの，全体としてスプレッドは低下傾向にあることが示されている．ということは，少なくともスーパー・マーケット業界全体としては，スプレッドが拡大するような評価を受けていない．ところが，図7-26に示したマイカルの社債に関しては，まったく異なった動きを示している．この図では，2000年5月までの動きははっきりと読み取れないが，2000年6月以降9月まで徐々に上昇し始め，2000年10月以降2001年6月までにかけて大幅に上昇している．さらに，2001年6月以降は9月に向けそれ以上に劇的に拡大した．このグラフからだけでも，流通市場では，少なくとも2000年5月以降LIBORスプレッドの拡大という形でマイカルの社債に対してネガティブな評価を示し始めている．このことは，全体的なスプレッドの傾向から見る業界全体の動きと比較すると対照的で，市場ではいち早く反応をしていたということができる．こうした動きは市場参加者にとっては，ある意味で当然のことかもしれないが，格付けや財務諸表の更改頻度と比較して考えれば，我々に貴重な情報を提供しているということができよう．

おわりに

本章では，市場参加者の企業価値評価の状況を知るため，スワップ市場情報を利用して債券の評価を行うLIBORスプレッドと呼ばれるアイデアを紹介し，それを債券流通市場「全体」としての特徴を明らかにするために活用した．この結果から，この計測式での基本となっているJGB（残存ゼロ年）のLIBORスプレッドがマイナスであり，さらにそこからLIBORスプレッドと残存年数のグラフは右上がりの曲線として描けることを示している．さらには，LIBORスプレッドと残存年数の右上がりのグラフが，格付ごとに（低格付ほど）上方にシフトした形で描けるということになる．一方で従来言われていた投資家の直利志向が，2004年2月ころを境に弱まってきている可能性が示されている．

今回のLIBORスプレッドの計測結果は，主として残存年数，格付との関連

第 7 章　金融・資本市場における市場参加者による企業価値評価　199

で整理したが，グラフを見る限り同じ格付の中でもより詳細に見るといくつかのグループに分けて考えられそうである．この点をさらに個別の銘柄レベルでの検証を行うことも，市場参加者がどのように企業価値を評価しているのかを知るためには重要あろう．こうした点は，今後の課題としたい．

 1) (1)式における記号は以下の通り．
  n：債券iの償還日までの利払回数 i
  $t_{i,j}$：債券iのj番目 ($j = 1, 2, ..., n$) の利払日までの日数
  C_i：債券iのクーポン
  $d(t)$：t日のディスカウント・ファクター
  P_i：債券iの時価（裸値，額面100円あたり）
  A_i：債券iの評価時点における経過利息
  α_i：債券iのLIBORスプレッド
 2)　この点に関する詳細は，高橋［2002］を参照のこと．
 3)　effective durationについては，高橋［1997］を参照のこと．
 4) (2)式における記号は以下の通り．
  n：債券iの償還日までの利払回数
  $t_{i,j}$：債券iのj番目 ($j = 1, 2, ..., n$) の利払日までの日数
  C_i：債券iのクーポン
  $d(t)$：t日のディスカウント・ファクター
  P_i：債券iの時価（裸値，額面100円あたり）
  A_i：債券iの評価時点における経過利息
  α_i：債券iのLIBORスプレッド
  D_i：債券iのeffective duration
 5)　「基本的には」と断ったのは，分析対象の債券が年1回利払いであれば12ヵ月LIBORとなるし，次回の利払日までの期間は，6ヵ月より短い（いわゆるodd period）ため，この期間の変動金利は6ヵ月LIBORとはならないためである．
 6) (3)式における記号は以下の通り．
  n：債券iの償還日までの利払回数
  $t_{i,j}$：債券iのj番目 ($j = 1, 2, ..., n$) の利払日までの日数
  C_i：債券iのクーポン
  $d(t)$：t日のディスカウント・ファクター
  P_i：債券iの時価（裸値，額面100円あたり）
  A_i：債券iの評価時点における経過利息

$L_{i,j}$：（債券 i のキャッシュ・フローに対応する）区間 $[t_{j-1}, t_{j-1}]$ の変動金利
α_i：債券 i の LIBOR スプレッド

7) なお一般には、LIBOR スプレッド α は、basis point（0.01%）を単位として表記されることから、最終的には(5)式で推計した α の値を 10,000 倍して表示するのが一般的である．本稿でもこの表記法に従った．

8) 30/360 の日数計算方法のうち、祝祭日を考慮に入れない簡便な手法．この場合には、6ヶ月は常に0.5年として計算される．

9) 債券の複利最終利回りとスワップ・レートとの利回り格差は、通常「スワップ・スプレッド」と呼ばれている．元々の「スワップ・スプレッド」は、米国財務省証券（T-Note）の複利最終利回りとスワップ・レートとの利回り格差を指すもので、T-Note の複利最終利回りをもとにスワップ・レートを提示するときに利用されるものであった．また、実務上こうした（債券の複利最終利回りとスワップ・レートとの格差で LIBOR スプレッドを示すという）近似を利用する場合には、マーケットのスワップ・レートを補間（多くは線型補間）することで当該債券の残存年数と同じ長さのスワップ・レートを推計し、当該債券の複利最終利回りとの差を求めるという手法がしばしば利用されている．当然の事ながら、この手法で利用されるスワップ・レートは、（本来必要な）債券のクーポンと同じ時点でキャッシュ・フローが発生するようなスワップのものではない．

10) ただし、2000年3月時点では「公社債店頭基準気配」制度のデータである．また、クレジット・モニター、依頼を受けない格付の銘柄は除いている．

11) 市場金利としては、LIBOR は BBA（British Bankers Association）LIBOR を、スワップ・レートは TSR（Tokyo Swap Reference Rate）を利用した．なお、スワップ・レートに関しては、この他にも、ロイター（Reuter）の ISDAFIX1 やブルームバーグ（Bloomberg）、データストリーム（DataStream）、日経NEEDS などの情報も利用可能である．ディスカウント・ファクター推計方法の詳細に関しては、髙橋［2002］等を参照のこと．

12) ただし、イズミヤについては、同程度の満期の社債が存在しないので、残存の短いもので代えた．

13) ここでの LIBOR スプレッドの計測にあたっては(8)式を利用した．

参 考 文 献

家田明・大庭寿和「国内普通社債の流通市場における Libor スプレッドの最近の動向」IMES Discussion Paper No. 98-J-10, 日本銀行金融研究所, 1998年.

小池拓自「長期国債評価の新たな試み」working paper No. 16（住友信託銀行投資研究部）, 1992年.

高橋豊治「金利リスクのヘッジ手法(3)―各種デュレーション概念」『高千穂論叢』第32巻第3号，1997年．
―――「スワップ・マーケット情報を利用した国債の評価手法と国債流通市場の特性」『財務管理研究』(財務管理学会) 第9号，1999年．
―――「スワップ・マーケット情報を用いた債券流通市場分析」『総合研究』(高千穂大学総合研究所) No. 14 35-56頁，2001年．
―――「スワップ・マーケット情報を用いた債券流通市場分析」(大野・小川・佐々木・高橋著『環太平洋地域の金融資本市場』第5章) 高千穂大学総合研究所TRI01-28，2002年．
―――「スワップ・マーケット情報を用いた債券流通市場分析」『郵貯資金研究』第12巻，2003年．
―――「公社債流通市場におけるLIBORスプレッドの最近の動向」『商学論纂』(中央大学) 第46巻第3号，2005年3月．
植木修康「流通市場における社債スプレッドについて」『金融市場局ワーキング・ペーパー』No. 99-J-5，日本銀行金融市場局，1999年．

第8章　株主価値（評価）とキャッシュ・フロー

はじめに

　企業会計における中心的な課題は，適正な期間損益の算定に求められてきた．そのため，1940年代から期間損益の計算構造として発生主義会計が採用され，期間収益と期間費用の差額として期間損益が求められてきた．発生主義会計は，企業の成果と努力を合理的に対応させて期間損益を算定することを目的としているため，企業の経営活動における財貨・用役の流れに対して貨幣の流れを跡付ける計算を行うものであった．その結果は，損益計算書および貸借対照表として公表され，企業の経営成績および財政状態が財務諸表の利用者に対して開示されてきたのである．この発生主義会計では，損益計算書が中心的な財務諸表とされ，名目投下資本の回収余剰としての当期純利益が開示されている．それに対して，企業の財政状態を表すとされている貸借対照表は，副次的な財務諸表であり，期間損益計算の連結環としての機能を果たしている．つまり，発生主義会計では，名目投下資本の回収余剰である期間損益を適正に算定するために，期間損益計算の未解決項目を貸借対照表に計上しているのであり，貸借対照表において企業の保有する資産の決算時における価値を表すことはできないのである．

　このように発生主義会計は，対応と配分を中心として，企業の名目投下資本の回収余剰を算定することを目的としているため，企業の価値を表すことを志向していないものである．そのため，発生主義会計が採用されて以来，経済学の立場や情報論の立場，またキャッシュ・フローを重視する立場から様々な批判がなされてきた．このような批判に応えるため，企業会計は，資産または負

債の測定値として,時価または将来キャッシュ・フローの割引現在価値である公正価値を用いることになっているが,あくまでも期間損益を算定することを中心目的としているため,企業価値または株主価値を表す情報を提供することは志向していないのが現状である.しかし,投資家を中心とした企業の利害関係者が企業価値または株主価値に関する情報を入手するためには,会計情報は欠かすことのできないものであることは論をまたない.そこで,本章では,会計情報の株主価値評価への役立ちを中心に検討することにする.なお,企業価値または株主価値という場合,厳密には区分して考えるべきであるが,本章においては,株主が企業の所有者であることを鑑み,両者を同一のものとみなして論ずることとする.また,本章では,企業価値または株主価値を評価する場合の指標を企業価値と株式価値に着目しながら区分する.また,指標については,配当を基準として算定する指標,利益を基準として算定する指標,割引キャッシュ・フローを基準として算定する指標を取り扱う.

1. 会計情報の性質

　企業の所有者である株主に対して企業の情報を提供する中心的な手段は会計報告である.今日の会計報告では,企業の一会計期間における期間損益を報告する損益計算書,企業の決算日時点における投下資本の調達源泉と運用形態を報告する貸借対照表および企業の一会計期間におけるキャッシュ・フローの状況を報告するキャッシュ・フロー計算書が作成・開示されている.投資家を中心とした企業の利害関係者は,損益計算書,貸借対照表およびキャッシュ・フロー計算書を入手することによって企業の状況を把握することになるのである.

　このように3つの基本財務諸表によって利害関係者に提供される今日の会計情報であるが,その中心的な情報は,損益計算書[1]によって報告される期間損益に関する情報である.この期間損益に関する情報を補足するために,貸借対照表およびキャッシュ・フロー計算書[2]が作成されている.

　これらの財務諸表のうち損益計算書では,企業の一会計期間における収益と

費用の差額としての期間損益が計算・開示されている．会計理論上，この損益計算書で開示される各種の利益[3]が，企業の当該会計期間における業績を表すものと考えられている．一方，貸借対照表では，企業の決算日時点での資産，負債および資本が示されている．今日の貸借対照表は，期間損益計算の連結環としての機能を果たすものであり，決算日現在における資産，負債および資本の公正価値を表す役割を果たすものではなく，企業の投下資本の調達源泉と運用形態を表すものと理解されている．また，キャッシュ・フロー計算書では，損益計算書で示されている利益とキャッシュ・フローとの関係を表すための財務諸表である．損益計算書で算定される期間損益は，キャッシュ・フローとは切り離されたものであるため，企業の実際の現金収支の状況は，キャッシュ・フロー計算書でなければ表されることはない．

このようにして会計情報は，3つの基本財務諸表において提供されているが，企業の所有者である株主の有する価値を直接表すような数値は算定されていない．また，貸借対照表は，企業の期末時点での資産，負債および資本を表しているが，貸借対照表に計上される資産は，原則として取得原価[4]に基づいて評価されているため，貸借対照表の資産合計額や純資産額をもって，企業の価値，ひいては株主価値を表すものであるとも考えることはできない．つまり，今日の企業会計では，企業の保有する経営資源の価値を表すことは，原則として志向しておらず[5]，企業価値または株主価値を会計情報として提供することはない．

しかしながら，今日の企業における究極の経営目標は，株主価値の最大化に求められるようになってきている．企業の所有者である株主の有する価値を最大にすることが，企業にとっての最重要課題となっているのである．しかし，前述したように株主価値を現行の会計情報は表すことはできない．そこで，財務諸表の利用者が会計情報に基づいて，株主価値を算定する必要が生じているのである．つまり，会計情報の作成者側ではなく，会計情報の利用者側で株主価値を算定することになるのである．

2. 会計情報と株主価値

　すでに述べたように今日の会計において提供される情報には，企業価値または株主価値を直接表すものは含まれていない．そのため，会計情報の利用者がこれらの数値を加工することによって企業価値の評価が行われることになる．

　表8-1にあるように，企業価値や株式価値を算定するためのモデルが既に多くの論者によって主張されている．これらのモデルを分類すると，企業価値を算定するモデルと株式価値を算定するモデルに大別することができる．また，企業価値を求めるモデルには，割引キャッシュ・フロー（Discounted Cash Flow：以下DCF）を利用して価値を算定するDCFモデル，経済学的利益を利用して価値を算定する経済利益モデルがある．これらの企業価値を算定するモデルのうち，本章では，DCFモデルに着目することにする．なぜなら，企業の会計情報として与えられるもののうち，キャッシュ・フローに着目して企業価値を算定するDCFモデルは，今日の多くの論者によって主張されているものであるとともに，近年の企業会計における公正価値重視の思考に合致するものであるからである．

　また，株式価値を算定するモデルには，企業価値を算定するモデルと同様に

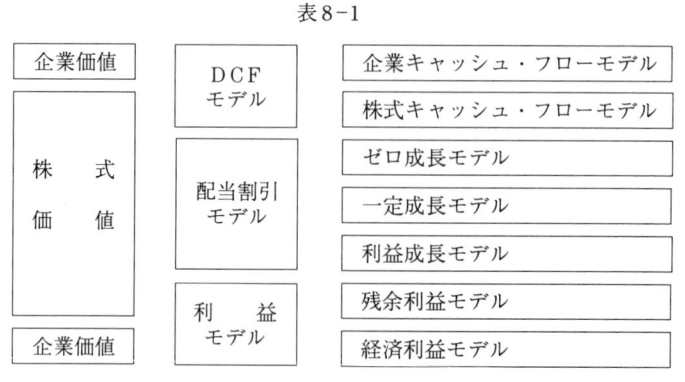

表8-1

企業価値／株式価値／企業価値	モデル区分	モデル名
企業価値	DCFモデル	企業キャッシュ・フローモデル
株式価値	DCFモデル	株式キャッシュ・フローモデル
株式価値	配当割引モデル	ゼロ成長モデル
株式価値	配当割引モデル	一定成長モデル
株式価値	配当割引モデル	利益成長モデル
株式価値	利益モデル	残余利益モデル
企業価値	利益モデル	経済利益モデル

出所）『キャッシュ・フロー会計と企業価値』第9章．

DCFを利用するDCFモデルが存在している．これ以外には，企業が株主に対して行う利益配当に基づいて価値を算定する配当割引モデルも存在している．この配当割引モデルも従来から多くの論者によって主張されているが，本章では紙幅の関係から詳細に検討することはしない．また，企業価値を算定するモデルとして，残余利益に着目した残余利益モデルもある．この残余利益モデルは，Ohlsonによって主張され，近年，非常に注目されているモデルである．Ohlsonによって主張された残余利益モデルにおいても，会計情報から残余利益を算定し，これに基づいて企業価値の算定が行われることになる．

以上のように，企業価値または株式価値を算定するモデルには，DCFを利用するDCFモデル，配当金の割引現在価値を利用する割引配当モデル，利益を利用する利益モデルの3つが存在している．本章では，このうち利益を利用する利益モデルとDCFを利用するDCFモデルを検討の対象とする．

3. 利益に基づいた評価指標

企業会計において公表される期間損益に基づいて企業の業績を算定する指標として，ROI (Return On Investment) やROE (Return On Equity) が用いられてきた．ここでROIとは，投下資本利益率であり，投資した資本に対して得られる利益の割合を意味している．具体的には，利益を投資額で割ることによって算定される．このROIによって，企業の事業や資産，設備の収益性を測る指標として一般的なもので，投資に見合った利益を生んでいるかどうかを判断することができると言われている．また，ROEとは，株主資本利益率であり，株主資本に対して得られる利益の割合を意味している．具体的には，利益額を株主資本額で割ることによって算定される．このROEは，アメリカで最も重視されている指標である．

ROIやROEといった指標は，損益計算書において表されている利益額を投下資本額または株主資本額で割ることによって算定される指標であり，企業の業績を判断するための指標として用いられてきた．しかし，これらの指標は，

企業が行った投資の効率性を判断するための指標であり，企業の価値，株主の価値を表す指標ではない．

そこで，近年において，利益に基づいて企業価値を算定する指標が注目をされるようになった．利益に基づいて企業価値を算定する指標の例として，まず，Ohlsonモデルを検討する．

Ohlsonは，配当割引モデルに基づいて，純資産簿価と残余利益から株式価値を評価するモデルを開発した．残余利益とは，株主に帰属する純利益から，株主の要求する最低限のリターンである株主資本コストの金額を控除した利益である．この残余利益モデルでは，現在の株式価値が，現在の純資産簿価と，将来の残余利益の現在価値の総和との和として表される．

$$V_E = B_O + \sum_{t=1}^{\infty} \frac{NI_t - (K_E \times B_{t-1})}{(1+K_E)^t} = B_O + \sum_{t=1}^{\infty} \frac{RI_t}{(1+K_E)^t}$$

ここで，B_tは，第t期の純資産簿価，RI_tは第t期の残余利益，NI_tは第t期の純利益，k_Eは株主資本コストを表す．

残余利益モデルは，将来の期待キャッシュ・フローではなく，将来の純利益を予測することによって株式価値を求めるモデルである．また，純利益はROEに純資産の簿価を掛けることによって算定できるので，将来のROEを予測することによって株式価値を求めることもできるのである．

また，残余利益モデルは，株式価値の評価にとどまらず，企業および事業価値の評価にも応用されている．スターン・スチュワート社のEVA，ホルト社のCFROI，マッキンゼー社のEPなどをその例としてあげることができる．

たとえば，EVAモデルでは，EVA（経済付加価値）を税引後事業利益（NOPAT）[6]から資本コストの金額を控除したものと定義している．

$$EVA_t = NOPAT_t - k \times INV_{t-1}$$
$$= (ROI_t - k) \times INV_{t-1}$$

ここで，$NOPAT_t$ は第 t 期の税引後事業利益，k は資本コスト，INV_{t-1} は第 t 期の投下資本額，ROI_t は第 t 期の投下資本利益率である．

事業利益は，債権者への支払利息を控除する前の利益であるため，これに対応する資本コストは，株主資本コストではなく，企業あるいは事業全体の資本コスト（たとえば加重平均資本コスト）になることに注意する必要がある．この点が，上述した残余利益モデルとは異なる点である．

したがって，EVAとは，前期の企業・事業価値に対して，当期に新たに付加された企業・事業価値ということになる．EVAを用いて企業・事業価値を求める場合には，将来生み出されると予想されるEVAの現在価値の総和を推計し，この値と既存投資額との和を計算すればよい．

$$V = TA_0 + \sum_{t=1}^{\infty} \frac{EVA_t}{(1+k)^t} = TA_0 + \sum_{t=1}^{\infty} \frac{NOPAT_t - k \times INV_{t-1}}{(1+K)^t}$$

ここで，TA_0 は，現時点での総資産，$NOPAT_t$ は第 t 期の税引後事業利益，k は資本コスト，INV_t は第 t 期の投下資本額である．

これまで検討してきた経済利益モデルでは，前期および当期の会計数値および資本コストを用いて指標を算定している．これは，将来における期待利益や期待キャッシュ・フローには不確実性が伴い，適切なリスクを反映する資本コストを用いて割り引いているとはいえ，業績評価の指標としては客観性に欠けているという欠点が他のモデルには存在しているためである．これに対して，経済利益モデルでは，実績値に基づいて企業・事業価値の増加額を算出できるため，業績評価として求められる客観性や価値連動性を確保することができるのである．

4．キャッシュ・フローに基づく企業評価

キャッシュ・フローに基づいた伝統的な指標としてEBITDA（Earnings

Before Interest, Taxes, Depreciation and Amortization) がある．このEBITDAは，キャッシュ・フローに税金を足し戻したものであり，具体的には以下の式で算定される．

EBITDA＝経常利益＋支払利息－受取利息＋減価償却費

EBITDAは，減価償却の方法，金利，税率，会計基準の影響を最小限にすることができるため，海外の同業他社との収益力の比較に大変有効な指標であると言われている．このように従来から企業の現在キャッシュ・フローに着目し，企業の経営活動を評価するための指標が用いられてきているが，これらの指標は企業価値または株主価値を表すものではない．

近年，株式価値または企業価値を表すための指標として用いられるものとして割引キャッシュ・フロー法（DCF法：Discounted Cash Flow Method）が挙げられる[7]．

このうちDCF法は，企業の価値は，将来配当の割引現在価値に等しいとの仮定に基づいて，株主への配当の源泉となる企業の事業活動のキャッシュ・フローの現在価値を算定し，そこから負債の価値を控除し金融資産の価値を加算して株主持分の価値を導出する方法である．

$$V = \sum_{t=1}^{\infty} \frac{FCF_t}{(1+k)^t} + monOA + cash$$

ここで，FCF_t は第 t 期の期待フリー・キャッシュ・フロー，k は割引率（加重平均資本コスト），$monOA$ は非事業資産の価値，$cash$ は現金同等物の残高を表す．

DCF法では，企業の将来期間の期待フリー・キャッシュ・フローを予測することになる．ここでフリー・キャッシュ・フローとは，営業活動から獲得されるキャッシュ・フローから，生産能力を維持するための設備投資支出や追加的に必要となる運転資本額を控除した後に，企業が自由に利用できる額として手

許に残る資金額をいう．このフリー・キャッシュ・フローを予測するために過去年度から当期までのキャッシュ・フロー情報が用いられる．

5．会計情報と株主価値

これまで検討してきたように，企業の究極的な目標が株主価値の最大化にシフトしたとしても，会計情報において提供される情報に大きな変化は起きていない．依然として家計情報は，企業のキャッシュ・フローを発生主義や実現主義によって配分することによって算定された期間損益をその中心に据えている．しかしながら，アメリカ財務会計基準審議会（Financial Accounting Standards Board；以下FASBという）が公表している財務会計諸概念ステイトメント（Statement of Financial Accounting Concepts；以下SFACという）では，期間損益を重視してきた従来の会計とは異なり，キャッシュ・フロー，特に将来キャッシュ・フローを重視した会計が展開されている．

SFAC第1号では，企業会計の目的を「現在および将来の投資者，債権者その他の情報利用者が配当または利息により将来受領する現金見込額，その時期およびその不確実性ならびに有価証券または債権の譲渡，途中償還または満期による現金受領額をあらかじめ評価するのに役立つ情報を提供すること」(para. 37) と定義しており，会計報告において将来キャッシュ・フローを予測することのできる情報を提供することを志向している．このような基本理念は，SFAC第5号において資産および負債の測定属性として歴史的原価だけでなく，現在原価，現在市場価値，正味実現可能価額および将来キャッシュ・フローの現在（または割引）価値をあげていることからもうかがえる (para. 67).

このように近年の会計では，資産負債アプローチに代表される企業の経営資源のストックを重視する考え方に基づいて，発生主義会計におけるフロー重視の利益計算からストック重視の計算へとシフトしてきている．しかし，同時にFASBは，SFAC第1号において依然として発生主義会計における期間損益が最も有用な会計情報であることも認めている．つまり，近年の会計情報におい

ては，企業のストックを評価するために，公正価値による評価が行われる項目がでてきたが，公正価値による評価が行われる項目は，市場が存在し，時価が把握できるものか，将来キャッシュ・フローの割引現在価値を合理的に見積もることができるものに限定されているのである．会計情報の一部が将来を志向した公正価値によって表されたとしても，全体としては過去の結果を集計・要約したものを期間損益として情報提供しているのであるから，会計情報のみから企業価値または株主価値を読み取ることは不可能である．

　企業会計は，記録・計算・報告を行うものである．そして，その記録・計算は，過去の取引事実に基づいて行われる．したがって，企業会計には配分計算などに経営者の予測が介入することはあっても，基本的には過去の情報を提供することに主眼がおかれ，将来の予測は財務諸表の利用者が行うとされてきた．近年の企業会計において，企業価値または株式価値を算定する際に利用されるDCFを用いた測定が利用されるようになったため，企業会計が将来の予測に関する情報を提供するようになったと捉えることもできるが，やはり原則的な考え方は変化していないと見るべきであろう．

結びにかえて

　企業会計が果たす役割に意思決定を支援する情報を提供することがあげられる．しかし，それを理由として企業経営者に予測情報を開示させるということはできない．会計はあくまでも企業の過去の経営活動を記録・計算したものであり，将来予測は財務諸表の利用者が行うべきものである．

　しかしながら，企業にとっても，投資家を代表する企業の利害関係者にとっても会計情報から得られるキャッシュ・フローに関する情報は，将来を予測する上で重要なものであることに間違いはない．会計情報の作成者である企業は，期間損益を算定し，開示するが，会計情報の利用者である投資家は，過去から現在までの期間損益の流列に基づいて，企業の将来キャッシュ・フローを予測し，企業価値を推理するのである．

投資家は，投資意思決定に先立って，企業の価値を評価しなければならない．投資家にとっての企業価値は，当該投資から得られる将来キャッシュ・フローとリスクに基づいて算定される．そのための具体的な企業評価モデルとしては，配当割引モデル，DCFモデル，Ohlsonモデルなどがあることはすでに述べた通りである．

　企業価値の算定または株主価値の算定を重視して企業が行動を行う限り，企業会計においても株主価値の算定が重要な課題になることが考えられる．しかし，既に企業会計においては，DCF法が様々な場面で適用されており，将来キャッシュ・フローを重視した会計に移行する下地はできあがっているようにも思われる．今後の会計における最大の課題は，会計情報の中心をこれからも利益とし続けるのか，それとも利益に代わる新しい中心的な情報として将来キャッシュ・フローを採用するのかであるように思われる．

1) 近年における支配的な利益観としての資産負債アプローチの下では，損益計算書が中心的な財務諸表としての役割を果たすのではなく，貸借対照表が中心的な財務諸表とされることになる．この資産負債アプローチの影響を受けて，近年，貸借対照表の重要性が再認識されているが，今日の企業会計は，あくまでも期間損益の算定を中心目的とした発生主義会計に依拠しているため，損益計算書が中心的な財務諸表であると考える．
2) 近年，キャッシュ・フローを中心として会計を理解しようとする考え方が見られるが，現在作成されているキャッシュ・フロー計算書は，損益計算書および貸借対照表から欠落している企業の現在キャッシュ・フローに関する情報を提供することで，財務諸表の利用者により有用な情報を提供することを目的として作成されているものである．したがって，あくまでも損益計算書で開示されている期間損益に関する情報を捕捉するための役割を担っているものと本稿では解する．
3) ここで各種の利益とは，区分式損益計算書において段階的に示される営業利益，経常利益，税金等調整前当期純利益，当期純利益および当期未処分利益などを意味している．
4) 金融商品については，決算日の時価に基づいて評価されるが，費用性資産については，減損計上される場合を除けば，原則として取得原価に基づいて評価されることになる．
5) 金融資産および金融負債など一定の要件を満たした資産および負債については，

公正価値による評価を行い，価値を財務諸表に反映させることになる．
6) ここでNOPATとは，営業利益に受取利息，受取配当その他の営業外収益を加えて計算される．
7) 前述のスターン・スチュワート社が開発したEVAも，一種のキャッシュ・フロー数値を基礎とした評価方法であると言われることもあるが，本稿では利益に基づいた指標として扱っている．

参 考 文 献

単行本（和文）
井尻雄士『会計測定の基礎』東洋経済新報社，1968年.
　　　　『会計測定の理論』東洋経済新報社，1976年.
鎌田信夫『資金情報開示の理論と制度』白桃書房，1991年.
　　　　『資金会計の理論と制度の研究』白桃書房，1995年.
古賀智敏編著『予測財務情報論』同文館，1995年.
佐藤倫正『資金会計論』白桃書房，1993年.
辻山栄子『所得概念と会計測定』森山書店，1991年.
山下勝治『会計学一般原理－決定版－』千倉書房，1974年.
由井敏範『利益概念とキャッシュ・フロー』徳山大学総合経済研究所，1995年.
土井秀生『DCF企業分析と価値評価』東洋経済新報社，2002年.
伊藤邦男編集『キャッシュ・フロー会計と企業評価』中央経済社，2004年.

単誌論文（和文）
北村敬子「キャッシュ・フロー会計の台頭とその特質」，『会計』1995年11月．
辻山栄子　「時価情報の開示と包括的利益」，『COFRIジャーナル』1995年12月．

単行本（欧文）
AAA, *A Statement of Basic Accounting Theory*, 1966.（飯野利夫訳『基礎的会計理論』国元書房1969年）
Alexander, Sidney, S, "*Income Measurement in a Dynamic Economy*", The Study Group on Business Income of the American Institute of Accountants, *Five Monographs on Business Income*, 1950.
Beaver, William, *Financial Reporting : An Accounting Revolution*, Prentice-Hall, 1981.（伊藤邦雄訳『財務報告革命』白桃書房，1986年）
FASB, Discussion Memorandum, *An Analysis of Issues relating to Conceptual Framework for Financial Accounting and Reporting : Elements of Financial Statements and their Measurement*, December 1976.
――――, Statement of Financial Accounting Concepts No. 1, *Objectives of Financial Reporting by Business Enterprises*, November 1978.（平松一夫・広瀬義州共

訳『FASB 財務会計の諸概念』改定新版, 中央経済社, 1994年)

―――, Statement of Financial Accounting Concepts No. 2, *Qualitative Characteristics of Accounting Information*, May 1980. (平松一夫・広瀬義州共訳『FASB 財務会計の諸概念』改定新版, 中央経済社, 1994年)

―――, Statement of Financial Accounting Concepts No. 5, *Recognition and Measurement in Financial Statements of Business Enterprises*, December 1984. (平松一夫・広瀬義州共訳『FASB 財務会計の諸概念』改定新版, 中央経済社, 1994年)

―――, Statement of Financial Accounting Concepts No. 6, *Elements of Financial Statements*, December 1985. (平松一夫・広瀬義州共訳『FASB 財務会計の諸概念』改定新版, 中央経済社, 1994年)

―――, Discussion Memorandum, *An Analysis of Issues related to Present Value-Based Measurements in Accounting*, December 1990.

―――, Exposure Draft, *Reporting Comprehensive Income*, October 1996.

―――, Statement of Financial Accounting Standards No. 130, *Reporting Comprehensive Income*, June 1997.

Gilman, Stephan, *Accounting Concepts of Profit*, The Ronald Press Company, 1956.

Lee, T. A, *Cash Flow Accounting*, Van Nostrand Reinhold, 1984. (鎌田信夫・武田安弘・大雄令純共訳『現金収支会計―売却時価会計との統合―』創成社, 1990年)

Littleton, A. C, *The Structure of Accounting Theory*, AAA, 1953. (大塚俊郎訳『会計理論の構造』東洋経済新報社, 1975年)

and Littleton, A. C, *An Introduction to Corporate Accounting Standards*, AAA, 1940. (中島省吾訳『会社会計基準序説』森山書店, 1989年)

Vatter, William. J, *Fund Theory and Its Implications for Financial Report*, University of Chicago Press, 1947. (飯岡透・中原章吉共訳『バッター資金会計論』同文館, 1971年)

第9章 「企業の価値」と株主価値経営

1. 「企業の価値」の二面性と2つの立場

　2005年は「企業価値元年」とも言われる．しかし，「企業価値とは何か」という問いに必ずしも明確な答えが与えられているわけではない．

　「価値」概念は，主観的・相対的であり，したがって多様である．「企業の価値」についても同様であろう．

　しばしば「"良い"会社」とか「"強い"会社」とかと言われるが，その場合，誰にとって"良い"のか，「何が」"良い"のか"強い"のか．

　「何が」"良い"とか"強い"とかは，より具体的には，「アノ会社は技術が強い」，「コノ会社（の製品）は品質が良い」，「アソコ（の会社）はサービスが良い」，「ウチ（の会社）は営業がウリだ」等々と言われる．

　"良い"とか"強い"と言われるコトガラ，たとえば「技術が良い（技術力が強い）」というのは，"強い"技術力が「企業の価値」を産み出す源になっているだろうし，"強い"技術力が「企業の価値」そのもの（の一部）であるとも言える．「人材」も同様で，"優れた"人材が「企業の価値」を産み出す源になるであろうし，「人材」そのものが「企業の価値」を構成することにもなろう．

　技術力，人材，経営力などは確かに「企業の価値」となり得るものであり，その意味で「企業の価値」を構成するが，企業における経営活動ないし経営戦略は，そのような"構成要因"の強化・深化を目標とするわけではなく，むしろ強化・深化されたそれら要因を手段（原動力）として「企業の価値」の増大を図るのではないだろうか．

　そこで，「企業の価値」を産み出す（高める）原動力となる要因がまた「企業

の価値」を構成しているという，その"二重性"を理解した上で，さしあたりそれらをまとめて「企業価値創出要因」と称することにする．他方で，経営活動や経営戦略の"成果"ないし"目標"の《指標》としての「企業の価値」は，旧くからの「収益性」(収益力)や近年の「株主価値」または「企業価値」によって表現される，と解しておこう．

2では，それら「企業価値創出要因」を整理するために借用する藤本[2002]の「競争力の四層モデル」を紹介するとともに，そのモデルと会計における「収益性」指標との関連づけを試みる．

「誰にとって"良い"のだろうか」という問いは，"良い"と判断する主体を想定することによって答えられる．その判断主体は，大雑把に言えば，「ステイクホルダー」(stake holder)の立場か「シェアホルダー」(share holder)の立場かということになろう．それは，この十数年来，「コーポレート・ガバナンス」問題として注目を浴びている．

3では，まず，「会社は誰のものか」に関する岩井[2005]の主張を紹介し，次に，"アメリカ型"コーポレート・ガバナンスの特徴としての「トップ・マネジメント組織」に触れ，続いて，「企業観」という観点から代表的な収益性指標であるROE(株主資本利益率)とROI(総資本営業利益率)とを対比する．

4では，「株主価値重視の経営／キャッシュ・フロー重視の経営」について，プライスウォーターハウス(PWH[1998])の見解に従って概説する．

5では，経営戦略における目標指標としての「企業の価値」について，キャッシュ・フロー・ベースの「株主価値」と「企業価値」を検討するとともに，ポーター(Porter, Michael E.)[1980]の競争戦略の基本タイプに対して会計の観点からの意味づけを与える．

その検討結果を踏まえ，「経営戦略の目標指標」として「キャッシュ・フローか(発生主義会計による)利益(率)か」いずれが妥当かを論じて「結びに代える」．

2．「競争力の四層モデル」と利益計算

「企業価値創出要因」を整合的に整理するために，藤本［2002］の「競争力の四層モデル」を借用する．その理由は，そのモデルの最上層に「収益性」指標が措かれているが，この指標がいわば「総合評価」を表す指標と解されることから，会計情報の「統合性」と「俯瞰性」という特性が認知されているとみなされるため，「会計の考え方」との親近性を感じるからである．

藤本［2002］は，「競争力は多面的かつ多層的な概念であり，その全体像を把握するためには，複数の指標を総合評価するしかない」として，もの造りに起因する競争力を4つの層，すなわち，「もの造りの組織能力」「裏の競争力」「表の競争力」「収益性」に分けて分析し[1]，「競争力はこの順に顕現化する」と言う（pp. 59-60）．

そして，藤本［2002］は，4つの層それぞれについて，以下のように説く．

「『組織能力』とは，企業が競争に勝ち，他に勝る収益を安定的に得る力のことである．たとえば，生産・開発現場の競争力に直結する『もの造りの組織能力』や，その競争力を収益に結び付ける本社経営陣の「戦略構想力」である」（p. 54）．

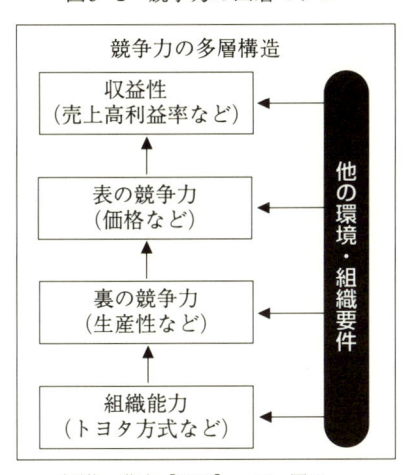

図9-1　競争力の四層モデル

```
           競争力の多層構造
    ┌──────────────────┐
    │     収益性         │ ←─┐
    │（売上高利益率など）│    │
    └────────↑─────────┘    │
    ┌──────────────────┐   他
    │    表の競争力      │ ←─ の
    │   （価格など）     │   環
    └────────↑─────────┘   境
    ┌──────────────────┐   ・
    │    裏の競争力      │ ←─ 組
    │   （生産性など）   │   織
    └────────↑─────────┘   要
    ┌──────────────────┐   件
    │     組織能力       │ ←─┘
    │（トヨタ方式など）  │
    └──────────────────┘
```

出所）　藤本［2002］p. 60, 図2．

その特徴は，「一般に『組織能力』というのは，他の会社が真似したくても簡単にはできない，組織全体が持っている会社独特の力であって，なおかつ他社に対する競争力や収益力の差を生み出す力のことです」[2]（藤本［2004］pp. 44-45），という記述に示されている．

　「『組織能力』に関連した英語は，ケーパビリティ，コンピタンス，リソースなどだ」（［2002］p. 54）と指摘されるように，「組織能力」は，論者によって，"ケーパビリティ"と言われ，"(コア・) コンピタンス"と言われ，"リソース"と言われる「コトガラ」を，細かい違いを無視して"一括り"に捉えた表現である，と理解し得る．

　「もの造りの組織能力が直接的に影響を与えるのは，製造現場の生産性，製造原価，不良率，生産期間，製品開発期間などである．これらは，顧客から直接には見えない『裏方』，すなわち開発・生産現場の実力を示す指標であり，裏（深層）の競争力と呼ぶ．

　販売・消費の表舞台で顕在化する表（表層）の競争力とは，要するに顧客自身による評価にかかわる指標のことである．たとえば，取引価格，客が知覚する品質，ブランド力，納期，サービス，そして顧客の投票結果である市場シェアなどが含まれる．いずれにせよ，価格とコストの関係を見れば明らかなように，表の競争力は裏の競争力に支えられている．

　最後に，以上の諸要素や環境条件などを反映した収益性，たとえば売上高利益率，株主資本利益率などの水準が，個々の製品や事業ごとに定まる」（［2002］p. 60）．

　加えて，「事業が長期安定的に発展するためには，企業はこれら4つの能力・競争力をバランスよく持つ必要がある」（［2002］pp. 60-61），と付言する[3]．

　図9-1の「競争力の多層構造」において，「組織能力」と他の3つの「層」とは性格が異なるように思われる．すなわち，「組織能力は競争力の差を生み出す力のこと」を言い，それは「競争力」のいわば"原動力"となる「能力」であるのに対して，他の3つは〔いずれかの"原動力"の成果を反映した〕裏，表それぞれの「競争力」および収益性に関する「指標」を示している．ここで

指摘した「性格の違い」が藤本［2004］の「図2　組織能力・競争力・収益力の多層構造」[4]（p. 43）という見出しに現れている，と解される．

とすれば，「もの造りの組織能力」が「裏の競争力」に直接的に影響を及ぼすように，「表の競争力」に直接的に影響を及ぼす"原動力"としての「組織能力」があるはずである．それを，一言では，「マーケティング面での組織能力」（藤本［2004］p. 250）と呼んで良いであろう．さらに，「それら競争力を収益に結びつける本社経営陣の『戦略構想力』」（藤本［2002］p. 54）がある．

これら「競争力・収益力」の"原動力の束"としての「組織能力」は，本章冒頭で「企業価値創出要因」と呼称したコトガラと同一視し得るであろう．

その意味では，それは，ハメル（Hamel, Gary）とプラハラード（Prahalad, C. K.）による「コア・コンピタンス」（顧客に対して，他社には真似のできない自社ならではの価値を提供する，企業の中核的な力）（Hamel = Prahalad［1994］p. 13）という概念にも類似する．コア・コンピタンスは「競争優位の源泉」であり，「優位性の真の源泉は，会社全般にわたるテクノロジーや生産面でのスキルを，変化する機会に素早く適応できる力を個々の事業に付与する，コンピタンスとして集成する経営能力に見出されるであろう」．したがって，「コア・コンピタンス〔の構築〕は企業戦略の中心的な関心事とすべきである」（Prahalad = Hamel［1990］pp. 81, 91）．

藤本［2002］の「四層モデル」を，会計の観点（利益計算式および利益率算出式）から解釈すれば，会計的に認識・測定可能な事項と限定されるにせよ，「組織能力」「裏の競争力」「表の競争力」が貨幣的尺度によって"単色"に塗りつぶされ，「表の競争力」が売上高に，「裏の競争力」がコストに，それぞれ反映され，「組織能力」が資産（「将来の収益獲得に貢献する潜在的な能力」）に相当する．「収益性」は「資本（資産）利益率」（＝利益／資産）などの会計指標である．これらの関係を次のように表現し得る．

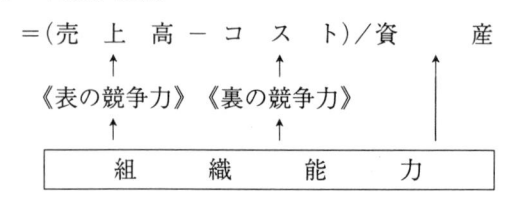

収益性：資産利益率＝利益／資産
　　　　　　　＝（売上高 － コスト）／資産
　　　　　　　　　　↑　　　　　↑　　　　　↑
　　　　　　　《表の競争力》《裏の競争力》
　　　　　　　　　　↑　　　　　↑
　　　　　　　┌─────────────────┐
　　　　　　　│　　組　織　能　力　　│
　　　　　　　└─────────────────┘

　そこでは，「表の競争力」は「売上高」の多寡に直接的に影響を及ぼすが，それを産み出す「マーケティング面での組織能力」はマーケティング活動として具現化するので，この「活動」に伴ってコストが当然発生する．したがって，「表の競争力」はコストにも反映されることに留意すべきである．

　会計計算では，通常，「顧客価値」を貨幣的尺度によって把握し「売上高」として表現（いわば"可視化"）し，マーケティング活動，製造活動，その他の経営活動に伴う「資源の消費（能力の利用）」を貨幣的尺度によって把握し「コスト」として表現（いわば"可視化"）して，両者の差額として「利益」を求める．この「利益」（またはこれに基づく「利益率」）が「収益性」指標であるが，その計算過程には，表面上「競争力」指標は考慮されていない．そのため，収益性指標が同時に競争力指標であるかのように解されがちであるが，藤本［2004］が戒めているように，決して「『収益力＝競争力』と短絡的に同一視」(p. 42) しているわけではない．

3．コーポレート・ガバナンスと収益性指標

　1990年前後以降，「コーポレート・ガバナンス」という"コトバ"が新聞紙上などを賑わすようになった．それは，「企業統治」と訳され，「企業は誰のものか」(企業観) の下で，「企業はどのように（誰によって）統治されるべきか」を問題とする．

　それは，一言で言えば，"アメリカ型"コーポレート・ガバナンス(論)の提唱であり，「株主主権の復権」をアピールすることであった．

ここでは,「誰にとっての"価値"か」という課題を,コーポレート・ガバナンスを巡る「シェアホルダー vs. ステイク・ホルダー」という観点から見てみる.すなわち,「会社は株主のもの」(「会社を所有しているのは株主」(PWH [1998] p. 138))であり,その経営は「株主価値の最大化」を目指すべきか,それとも,「会社は社会的な存在」であり,その経営は「ステークホルダーの利益の増大」(Kotler [2003] p. 66)を目指すべきか,という議論である.

(1) 企業は誰のものか―法人企業と個人企業―

岩井 [2005] は,コーポレート・ガバナンスの出発点として,法人化された企業(会社)と個人企業との違いを認識すべきことを指摘する.そして,会社と個人企業との違いを,次のように巧みに説明する.

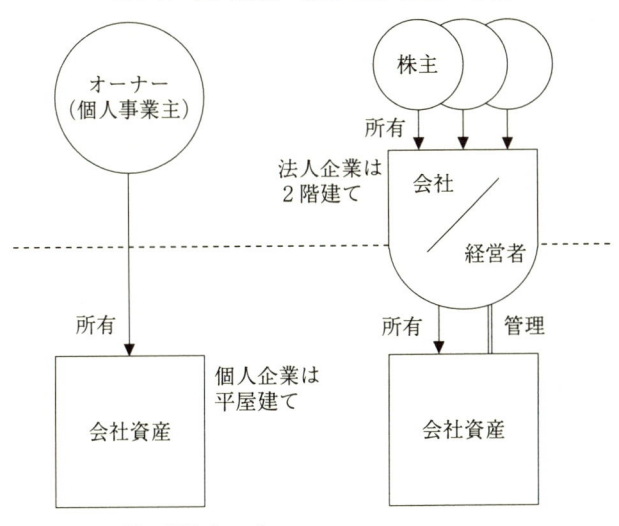

図9-2 個人企業の構造と法人企業の構造

出所) 岩井 [2002] p. 21.

街角の八百屋は,非常に単純な構造をしており,いわば平屋建ての建物です.これに対して,会社は,二階建ての構造を持っています.まず,二階部分では,株主が会社を"モノとして"〔具体的には,株式を〕所有し

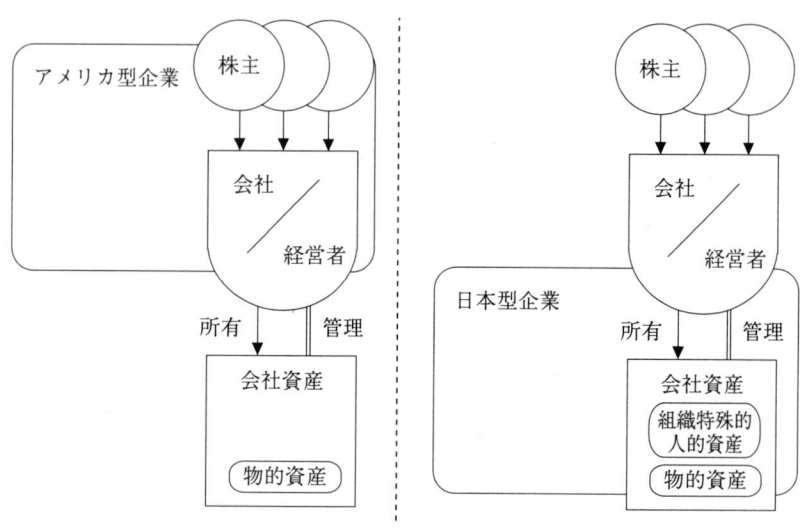

図9-3　アメリカ型会社の構造と日本型会社の構造

出所）岩井［2005］p. 23.

ている．そして一階部分では，その株主に所有されている会社が，こんどは"ヒトとして"会社資産を所有している．すなわち，会社とは二重の所有関係の組み合わせによって成立している組織なのです（pp. 21-22）．

会社の二階の部分のみに注目すると，株主が"モノとしての会社"を所有しているだけに見えます．すなわち，アメリカ型の会社というのは，この二階部分を強調した会社のあり方であるのです．

逆に，一階部分に注目すると，会社の"ヒトとしての"役割が際だって見えます．会社は，株主から独立した存在として，さまざまな資産を所有し，多数の従業員を雇い，いろいろな取引先と契約を結び，銀行から融資をうける．……．そうした会社の持つ"ヒトの面"を強調するのが日本型会社のあり方にほかならないのです（pp. 22-23）．

かくして，岩井［2005］は，「株主とは，株式の持ち主，すなわち"モノとしての会社"の所有者にほかなりません」（p. 20）から「『会社は株主のものでしかない』と主張するアメリカ型の株主主権論」が「法理論上の誤りである」こ

とを指摘し (pp. 9-10),「法人の場合, その存在意義は, それが何らかの社会的な価値を持っていることにしかないのです. 法人とは, 本来的に社会的な存在であるのです」(p. 92) と説き,「会社は社会のものなのです」(p. 96) と結ぶ.

(2)「株主主権」論とトップ・マネジメント組織

「法人としての会社とその経営者〔代表取締役もっと広くいえば代表権を持った経営者〕——この2つの存在が組み合わさって, はじめて会社が実社会で活躍できる本当の姿になるのです」(岩井［2005］p. 30).

田村［2002］は,「1980年代後半から1990年代初頭にかけて……, アメリカ企業が自己改革に成功したカギの1つは『コーポレート・ガバナンス』の確立であったと考える」(p. 18). そして, そのポイントとして次の3点を指摘する (pp. 21-22).

第1のポイントは, マネジメント (経営) とガバナンス (統治) を分離すること.

第2のポイントは, 取締役会の過半数は社外取締役で占めること.

第3のポイントは, 取締役会運営におけるCEO (最高経営責任者) への権力集中を回避すること.

1997年, ソニーの「米国流のコーポレートガバナンス (企業統治) を取り入れた経営の機構改革」が発表された.『日本経済新聞』(1997年5月23日) によれば,

「取締役は社外3人を含む10人とし, 取締役10人が経営戦略決定と事業部門の監視に全責任を持つ体制に切り替える. 事業部門の責任者は取締役をはずれ, 執行役員という肩書きに変わる. ソニーの新制度は日本の大企業で『戦略立案』と『事業執行』を役割分担し, 取締役会にはっきりした経営チェック機能を持たせる初の試みとなる. ……. 社外取締役は数年かけて5～6人に増やし, チェック機能を強化する.

ソニーの新経営体制は, 日本企業における取締役のあり方を根本から問い直すものになりそうだ.」

図9-4 ソニーと米GEの経営組織比較

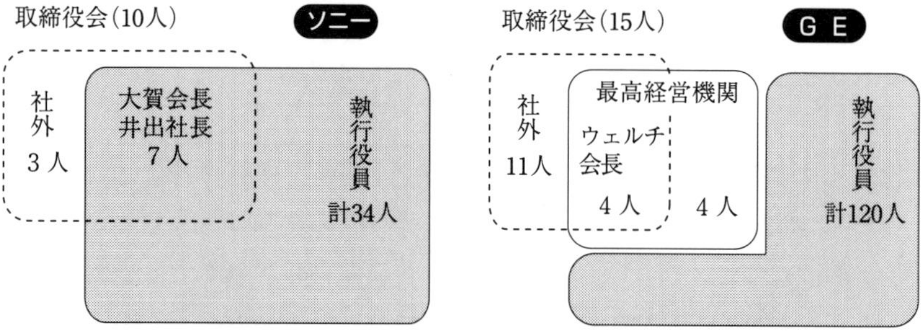

```
ソニー
取締役会(10人)
  社外3人
  大賀会長 井出社長 7人
  執行役員 計34人

GE
取締役会(15人)
  社外11人
  最高経営機関 ウェルチ会長 4人
  4人
  執行役員 計120人
```

出所)『日本経済新聞』1997年5月23日.

　ソニーのトップ・マネジメント組織の改革は，GEに倣うものであるが，取締役会による「経営執行の監視」という役割の強化が第1の狙いであった．この改革はわが国では画期的な出来事として注目され，周知のようにそれに追随する会社が続出した．

　アメリカでは，それより半世紀も前に，「取締役会と全般管理職能（執行役員）を分離」したトップ・マネジメント組織が，ホールデン（Holden, Paul E.）らの1939年から18カ月にわたる調査研究によれば，対象とした工業会社31社中の4分の1で導入されていた（Holden, et al [1948]；訳 [1951]「序文」pp. 8-9,「日本語版への序文」p. 4）．

　ホールデンらは，最高経営者層（Top-Management）を，取締役会，全般管理者層および部門管理者層という3つの経営責任者（Executives）の集団から成る，とした．

　取締役会は，受託職能（Trusteeship Function）を担い，株主の利益を代表，保護，促進し，企業経営の基本方針および進路を決定し，会社の総合成果を評価し，また一般に会社資産の保護とその効果的活用に当たる（訳 [1951] p. 15）．

　全般管理者層の「職能は，企業経営全体を具体的に計画し，命令し，調整し，統制することである」（訳 [1951] p. 22）．〔部門管理者層については，省略．〕

　そして，ホールデンらは次のように指摘する．

「取締役会の見解は，〔所有者としての〕株主との関係の性質上，株主の見解と同一でなければならない．取締役会の如何なる会議においても，この見解が他のものに優先すべきである．事実，経営に当る第一階層は，事業を所有している者の利益のために経営することを，その基本態度とせねばならない．

　しかしこの見解は必ずしも容易に支持されているとはいえない．多くの取締役は同時に常勤の経営責任者であり，彼等の利益は経営層の一員として株主の利益と絶えず喰違う可能性がある」（訳［1951］pp. 23-24）.

ここでは「会社は"株主のもの"である」という「株主主権論」を主張するとともに，取締役会と全般管理者層（執行役員）との分離を提唱しているが，取締役会（経営者）が必ずしも株主の意向に沿った経営を営まないことに対する懸念が表明されている．

（3）ROE vs. ROI（ROA）

収益性とは「利益獲得能力」を意味し，その典型的な指標は資本利益率（＝利益／資本）である．その分母として，「株主資本」（自己資本）を採るか「総資本」（＝自己資本＋他人資本［負債］）を採るか，に注目してみよう．

「株主資本」と有意義な対応関係をもつ利益は，最終的には株主に帰属するとみなされる「当期純利益」である．そこで，株主資本純利益率（ROE：Return on Equity）（＝当期純利益／株主資本）は，株主資本が「当期純利益」を産み出す運用効率を示す，適切な指標であると考えられている．

総資本を分母とする「資本利益率」は，株主から調達した資本（資金）であれ負債として調達した資本（資金）であれ区別なく経営活動に運用されるから，資本の運用効率を判断するためには，総資本を用いるべきであるという考え方に基づく．これに対応させる分子の利益は，本業としての事業を対象とする経営戦略の目標を表す指標という観点からすれば，「営業利益」とすべきであろう．それゆえ，収益性指標として総資本営業利益率（ROI：Return on Investment）（＝営業利益／総資本）[5]が妥当である，と考えられる．

ところで，収益性を示す代表的な指標である「株主資本純利益率」と「総資本営業利益率」の根底には「企業観」の対立が潜んでいる．

たとえば，渡辺［1994］は，

> 「ROEの分母は，企業の株主資本である．……．その分子の税引後利益は，会社法の建前上，株主のものである．税引後利益は，一部はその年の配当金として株主に分配され，残りは株主資本として企業に留保される．」(p. 22)

> 「今日のように，株主資本中心の時代には，株主資本の利益率を示すROEが企業経営の成果と健全性を示す重要な指標である．」(p. 53)

と主張する．

また，『日経』も，「経営姿勢，株主重視に」との見出しの下で，200社対象の調査結果（184社回答）から「経営目標として41社（22％）が株主資本からみた収益性を示すROEをあげた」ことを報道した（1996年5月8日）．

このようにROEを強調する立場は，「会社とは株主のものである」という「企業観」の下で，経営目標の指標としてROEの重要性を訴える．

他方，総資本営業利益率を重視する立場として，たとえば藻利［1973］は，

> 「企業は無限持続的な社会的存在であり，その存在性を自らの企業維持活動によって動態的・発展的・拡大的に維持しなければならない．それは利潤獲得能力が維持され増強される場合のみ可能となる．利潤獲得能力は，企業の社会的・経済的生活能力であり，経済的競争能力である．それを正しく表現し得るものは，総資本利潤率〔＝営業利益／総資本〕である．つまり，自己資本と他人資本を合計した総資本に対する期間利潤の割合である．」(pp. 456-57, 330-36)

と主張する．

このように，ROEを重視する立場とROIを重視する立場，いずれにもその主張の根底に「企業観」を措いている．

「企業観」は「一種のイデオロギー」（岩井［2005］p. 131）かもしれない．そこで，「企業観」を離れて，経営戦略の「目標」指標として両者を考察してみる．

ROEは，次のように変形できる．

ROE＝当期純利益／株主資本

$$= \frac{当期純利益}{総資本} \times \frac{総資本}{株主資本}$$

＝総資本純利益率×財務レバレッジ

　これより，ROEを増大させるためには，総資本純利益率を増大させるか財務レバレッジ（＝1＋他人資本／株主資本）を高めるか，である．財務レバレッジを高めるには，他人資本（負債）を増大させるか株主資本を減少させるか，である．負債の増大は，「財務安全性」の見地から採り難い[6]．株主資本の減少は，「1株当たり純利益」(EPS) 増大のための自己株式の買入消却を除き，「株主重視」という立場では採り難い．その「自己株式の買入消却」によるEPS増大は，本業である事業を対象とする「経営目標」設定に当たって考慮すべき方策とは言い難い．したがって，本業とする経営活動を通じて増大させるべき目標指標は「総資本純利益率」であり，これを増大させることによってROEも高められる．

　しかし，当期純利益は，営業外損益および特別損益など本業以外の経営活動による影響を受けるので，本業を対象とする経営戦略の「目標指標」としては望ましくない．

　そこで，総資本営業利益率を考える．

　藻利［1973］は，自己資本利潤率〔ROE〕と総資本利潤率〔＝営業利益／総資本＝ROI〕との関係を下記のように展開し，「ROEが，利子率と負債対自己資本比率によって影響を受けるので，資本の実質的な運用能率を必ずしも表現しない．そして実質的な資本運用の能率したがってまた<u>経営利潤獲得能力を表現するものこそは，まさに総資本利潤率をなすのである</u>」と指摘する（pp. 332-36）．（表記を一部変更．また，営業外損益および特別損益項目に関して支払利息以外は無い，負債〔他人資本〕はすべて有利子負債である，税金は考慮していない，という仮定が暗黙のうちに措かれている．）

$$ROE = 当期純利益 / 株主資本$$

$$= \frac{営業利益 - 支払利息}{総資本} \times \frac{総資本}{株主資本}$$

$$= \left(\frac{営業利益}{総資本} - \frac{支払利子率 \times 負債}{総資本} \right) \times \left(1 + \frac{負債}{株主資本} \right)$$

$$= ROI \times \left(1 + \frac{負債}{株主資本} \right) - \frac{支払利子率 \, i \times 負債}{株主資本}$$

$$= ROI + (ROI - i) \times \frac{負債}{株主資本}$$

ここで,財務レバレッジ(=負債/株主資本)はマイナスにはならないので,ROEを増大させるためには,「ROI－i≧0」という条件の下でROIの増大を図れば良い,と言える.

したがって,本業である経営活動を対象とする経営戦略の「目標指標」としては,ROI〔総資本営業利益率〕が妥当である.なお,貸借対照表上で「総資本=総資産」であるから,前節での「資産が組織能力に相当する」ということを考慮して,ROIをROA(Return on Assets:総資産営業利益率)と言い換えることとする.

4. 株主価値重視/キャッシュ・フロー重視の経営

1990年代後半以降,「企業価値」ないし「株主価値」の向上を標榜する経営論が台頭してきている.それと並行して,キャッシュ・フローの重要性が訴えられている.

この節では,プライスウォーターハウス編,A. ブラック＝P. ライト＝J. E. バックマン(井出正介監訳,鶴田知佳子＝村田久美子訳)『株主価値追求の経営―キャッシュフローによる企業改革―』(東洋経済新報社,1998年)〔以下,PWH〔1998〕〕に拠って,「株主価値重視/キャッシュ・フロー重視の経営」の考え方を概観する.

（1）株主価値経営とは

「株主価値経営」の核心は，「株主価値」の最大化を経営の最優先目標として，「価値」を"創出"し"維持"し"実現"するために，「経営戦略，経営方針，業績尺度，報酬体系，組織，経営プロセス，社員および高められた株主価値を配分する制度など，すべて」をその目標に合致する方向で統合することにある (p. 81)．その際，「株主価値」の"モノサシ"としての「フリー・キャッシュ・フロー」が「財務価値ドライバーを通じて核となる戦略・事業目的と，株主価値最大化という長期目標を結びつける」(p. 59) ために利用される．

株主価値経営では，顧客価値と株主価値を結びつける「価値転換プロセス」を「価値の創出」，「価値の維持」および「価値の実現」という3段階に分けて考える．

図9-5 株主価値経営は顧客価値と株主価値を結びつける

顧客 → 価値の創出 → 価値の維持 → 価値の実現 → 投資家

出所）PWH［1998］p. 82, 図 7.8．

ここでの「顧客価値」とは，「顧客の期待に対する満足の度合い」と解される．

「顧客満足度最大化……に焦点を合わせた戦略的思考は，株主価値を背景にした財務的思考と整合性のあるものでなければならない．これこそが株主価値の理論が生まれた原点なのである」(p. 24)．

「『価値の創出』とは，資本コストを上回るプラスのリターンを維持できる価格で製品やサービスの形で，消費者や顧客に対して，何か有益な価値（顧客価値）を提供できる能力をさす」(p. 84)．企業は，自社の技術や有利な価格構造，あるいは製造，販売効率上の優位性を用いて，比較優位の状態を確立し，プラスのリターンを上げることができる「成長持続期間」をできるだけ長くすることが必要である．

「価値の維持」とは，創出された価値が失われないようにする努力を指し，適切な経営，資源配分，キャッシュ管理および税金対策を行う経営システムが確立されていることを確認することである．企業はすべての戦略事業単位を通じて，リスク，知的資産および人的資源を効率的に管理すべきである．

「価値の実現」とは，しばしばまったく見過ごされている問題であるが，投資家が株式の値上がり益と株主配当金を通じて価値を実現することを指す．ほとんどの場合，株主へのリターンの大部分は値上がり益によってもたらされる．「企業が適切なタイミングで，信憑性の高い適切な情報を市場に提供することができるほど，また期待できる価値を効率的に管理しているとみなされるほど，そうでない企業に比べて，本来の価値をよりよく反映した株価を維持できる可能性が高い」(p. 85)．

この「価値の実現」を説くことこそが「株主価値経営」論の特徴であり，それは，言い換えれば，IR (Investors Relations) 活動の重要性を訴えている．

(2) 株主価値と価値ドライバー

「株主価値」は簡単には「企業価値－負債」と定義される．そして，「企業価値は，将来の事業からもたらされるフリー・キャッシュ・フローを，加重平均資本コスト (WACC) で割り引いた現在価値〔の合計〕である」(pp. 14, 54)．それは，成長期間もしくは競争優位期間内の各年のフリー・キャッシュ・フロー (FCF) の現在価値〔の合計〕と，残存価値〔の現在価値〕から構成されている[7]．すなわち，

株主価値＝企業価値－負債

$$企業価値 = \sum_{n=1}^{\infty} \frac{FCF_n}{(1+WACC)^n}$$

$$= \underbrace{\sum_{n=1}^{N} \frac{FCF_n}{(1+WACC)^n}}_{<成長期間>} + \underbrace{\frac{FCF_N}{WACC} \times \frac{1}{(1+WACC)^N}}_{<残存価値>}$$

FCF ＝ EBITDA －支払税金－運転資本増加分－固定資産増加分[8]

ＥＢＩＴＤＡ：支払利息・税金・減価償却費控除前利益
　　支払税金＝ＥＢＩＴＤＡ×税率
　　　　Ｎ：成長期間（競争優位期間，予測期間）
　残存価値（RV）(継続価値）：
　　予測期間最終年（Ｎ）のFCF$_N$（または，予測期間後1年目の標準化された FCF$_{N+1}$）が予測期間の翌年以降未来永劫にわたって得られるという仮定の下でのその現在価値の合計[9]

ＦＣＦモデルにおける3つの要素つまり「成長，リターン，リスク」[10]は，次の7つの〔財務的〕価値ドライバーによって説明される（p. 54）．すなわち，

①売上（高）成長
②キャッシュ・ベースの売上営業利益（ＥＢＩＴＤＡ）
③キャッシュ・ベースの支払税金（＝②×税率）
④運転資本（事業拡大のための）
⑤設備投資（または固定資本投資）
⑥ＷＡＣＣ（加重平均資本コスト）(・株主資本コスト　・負債コスト　・資本構成）
⑦競争優位期間

　成長性は，①，④，⑤の3つのドライバーで分析される．①はまさに事業のトップラインの成長であり，ＦＣＦモデルではこれを重視する．
　リターンに関するドライバーは②と③の2つである．このうち②のドライバーが最も重要であり，株主価値創造に対する貢献度も大きいことが多い．「ＥＢＩＴＤＡは資金調達に伴う費用や減価償却費，および税金を払う前の段階で事業が稼いだキャッシュ・マージンであり，会計手法の違いによる影響を受けない」(p. 55).
　リスクに関連するドライバーは⑥と⑦である．
　ＷＡＣＣは，「株主価値の評価に資本市場の視点を反映させるうえで決定的に重要なドライバー」(p. 56)で，「会社が使用する資本を正当化するためにはどれだけのリターンを稼がなければならないかを表している．また，これは特に投資のリスクをはかる指標を含んでおり，そういう意味でリスク加重の尺度で

ある」(p. 45).

　WACC＝株主資本コスト×株主資本構成比率＋負債コスト×負債構成比率
株主資本コストとして，資本資産評価モデル（CAPM）における「投資家の個別株式に対する期待収益率r_i」を用いる[11]．

　　$r_i = r_f + \beta (r_m - r_f)$
　　　　r_f：リスクフリー・レート
　　　　$r_m - r_f$：市場リスク・プレミアム
　　　　β：システマティック・リスク
負債コスト＝支払利子率（1－税率）

（3）株主価値創造のための5つのプロセス

　価値の創造，維持および実現を達成するためには，顧客から株主までの価値の連鎖をつくり強化する5つの主要なプロセス，すなわち「企業の株主価値経営のための戦略と経営目標の設定，資源の配分と経営計画，業績管理，報奨制度，および株主価値の伝達と報告制度」，つまり，「目標，計画，尺度，報奨および伝達，が決定的に重要である」(pp. 88-89)．

　株主価値創出のための経営戦略は，次の3つの基本的な使命，すなわち，
　　・資本コストを上回るようなリターンを上げる投資を行うこと（リターンの側面）
　　・事業と投資の基盤を成長させること（成長の側面）
　　・適正な事業リスクを管理し，受け入れること（リスクの側面）
に導かれる（p. 90）．

　経営戦略は，まず第一に，「企業の経営目標は何か」に答える[12]．

　企業は長期的な株主価値目標をたて，この目標によって，社外的には，投資家の期待を満足させることを図るとともに，社内的には，個々の事業戦略を吟味し，練り上げ，優先順位をつけるのである．

　次の段階では，全社的な目標を社内のもっと下の，各事業現場レベルで達成できる目標に変換する．言い換えれば，「トップダウンで目標を決め，その企

業に特有の事業現場の価値ドライバーに関連づけるのである」(p. 100). すなわち，組織内部のさまざまなレベルにおいてさまざまな違った経営判断が下されているとしても，仕事をしているどのレベルにも株主価値経営の原則が適用されなければならないのである．

これらの関係が，価値ドライバーの階層的連鎖として，図9-6のように示される．

図9-6では，「意思決定のレベルが戦略，財務，業務に分けられ，業務上のドライバー（「ミクロのドライバー」）のいくつかが，マクロのドライバー〔財務的価値ドライバー〕を通じて，市場が求めている基本的なリスク／成長率／リターンの要因と関連づけられている」(p. 101). しかし，それ以上に大事なことは，それら一連の業務上のドライバーとマクロのドライバーとの間の関連づけを確立する点にある (p. 102)，と強調されている．

さらに，資源配分と業績管理のためには，社内的に一元的で一貫性のある体

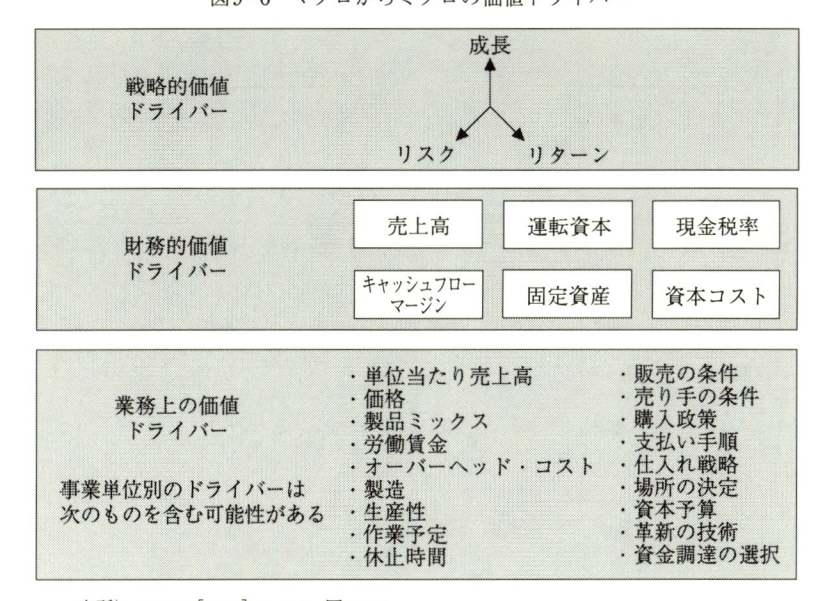

図9-6　マクロからミクロの価値ドライバー

戦略的価値ドライバー	成長／リスク／リターン
財務的価値ドライバー	売上高　運転資本　現金税率 キャッシュフローマージン　固定資産　資本コスト
業務上の価値ドライバー 事業単位別のドライバーは次のものを含む可能性がある	・単位当たり売上高　・販売の条件 ・価格　・売り手の条件 ・製品ミックス　・購入政策 ・労働賃金　・支払い手順 ・オーバーヘッド・コスト　・仕入れ戦略 ・製造　・場所の決定 ・生産性　・資本予算 ・作業予定　・革新の技術 ・休止時間　・資金調達の選択

出所）PWH [1998] p. 102, 図7.13.

制を確立することが必要で、そのために、経営戦略、事業運営と報奨制度の間に関連づけをはっきりさせなければならない．企業内部の事業単位が自らコントロールできるような実績指標を，それぞれにふさわしい形で事業単位の主要なマクロおよび業務上の価値ドライバーに基づいて設定すると，これらの尺度は，事業単位の短期および長期の目標に関連づけられ，ひいては企業の戦略と目標につながり，価値のスコアカードにおいて財務と事業尺度の双方を組み合わせることになる (p. 106)[13]．このような関連づけの流れが，図9-7[14]のように描かれている．

図9-7には，価値ドライバーの設定に先立ち，戦略を展開する上で，最も重要な成功要因の明確な定義づけの必要性が示されている．

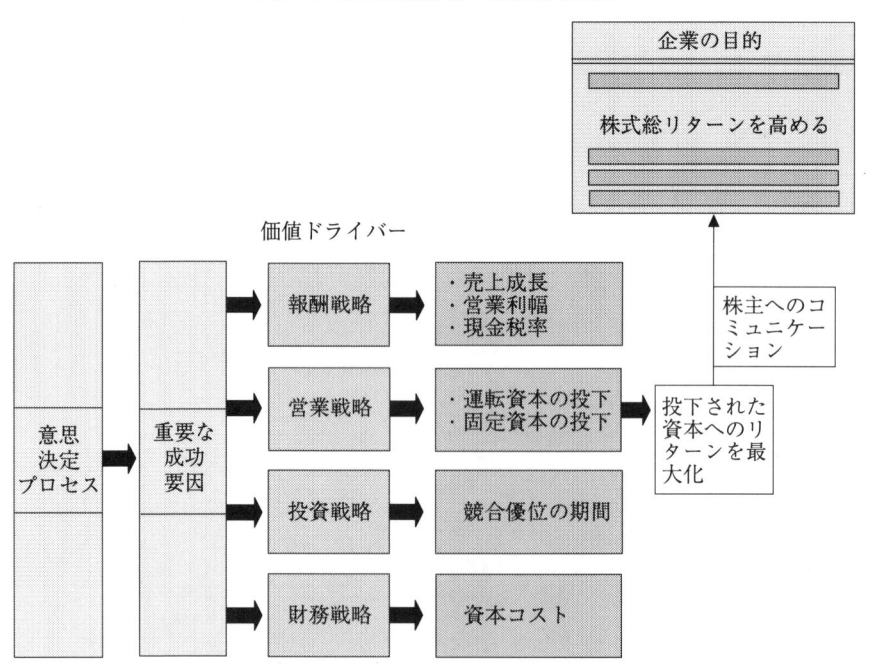

図9-7　株主価値分析の段階的な応用

出所）PWH［1998］p. 106, 図7.15.

また，株主価値経営の完全実施のために必要な，価値の創出と連携された報奨制度が示されている．このようなシステムを設計することによって，株主価値最大化努力に報いるような実績と所有者意識に基づく企業風土を生み出し，従業員が仕事をあたかも自分の事業であるかのように運営する力を授け，株主と従業員の利益が一致していることを保証し，組織全体を通じて従業員に動機づけを与え，株主価値の創出のために働くよう仕向けることができるのである．

図 9-7 での「株主へのコミュニケーション」は，株価に企業の真の内在価値を反映させるためには，いかにインベスターズ・リレーションズが重要であるか，を訴えるものである．

5．経営戦略の目標と会計

(1) 企業の基本目的と経営戦略

企業とは，社会（の人々）が必要とする製品・サービスを提供し，その見返りとしての"利益"の獲得を目指して存続する組織である．企業は，自らの経営活動を通じてその"存続"（企業それ自体の維持）を図るが，"存続"の原動力（ないし条件）とも言うべきものが「競争能力であり，利益獲得能力である」と解される[15]．

そのように，企業の基本目的を"自らの存続"と想定すれば，「経営戦略とは，"企業を存続・成長させるための方策"を意味」し，利益を持続的に獲得するという「存続条件を充足するために戦略を形成する」(河合[2003] pp. 16-17)．

経営戦略は，「"全体としての企業"についての"企業戦略"と個々のビジネス（事業）についての"事業戦略"ないし"競争戦略"とに分けられる」(河合[2003] p. 17)．

(2) 経営戦略の目標指標

かつて土屋［1984］は，「経営戦略とは予め想定された"成功した状態"への論理的な筋道」である，と定義した (p. 4)．言い換えれば，戦略は，目的／

目標としての"成功した状態"を実現するための手段である．

そこで，経営戦略を策定する上での第1歩は，"成功した状態"を表現する「目標（値）」として何を措定するか，である．

この経営目標は，自らの"存続"という基本目的をヨリ具体的に表現するものであり，組織メンバーに将来の「行動指針」を示すとともに組織メンバーの「業績評価の基準」を示すものである．そして，それは数値的に表現されることが望ましい．

(a) **経営目標としての「株主価値」**

「株主価値経営」では，「株主価値の最大化」を目指す．そこで，株主価値の定義式「企業価値－負債」から<u>単純に考える</u>と，株主価値の増大のためには，企業価値の増大を図るか負債の減少を図るか，ということになる．「負債の減少」は重要な課題ではあるが経営戦略が対象とする本来の事業と直接係わっているとは言えないので，したがって「企業価値の増大」を目指すことになる．とすれば，経営目標としては「企業価値の増大」と言えば足りることであり，その増大が結果として株主価値の増大をもたらすことになる．したがって，（「企業価値－負債」と定義される）「株主価値」最大化を経営目標として掲げることは，「株主重視」という立場を表明することに意義があるとしても，経営戦略との係わりでは正面から掲げる目標ではない．

しかし，「株主価値経営」では，「企業の目的」として「株式総リターンを高める」を掲げ（PWH［1998］p. 196, 図7-15；本章図9-7），また「株価に関する目標を設定することから始める企業が多い」（同p. 99）とのことであるから，株価との関連で「株主価値」を，言い換えると，「企業価値」から切り離され別個に求められる「株式価値」[16]を考えてみよう．

　　　株主価値＝株式時価×発行済株式数

として測定される（門田［2001］p. 323）が，ここでは「理論株価」に関する「配当割引モデル」を採りあげる．

配当割引モデルは，「株式の理論価格は現在の1株の保有によって将来得られる配当金を投資家の期待収益率で割引いた現在価値〔の合計〕である」とい

う考え方である（井出＝高橋［2000］p. 62）．その一般式は

$$P = D_1/(1+r) + D_2/(1+r)^2 + \cdots\cdots + D_n/(1+r)^n + \cdots\cdots$$

　　　P：株価（株式の現在価値）

　　　$D_1, \cdots, D_n$：毎年の配当金（の期待値）

　　　r：株式市場の投資家の必要収益率

で表され，この株価と発行済株式数との積が「株式の価値」である．

　この配当割引モデルの「株価は将来の配当によって決まる」という考え方について，井出＝高橋［2000］は，補足的に以下のように解説する．ただし，当該企業が，外部資金調達（増資や負債調達）をまったく行わず，投資需要（粗投資額）を内部資金で賄う，と仮定している．

　　　粗投資額＝内部留保＋減価償却費＝（税引後利益－配当金）＋減価償却費

　　　純投資額（＝粗投資額－減価償却費）＝税引後利益－配当金

　　∴　配当金＝税引後利益－純投資額……………………………………(1)

これを，配当割引モデルからの「株式の価値」（＝株価×発行済株式数）に代入する．

　　　株式の価値＝将来の配当金の現在価値

　　　　　　　　＝将来の［税引後利益－純投資額］の現在価値

　　　　　　　　＝将来の税引後利益の現在価値－将来の純投資額の現在価値[17]

　これにより，「配当割引モデルの『株価は将来の配当によって決まる』という考え方は，実は『株価は将来の企業の投資活動とそれが生み出す利益によって決まる』ということを述べている」（pp. 63-64），ということがわかる．

　「株主価値の最大化」という目標は，配当割引モデルに基づけば，「配当金の最大化」を意味する．しかし，その配当金の源泉は，上で引用した展開式から明らかなように，税引後利益である．したがって，経営目標としての「株主価値の最大化」は「税引後利益の最大化」に帰結する，と考えることができる．

　(b)　経営目標としての「企業価値」

　次に，「企業価値」について考えてみよう．

　井出＝高橋［2000］が説く「企業価値」を評価するための第2の方法は，企

業の価値（＝株式の価値＋負債の価値）を直接求める方法で，「企業の価値は，企業が事業から生み出すキャッシュ・フロー（CF）の期待値を事業の必要収益率で割引いた現在価値になる」という考え方で，キャッシュ・フロー割引モデル（またはフリー・キャッシュ・フロー［FCF］・バリュエーション）と呼ばれる．

　　企業の価値＝企業が事業から生むCFの現在価値〔の合計〕

　この企業価値から負債の価値を引くことによって，株式の価値を求めることができる．

　　事業から生まれるCF
　　　＝(売上高－現金支出を伴う費用－減価償却費)×(1－法人税率)＋減価償却費
　　　＝営業利益×(1－法人税率)＋減価償却費
　　事業への投資のCF（アウトフロー）
　　　＝運転資本需要＋設備投資額
　　割引の対象となるネットCF（FCF）
　　　＝事業からのCF－投資のCF
　　　＝営業利益×(1－法人税率)＋減価償却費－運転資本需要－
　　　　設備投資額 ･･ (2)[18]

割引率は，「企業の資本コスト」つまり加重平均資本コスト（WACC）を用いる．したがって，企業の価値は，

　　企業の価値＝FCF／WACC〔の合計〕

となる（井出＝高橋［2000］pp. 115-19）．

　なお，(2)式で，営業外損益および特別損益項目が無いと仮定すると「営業利益＝税引前当期純利益」で，「運転資本需要＋設備投資額」を「粗投資額」として，それぞれを書き換えれば，(2)式で表されたFCFは，

　　FCF＝当期純利益＋減価償却費－粗投資額＝当期純利益－純投資額

となり，(1)式で表された「配当金」と同じになる[19]．このことは，「フリー・キャッシュ・フローの『フリー』は，『株主に配分しようと思えば可能な』という意味である」（PWH［1998］p. 54）ということも示している．

　ここでの「企業価値」を経営目標として措定すれば，その最大化は年々の

FCFの最大化を目指す，ひいては「当期純利益」（＝「税引後営業利益」）の増大を目指すことになる[20]．

PWH［1998］による「株主価値」は，ここで紹介した「企業価値算定の第2の方法」（株主価値＝企業価値－負債価値）によって求められたものである．

（3）競争戦略と会計
(a) 競争戦略と価値連鎖

事業戦略は，ある特定の製品・サービスを，顧客層または地域によって規定される市場に提供しようとする，事業についての競争戦略である[21]．競争戦略は，業界における競争において優位な取引地位を確保することを課題とする．

ポーターは，競争戦略を「業界内で防衛可能な地位をつくり，5つの競争要因にうまく対処し，企業の投資収益を大きくするための，攻撃的または防衛的アクションである」（Portèr［1980］：p. 50, 訳p. 55）と定義し，その基本的なタイプとして，コスト・リーダーシップ，差別化（および集中）を挙げている．

ポーターはその後の著書［1985］で，「基本的には，競争優位は，『会社が買い手のためにつくり出すことのできる価値』〔＝『顧客価値』〕から生まれてくる」（p. 5），言い換えれば「競争優位は，会社がその製品を設計し，製造し，マーケティングをやり，流通チャネルに送り出し，各種のサービスをやる，といった多くの別々の活動から生まれてくる」（p. 33, 訳p. 45）と説いて，競争優位の源泉を分析するための要具として「価値連鎖」[22]概念を提案し，前著での競争戦略に関する分析を補強した．すなわち，「価値連鎖」は「価値をつくる活動とマージンとからな」り，価値活動は5つの主活動（購買物流，製造，出荷物流，販売・マーケティング，サービス）と4つの支援活動（全般管理，人事・労務管理，技術開発，調達活動）に分けられ，「マージンとは，総価値と，価値をつくる活動の総コストとの差である」（p. 38, 訳p. 50）．競争業者の価値連鎖を比較すると，競争優位の違いが明らかとなる（p. 39, 訳p. 51）．

コスト・リーダーシップ戦略とは，「コスト面で最優位に立つという基本目的にそった一連の実務政策を実行することで，コストのリーダーシップをとろ

うという戦略である」．このためには，効率の良い規模の生産設備を積極的に建設するとか，エクスペリエンスを増やすことによるコスト削減を追求するとか，製造がしやすい製品設計にするとか，コストが広く分散できるように関連製品を増やすとか，R&Dやサービス，セールスマン，広告のような面でのコストを最小に切りつめるとかを行うことが必要である (Porter [1980] pp. 56-58)．

コスト・リーダーシップ（コスト優位）を確保する能力は，おおよそ藤本 [2002] [2004] の説く「裏の競争力」に係わる．

差別化戦略とは，「自社の製品やサービスを差別化して，業界の中でも特異だと見られる何かを創造しようとする戦略である」(Porter [1980] p. 59)．「差別化は，会社の価値連鎖から育ってくる」(Porter [1985] p. 153) が，そのためのより具体的な方策としては，製品設計やブランド・イメージの差別化，テクノロジーの差別化，製品特長の差別化，顧客サービスの差別化，ディーラー・ネットワークの差別化，などがある (Porter [1980] p. 59)．

差別化戦略を推進する能力は，主として藤本 [2002] [2004] の説く「表の競争力」に係わる．

(b) 競争戦略と利益計算

会計測定の特徴は，対象（経営活動およびそれに伴う財産変動）を貨幣的尺度によって把握・表現することにある．それは，第一義的には，

売上高－コスト＝利益（または，CF）

と示される「利益計算」に集約される．

上の式から明らかなように，利益を増大させるためには，売上高を増大させるか，コストを低減させるかである．

売上高は「顧客価値」を貨幣的尺度によって把握・表現したものであり[23]，売上高の確保ないし増大は，マーケティング戦略ないしマーケティング活動の課題で，「マーケティング面での組織能力」に支えられる．コストは経営活動の遂行に伴って犠牲となる経営資源を貨幣的尺度によって把握・表現したものであり，コストが経営活動の"影"(shadow) に譬えられるように，許容コストの維持ないしコスト低減は，経営活動に携わるすべての部門・現場管理における

課題で，経営活動の基礎となる「組織能力」によって左右される．たとえば，生産管理では「より良いモノをより早くより安く」，物流管理では「より安全により早くより安く」，としばしば謳われる．

ポーターが説く「コスト・リーダーシップ戦略」と「差別化戦略」は，言うまでもなく，業界における競合企業よりもいかにして売上高を増大させるかコストを低減させるかのための方策である．

コトラーは，マーケティングの目的とマーケティング活動に係わる「能力」に関して，次のように述べている．

「マーケティングの究極的な目的は，組織がその目的を達成するのを助けることである．組織の主要な目的は，企業の場合は長期的な収益性（profitability）であり」(Kotler [2003] p. 23)，したがって，「いかなる事業の任務（task）も，利益を目指して顧客価値[24]を供給することである」(p. 111)．

「競争の激しい経済においては，会社は優れた価値を創造し，供給することによってのみ勝ち残ることができる．これには顧客価値を理解し，顧客価値を創造し，顧客価値を供給し，顧客価値を魅了し（capturing），顧客価値を持続させるという能力が係わる」(p. 70)．

それらの能力に基づいて遂行されるマーケティング活動は，コトラーがマーケティング・プロセスに対する新しい観方として提示した，「価値‐供給連鎖」(value-delivery sequence) を示す図9-8から知られる．この図には，「表の競争

図9-8　価値‐供給プロセスの新しい観方

価値の創造・供給連鎖

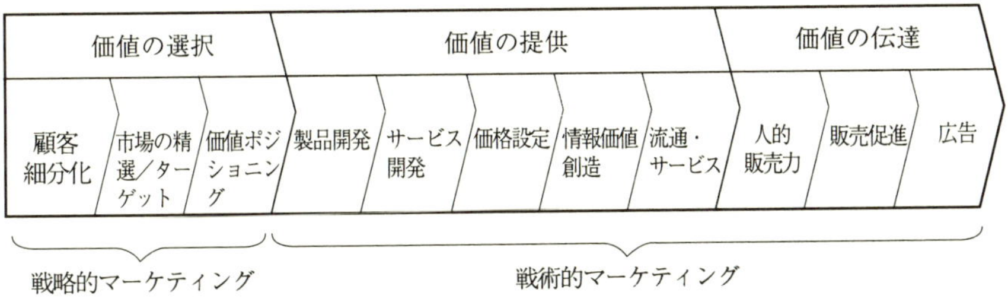

価値の選択	価値の提供	価値の伝達
顧客細分化 / 市場の精選／ターゲット / 価値ポジショニング	製品開発 / サービス開発 / 価格設定 / 情報価値創造 / 流通・サービス	人的販売力 / 販売促進 / 広告
戦略的マーケティング	戦術的マーケティング	

出所）Kotler [2003] p. 111, 図4.9 (b)．

力」を産み出す「マーケティング面での組織能力」が具現化される諸活動が示唆されている．

6．経営目標指標：CFベースか収益性か―結びに代えて―

　「企業の価値」は多様な概念である．本章では，それを，"何が" と "誰にとっての" という2つの観点から考察した．"何が" という観点では，「企業の価値」を産み出す "原動力" としての「価値」または「能力」である「価値創出要因」（組織能力）と経営活動の成果または経営戦略の目標を表す指標としての「企業の価値」との2つに大別した．"誰にとっての" という観点では，「株主」の立場か「ステークホルダー」の立場かに分けた．

　「成果」または「目標」指標としての「企業の価値」を示す，伝統的な「収益性」指標の2つの代表的なタイプ，「株主資本利益率」（ROE）と「総資本営業利益率」（ROAまたはROI）の根底には，「株主」の立場か「ステークホルダー」の立場かという対立が見出される．本章では，「企業観」に基づく議論を避けて検討し，経営目標の指標としてはROAまたはROIが妥当であると判断した．

　近年注視されている「成果」または「目標」指標は，キャッシュ・フローをベースとした「株主価値」または「企業価値」である．両者は基礎となる考え方は同根であるが，それぞれを「目標」指標として掲げる立場の根底にある「企業観」が異なる[25]．

　PWH［1998］による「株主価値経営」は，「株主価値の最大化」を経営の最優先目標として掲げ，「株主の立場」から「企業経営者はただ一つ，株主価値の最大化に専念すべき」と主張する（p. 18）．これに対して，「企業価値の増大」を経営目標とする見解は，「取引先，顧客，債権者や従業員や国の利益も，少なくとも株主のそれと同じ程度には重要であるという」（PWH［1998］p. 18）「ステークホルダー」型経営の立場に連なる，と解される．この立場を採る論者は，たとえば，ドノバン（Donovan, John）他（Donovan, et al［1998］）である．

しかし，PWH [1998] の説く「株主価値」が「企業価値－負債価値」と定義される限り，単純に考えれば，経営目標としては「企業価値の増大」を目指すべき，と言えば足りることであろう．

PWH [1998] が主張する「株主価値経営」は，「株主主権」の立場から「株主価値の最大化」を経営目標とすることを標榜し，目標および戦略を「株主へ伝達すること」(Investors Relations) を重視するというところに特徴がある．

それ以外のPWH [1998] の見解，たとえば，FCFモデルの意義，「顧客価値と目標指標（PWHの場合，株主価値）とを結びつけることの重要性」，経営戦略の役割，業績管理における「一元的で一貫性のある体制の確立の必要性」，「価値の創出と関連づけられた報奨制度の必要性」などは，『「企業価値』の増大を目指す経営」においてもなんら矛盾なく有用である．また，「業務上の価値ドライバー」として掲げられた事項 (pp. 102-104；本章p. 235, 図9-6) を，「『企業価値』を増進させる原動力ないし業務」と捉えても一向に差し支えない．PWH [1998] が「企業価値を最大化するために必要な手段をとることによって，実は株主だけではなく他のステークホルダーの利益をも増進することができるのである」(p. 16) と述べるのは[26]，その点を衝いていると言えよう．

ところで，「株主価値経営」にせよ「企業価値経営」にせよ，「キャッシュ・フロー・ベースの『価値指標』」を信奉する論者は，「(発生主義会計に基づく) 利益」を"目の敵"にしているように見受けられる．

PWH [1998] による〔発生主義会計に対する〕批判は，会計基準が各国で異なるため比較可能性が損なわれ (p. 48)，「利益」が恣意的なものに見え (pp. 47-48)，客観的な事実というよりも単なる「1つの意見」に過ぎない (p. 15) ということと，「過去における利益の実績と株価動向との間にはほとんど相関がない」(p. 15) ということの2点にまとめ得る．

他方，PWH [1998] が説くキャッシュ・フローの優位性は，株価との相関関係が高いということ (p. 49) と，「証券アナリストも評価手法を株主価値分析のほうに移しつつある．いいかえれば，フリー・キャッシュ・フローこそが価値分析の鍵なのだ」(p. 51) と述べるごとく，株主価値計算の基礎として有効

であるということの2点である．これを逆に見れば，「利益額は株価を評価したり株主価値を計算したりするのにはほとんど役立たない」(p. 48) ということである．

ここでは，会計基準が各国間で違いがあり，「利益」額の比較可能性が損なわれる，という批判は受け止めておきたい．また，株価との関係において，キャッシュ・フローの方が相関が高い点も，多くの実証的調査に敬意を表して，容認しておくことにしよう．

しかし，株主価値または企業価値の算定基礎であるFCFは，どのように算出されていたであろうか．

PWH [1998] の説くモデルでは，「FCF＝EBITDA(1－税率)－粗投資額」である．

ここでの，EBITDAは「事業が稼いだキャッシュ・マージンであり，会計手法の違いによる影響を受けない」(PWH [1998] p. 55) と言われるが，

　　EBITDA＝売上高－(売上原価＋[減価償却費等非支出費用を除く]
　　　　　　販売費・管理費)

であるから，棚卸資産評価法の選択適用に応じて「会計手法の違い」による影響を受ける．

また，そこでの「キャッシュ・ベースの支払税金」(＝EBITDA×税率) について，「我々の関心は事業活動にかかわるキャッシュ・フローの流出入の額だけであるから，税金ドライバーも現金で支払われる部分に限られる」(PWH [1998] p. 55) と説くが，「支払われる税金」はそのような"みなし税金"ではなく損益計算書上の「税額」であり，「減価償却費・支払利息の"節税効果"相当額」は支払われない．

キャッシュ・フロー・ベースの価値指標信奉論者は，キャッシュ・フローが「会計数値」と無縁であるかのように論じるが，FCF算出に必要な情報 (データ) はほとんどすべて日々の経営活動を記録・整理する「会計」の結果を用いている．「『利益』が恣意的なものに見え，客観的な事実というよりも単なる『1つの意見』に過ぎない」という批判は，そのまま「キャッシュ・フロー」に跳ね

返る．

　そして，キャッシュ・フロー・ベースのアプローチの長所は，「特に将来の業績に重点を置いていることである．過去に重点を置いたいわば後ろ向きの会計ベースの株主価値推計法からはっきり脱皮している」(PWH [1998] p. 73)，と主張する．ここでの「会計」に対する批判は，決算情報を公表するいわゆる「制度会計」に向けられており，「管理会計」を無視している．「FCFモデルでは，予測や意見に基づいて次の数年間—複数期間—にわたり，企業がどのように変化するのかを調べる」(PWH [1998] p. 59) ことは，目標指標こそ異なるが，管理会計における「利益計画モデル」でもまったく同様に考慮されている．将来の予測の確度は，むしろ「利益計画モデル」の方が高い．なぜならば，「FCFモデル」では，営業利益に加えて，運転資本額や固定資産投資額の増減も予測しなければならないからである．

　かくして，経営目標の指標としては，FCFよりも，「収益性」指標すなわち営業利益またはROA（もしくはROI）の方が優位にある，と考えられる．

　いずれにせよ，管理会計においては，「営業利益」を産み出す事業活動を対象とする「損益予算」（事業活動予算）と，主として「キャッシュ・フロー」を対象とする「資金予算」（財務活動予算）は予算管理における2本柱であり，また，資本利益率に代表される「収益性」の分析とキャッシュ・フローの増減に基づき支払能力を判定する「流動性」の分析は"車の両輪"のごとき重要な2大関心事である．

1) ホーングレン（Horngren, charles. T.）他も，企業業績（財務的強さ）を持続的に導く主要なドライバーの連鎖に関して，最下層に「組織学習」（訓練期間，離職率，スタッフ満足度）をおき，順次，「ビジネス・プロセスの改善」（サイクル・タイム，不良率，活動コスト），「顧客満足」（市場シェア，クレーム数），最上層に「財務的強さ」（製品別収益性，利子・税控除前利益）をおく4階層モデルを図示している（Horngren,et al [2005] p. 388，図9-3）．なお，カッコ内は指標の例示．
2) 本章において，引用文中の，下線による強調，〔　〕書きによる挿入，は中瀬．
3) 藤本［2004］は，キャプラン（Kaplan, Robert S.）などが提唱するバランス

ト・スコアカード（BSC）について，

「これも，長期指向から短期指向まで，4つの分野のパフォーマンスをバランスさせなさいと指摘していますが，どうやら私がここで挙げた4つと，かなり近いようです．偶然の一致ですが，要するに理屈に合っているということではないでしょうか．」（p. 44）と述べている．

BSCは，財務的尺度（会計的な評価指標）だけによる業績評価では充分ではないという反省の上に，非財務的尺度をも含めた多元的な業績評価システム構築のために提唱された．すなわち，

「BSCは，将来の財務的な業績のドライバーである，顧客満足，内部プロセスおよび組織の革新と改善に関するオペレーショナルな尺度でもって財務的尺度を補完するものである」（Kaplan = Norton［1992］p. 71）．

4) この図は，基本的には［2002］の図2と同じであるが，左の「組織能力」から右の「収益力」へと横並びに描かれたことと，「収益性」を「収益力」に変えたことが異なる．

5) ROIは，多様に使われているが，本章では「総資本営業利益率」を指すこととする．

6) 目崎［2002］は，230頁の藻利［1973］による展開式と同様の，「ROE＝税引後ROA＋（税引後ROA－税引後支払利子率）×（負債／株主資本）」を掲げ（p. 57），「株式発行による資金調達のほうが借入による資金調達よりも，財務レバレッジを低下させROEにはマイナスに作用する．……．ROEを悪化させるという意味において，株式発行による資金調達は借入による資金調達よりも高くつく」（p. 62）と指摘して，負債による資金調達の有利性を示唆している．しかし，「（ROA－税引後支払利子率）＜0」の場合には，多額の負債による高い財務レバレッジがROEを急速に悪化させる，という面も看過してはならない．

7) 訳書では「フリー・キャッシュ・フロー自体は成長期間もしくは競争優位期間内の各年のキャッシュ・フローと，残存価値から構成されている」（p. 54）．

これは，原著者のマチガイかまたは誤訳であろう．

8) このFCFは，わが国の「キャッシュ・フロー計算書」（支払利息を「財務活動によるCF」区分に記載する様式）に基づく算出額よりも，減価償却費および支払利息の「節税効果」（tax shield）相当額だけ少ない．わが国のCF計算書に基づく場合，

FCF＝営業活動CF－投資活動CF

　　　＝（営業利益＋減価償却費－運転資本増加額－支払税金）－固定資産増加額

で，ここでの「支払税金」（＝（営業利益［減価償却費控除後］－支払利息）×税率）が，PWH［1998］による「キャッシュ・ベースの支払税金」（＝EBITDA×税率）よりも，「（減価償却費＋支払利息）×税率」だけ少ないからである．注18) を参照

のこと.

9) 残存価値 $RV = FCF_N \times \left\{ \dfrac{1}{1+WACC} + \dfrac{1}{(1+WACC)^2} + \cdots\cdots + \dfrac{1}{(1+WACC)^n} \right\}$

$= FCF_N \times \left\{ \dfrac{1}{WACC} \times \left(1 - \dfrac{1}{(1+WACC)^n}\right) \right\}$

ここで,$n = \infty$ のとき,$1/(1+WACC)^n$ は限りなく0に近づくので,

$= \dfrac{FCF_N}{WACC}$

10) これらの要素を,井出は「株価形成の三大要因」と呼ぶ(井出=高橋[2000] p. 376).

11) 「株主価値理論は資本資産評価モデル(CAPM)として知られる研究の成果として生まれたものである」(PWH[1998] p. 25).

12) それ以外に,経営戦略は基本的に次の3つの問題に答えるもの,とされている(p. 89).
 ・どの事業分野を手がけるか.
 ・どのように勝利を収めるか,すなわちどのように目標を達成するのか.
 ・そしてどのようにして株主に報いるようなプラスのリターンを確保するのか.

13) ここでの記述に,キャプランとノートン(Norton, O. P.)によるBSCからの影響ないしこれへの同調を窺い知ることができる.

14) この図を,井出は「株主価値経営の方法論を図示したもの」として引用している(井出=高橋[2000] p. 379).

15) かつて藻利[1973]は,企業の持続的存続と発展を自己目的として志向する「企業維持の原理」を,新しい営利原則の具体的意味内容として主張した.すなわち,
 「企業における営利原則は,企業維持の原理として具体化されることとなる.…….維持されるべきものは,経済社会における企業の存在性であり,いわゆる取引地位でなければならないであろう.それは,競争社会における企業の生活能力,競争能力,ないし利潤獲得能力として理解されるものにほかならない」(pp. 52-53, p. 25).
 藻利の説く"競争能力"とは,「他の企業に対して経済的に優越する地位,競争社会における優位な取引地位」を確保する"能力"であると理解し得る.
 また,河合[2003]も次のように述べている.
 「一般に企業は存続し続けることを,またより望ましくは成長し続けることをその利害関係者(ステークホルダー)から期待されている.…….とすると,次に"企業の存続条件"が問題になるが,さしあたりは,同条件をクリアするための十分条件である,"利益—すなわち収益からすべてのコストを差し引いたもの—を上げ続けること"と考えておこう」(p. 17).

16) 井出＝高橋［2000］は，「企業価値」を評価するための2つの方法を紹介している．その「第1の方法は，企業の価値は株式の価値と負債の価値の合計となるので，これらを別々に求め，合計する方法である．

　　　　企業価値＝株式の価値＋負債の価値

この場合，株式の価値は，配当割引モデルを用いて求められる．負債については，負債の支払利子をその企業のリスクに応じた金利水準で割引けば，理論価値を求めることができる」(p. 115)．本文での「株主価値」は，ここでの「株式の価値」を指す．

17) 門田［2001］も，「会社の資本が自己資本のみで，『企業価値＝株主価値』となる場合を前提」として，企業価値（＝株主価値）が「将来の『税引後利益－純投資額』の現在価値の合計」となることを数学的に証明している (pp. 326-29)．ここでは，結論部分だけを引用しておく．ただし，「営業CF＋投資CF＋財務CF＝0」，つまり営業活動から得たCFがすべて投資CF（粗投資額）と財務CF（配当金）に充当されることを仮定している．

　　　　企業価値 $V(0) = \Sigma [X(t) - I(t)]/(1+\rho)^{t+1}$
　　　　　ここで，$X(t)$＝営業CF＝税引後当期利益＋減価償却費
　　　　　　　　　$I(t)$＝減価償却費を含むグロスの投資額

したがって，「$X(t) - I(t)$」＝税引後当期利益－純投資額

18) (2)式でのFCFは，その出版によって「株主価値経営に対する関心が一層脚光を浴びた」とPWH［1998］が評する (p. 27)，コープランド (Copeland, Tom) 他［1990］（訳［1993］）における「みなし税引後営業利益」（NOPLAT：net operating less adjusted taxes）（＝EBITA（1－税率））に基づく算出法と同じである．ここで，「税金＝EBITA（支払利息，税金およびアモチゼーション控除前利益）×税率」であるから，支払利息等の「節税効果」が考慮されていない（Copeland, et al［2000］，訳［2003］pp. 157-59, 190-92, 195-200)．

したがって，(2)式によるFCFは，PWH［1998］による"EBITDA"に基づく算出額よりも「減価償却費の節税効果」相当額だけ多く，わが国の「CF計算書」に基づく算出額よりも「支払利息の節税効果」相当額だけ少ない．

ここで，単純な例を用いて，PWH［1998］，Copeland, et al［2000］および「CF計算書」それぞれにおいて算出される，FCFを対比しておこう．

【例】売上高100 －（現金支出費用60 ＋減価償却費10）＝営業利益30
　　　営業利益30 －支払利息5 －税金10（＝25×税率40%）＝当期純利益15
　　　運転資本増加額＝4，固定資産増加額＝15
　　　① PWH［1998］の場合：
　　　　　FCF＝EBITDA40 － CFベースの支払税金16（＝40×40%）－ 4 － 15＝5
　　　② Copeland, et al［2000］の場合：
　　　　　FCF＝NOPLAT18（＝EBITA30×(1－40%)）＋減価償却費10 － 4 －

第 9 章　「企業の価値」と株主価値経営　251

　　　　　15 ＝ 9
　　　③「CF 計算書」の場合：
　　　　　FCF ＝（税引前当期純利益 25 ＋減価償却費 10 ＋支払利息 5 －運転資本
　　　　　増加額 4 －税金 10）－固定資産増加額 15 ＝ 11
　　　　これらの相違は，算定されている税額（それぞれ 16, 12, 10）の違いに起
　　　因する．
19)　注 17) で紹介した門田［2001］も，「［X(t)－I(t)］〔＝税引後当期利益－純投
　　　資額〕はフリー・キャッシュ・フローである」（p. 329），と指摘している．
　　　　これを注 18) での仮設例で確認しておく．門田［2001］の例では，負債が 0 だ
　　　から支払利息も 0 で，税金は 12（＝営業利益 30 × 40 ％）となり，税引後当期純利
　　　益は 18．純投資額は 9（＝［運転資本増加額 4 ＋固定資産増加額 15］－減価償却費
　　　10）．∴FCF ＝ 9．この結果は，注 18) の例 ② の Copeland, et al［2000］の算
　　　出法と一致する．
　　　　井出＝高橋［2000］は，企業価値を求める 2 つの方法から同じ結果が得られるこ
　　　とを簡単な数値例を用いて解説し，「キャッシュ・フロー割引モデルは配当割引モ
　　　デルを前提に成立しているものであり，対立するものではないことがわかる」（pp.
　　　119-21），と指摘している．
20)　「企業価値経営」を標榜する宇野［2003］は，「企業行動の目的は，企業価値の
　　　向上，最大化ということになります．企業価値を向上，増大させるためにはフリ
　　　ー・キャッシュ・フローをできるだけ多く作り出すことが求められます」（p. 28）
　　　としながらも，「フリー・キャッシュ・フローが『期間目標値』にはなりにくいと
　　　いう点」に注意が必要である（p. 29），と訴えている．
21)　たとえば，コトラー（Kotler, Philip）は，事業戦略計画過程における，「戦略形
　　　成」の場面でポーターの「基本戦略」を紹介している（Kotler［2003］pp. 106-7）．
22)　企業のさまざまな活動から「価値」が創られるという「価値連鎖」概念は，会計
　　　学における「経営活動による"価値"の形成過程を通じて収益〔ポーターの言う
　　　「総価値」と同義〕の発生を認める『生産基準』」と酷似する．「生産基準」という
　　　考え方は，"字義通りの"ないし"純然たる"「発生主義」であるが，測定可能性
　　　という観点から「慎重を期する」現行制度会計では採用されていない．
　　　　ベッドフォード（Bedford, Norton M.）は，企業創出活動として用役の取得，
　　　用役の利用，取得用役の再結合および用役の販売の 4 つの活動を捉え，これら各段
　　　階でオペレーショナル利益を認識・測定することを主張した（Bedford［1965］）が，
　　　この見解は「価値連鎖」概念と軌を一にし，ポーターに先立つ"価値連鎖"に関す
　　　る先駆的研究である，と言える．ベッドフォードの「オペレーショナル利益の測定
　　　は発生主義の拡張に関する主張である」，と評されている（津曲［1969］pp. 196,
　　　193）．

23) ここでの「顧客価値」は，「価値とは，買い手が会社の提供するものに進んで払ってくれる金額である．価値は総収入額で測られる．すなわち，会社の製品につけられた価格と売れる量を反映する」(Porter [1985] p. 38, 訳：p. 49)，とされる「価値」を指す．

24) 「顧客知覚価値」とは，製品またはその代替物について顧客が見込んだ便益の総計とコストの総計との差である．総顧客価値は，一定の市場における提供物に対して期待する経済的，機能的，心理的な便益の束についての知覚された貨幣的な価値である．総顧客コストとは，一定の市場での提供物を評価し，入手し，使用し，廃棄することから生じると顧客が期待するコストである」(Kotler [2003] p. 60)．

25) 目標指標を「株主価値」とするか「企業価値」とするか，という考え方の根底にある「企業（会社）観」の相違に関して，たとえば岩井［2005］は，次のように述べている．

　　「モノとしての会社の価値は，……株価の総額」で，「ここでは会社の株式価値と呼んでおく」(p. 58)．

　　「ヒトとしての会社の価値とは，……将来にわたって生み出されていく利益の割引現在価値だ」，もう少し単純化して言えば「会社がヒトとして所有し管理している会社資産の価値で」，「ここでは会社の資産価値と呼んでおく」(pp. 58-59)．

ちなみに，中瀬［1999］は，PWH［1998］の「株主価値」の定義式（企業価値－負債）における「企業価値」が，アメリカ会計学会の「会計基準」1957年改訂版での「"用役潜在力"（service potentials）としての資産」と同型である，と指摘している (p. 69)．

26) ただし，引用文中の「企業価値」は前後の文脈からすれば「株主価値」と言うべきところを，原著者が勘違いしたか誤訳であるかもしれない．

引用文献

Bedford, Norton M., *Income Determination Theory : An Accounting Framework*. Reading, Mass.: Addison-Wesley, 1965.

Copeland, Tom, Tim Koller and Jack Murrin, *Valuation: Measuring and Managing the Value of Companies*. 3rd Edition. McKinsey & Company, Inc., 2000. マッキンゼー・コーポレート・ファイナンス・グループ訳『企業価値評価：バリュエーション―価値創造の理論と実践―』ダイヤモンド社，2002年．

Donovan, John, Richard Tully and Brent Wortman, *The Value Enterprise*. New York: McGraw-Hill, 1998. デロイト・トーマツ・コンサルティング戦略事業部訳『価値創造企業―株主・従業員・顧客：全ての満足を最大化する経営改革―』日本経済新聞社，1999年．

藤本隆宏「企業の実力」．日本経済新聞社編『やさしい経営学』日経ビジネス人文庫，2002年，pp. 52-65.

―――『日本のもの造り哲学』日本経済新聞社，2004年．

Hamel, Gary and C. K. Prahalad, *Competing for the Future*. Boston: Harvard Business School Press, 1994. 一條和生訳『コア・コンピタンス経営：未来への競争戦略』日経ビジネス人文庫，2001年．

Holden, Paul E., Lounsbury S. Fish and Hubert L. Smith, *Top-Management Organization and Control*. New York: McGraw-Hill, 1948. 岸上英吉訳『トップ・マネージメント：最高経営層の組織と経営統制―米国主要31会社における経営の実態研究―』ダイヤモンド社，1951年．原著の初版は1941年発行だが，邦訳書は1948年刊行のEnlarged Editionによる．

Horngren, Charles T., Gary L. Sundem and William O. Stratton, *Introduction to Management Accounting*. 13th Edition. Upper Saddle River: N. J.: Prentice Hall, 2005.

井出正介＝高橋文郎『ビジネス・ゼミナール 経営財務入門』日本経済新聞社，2000年．

岩井克人『会社はだれのものか』平凡社，2005年．

Kaplan, Robert S. and D. P. Norton, "The Balanced Scorecard: Measures that Drive Performance," *Harvard Business Review*, January-February, 1992, pp. 71-79.

河合忠彦『ダイナミック戦略論―ポジショニング論と資源論を超えて―』有斐閣，2003年．

Kotler, Philip, *Marketing Management*. 11th Edition. Upper Saddle River: N. J.: Prentice Hall, 2003.

目崎美和子『ROEを活用する企業評価・財務戦略』中央経済社，2002年．

門田安弘『管理会計：戦略的ファイナンスと分権的組織管理』税務経理協会，2001年．

藻利重隆『経営学の基礎』新訂版，森山書店，1973年．

中瀬忠和「株主重視の会計とは―キャッシュ・フローを考える―」．『JICPAジャーナル』第528号（1999年8月号），pp. 68-73.

Porter, Michael E. *Competitive Strategy*, New York: The Free Press, 1980. 土岐坤＝中辻萬治＝服部照夫訳『新訂 競争の戦略』ダイヤモンド社，1995年．

―――, *Competitive Advantage*. New York: The Free Press, 1985. 土岐坤＝中辻萬治＝小野寺武夫 訳『競争優位の戦略：いかに高業績を持続させるか』ダイヤモンド社，1985年．

Prahalad, C. K. and Gary Hamel, "The Core Competence of the Corporation," *Harvard Business Review*, May-June, 1990, pp. 79-91.

PWH; Andrew Black, Philip Wright and John E. Bachman, *In Search of Shareholder*

Value: Managing the Drivers of Performance. New York: Price Waterhouse, 1998. プライスウォーターハウス編, 井出正介監訳, 鶴田知佳子＝村田久美子訳『株主価値追求の経営―キャッシュフローによる企業改革―』東洋経済新報社, 1998年.

田村達也『コーポレート・ガバナンス：日本企業再生への道』中公新書, 中央公論新社, 2002年.

土屋守章『企業と戦略：事業展開の論理』メディアファクトリー, 1984年.

津曲直躬「操作主義会計学の展開―N. M.ベッドフォードの所説をめぐって」．江村稔編『変動期の現代会計』〔江村稔=染谷恭次郎=中島省吾=諸井勝之助=山桝忠恕編集『講座 現代会計』第1巻〕中央経済社 1969年, pp. 180-206.

宇野永紘『実践管理会計と企業価値経営』三省堂, 2003年.

渡辺 茂『ＲＯＥ［株主資本利益率］革命』東洋経済新報社, 1994年.

『日本経済新聞』1996年5月8日.

『日本経済新聞』1997年5月23日.

第10章　企業価値の二面
——一元的企業価値から多元的企業価値へ——

1. 企業価値多元化の背景

　バブル経済崩壊後，企業価値に対する見方が多元化してきた．現在，世界各国でパラダイムシフトすなわち価値観の転換が進んでおり，多くの文献で直接的，間接的にとりあげている[1]．企業価値はファイナンスの理論に代表されるように株主の視点から捉えられることが多い．しかし，従来声なき利害関係者がスティクホルダーという呼称のもとに注目されるようになり，企業価値は各スティクホルダーの視点からも捉えられるようになってきた．

　企業とスティクホルダーの関係は，経済発展に応じて，①企業と消費者→②企業と消費者・従業員→③企業と消費者・支配的経営者・投資家というように拡大しているとされるが，現代ではさらに④企業と消費者・従業員・経営者・株主および投資家・債権者・供給業者・地域社会・地球環境というように拡大している[2]．

　企業とスティクホルダーの関係は，ガバナンスの変化によって変わるとともに，スティクホルダーの拡大によっても変わる．企業価値を株主の視点からみる立場はバブル経済崩壊後のガバナンスの変化を重視しているのに対して，企業価値を各種のスティクホルダーの視点からみる立場はスティクホルダーの拡大を重視している．

　コーポレート・ガバナンスは，機能からみれば経営者とスティクホルダーとの間におけるコントロール権の配分に関する仕組みをいう[3]．換言すれば，スティクホルダーの利害が経営に反映されるように影響力を行使し統治する仕組

みをいう．また目的からみれば，エイジェンシー関係を効果的に機能させ企業の維持・発展を図ることをいう．

まず，ガバナンスの機能面におけるコントロール権の配分をみれば，バブル経済以後，株主に傾斜してきている．従来，わが国企業のガバナンスには，①金融機関が企業破綻の回避やM&Aのような重要事項についてチエック機能を果すとともに，②通常は，株式持合いによる企業の相互依存，終身雇用制のもとで生え抜き経営者による経営者支配という特徴がみられた．その結果として従業員と下請企業などの取引先を志向した経営になっていた．しかし，次のような背景のもとにガバナンスに変化が生じ株主・投資家志向への傾斜を招来した．

① バブル経済時代から株主資本が充実化するとともにその反面において金融機関の監視機能が弱体化してきた．
② グローバル化の流れのもとで法人間での株式持合い解消が進み，相互不干渉主義が弱体化してきた．
③ バブル経済崩壊後，業績低迷によって株主価値を求める株主からの発言力が増大し，株主・投資家志向の経営および株主による監視機能が重視されるようになった．
④ 情報の公開が社会的に求められるようになり，情報の非対象性に対する批判の増大からIRが重視されるようになった．

次に，ガバナンスの目的面をみれば，企業の健全性重視はスティクホルダーへの配慮という形で拡大し，さらにはエクィティを認める理論にもつながっている．スティクホルダーの拡大に伴い必然的にガバナンスも変化してくる．

スティクホルダーは，企業の経営活動によって相互に影響しあう関係者をいう．企業の立場からは，企業に対する圧力団体ないしは利害駆引者という意味合いをもっている[4]．企業に対して影響力をもつスティクホルダーは前述したように歴史とともに増えている．わが国で利害関係者という言い方に代えてスティクホルダーといわれるようになった背景として，利害関係者として非資本所有者の存在を重視するようになったことが考えられる．資本の所有者が影響力を発揮するのは当然であるが，非資本所有者もまた企業に対して影響力を行

使するようになってきている．たとえば，企業と直接的な利害がないNPOは，企業行動に対する監視やインタミジャリーとしての媒介機能を果たすことによって，企業に対して影響力を行使している．

スティクホルダーが拡大するに伴って多元的な企業価値が志向されるようになると，ガバナンスには株主・投資家と並んで非資本提供者も絡んでくる．多元的企業価値が志向される背景として，次のような点をあげることができる．

① 経済のグローバル化の流れのもとで，欧米の価値観が普及，環境維持や社会的責任・貢献の必要性が認識されるようになった．
② 環境維持，女性労働の活用，外国人労働者への配慮，CSRの規格化の動向にみられるように，国際的な基準，条約，規格などが増大し，多元的な視点をもった企業運営が必要になってきている．
③ NPOによる企業監視，エコ・ファンドによるエコ投資，グリーン・コンシューマーによる環境重視の購買，社会一般による欠陥製品・不祥事の隠蔽などに対する厳しい糾弾にみられるように企業に対する圧力が増大している．
④ 製品の差別化が簡単でない状況のもとで，企業イメージの向上が製品競争力の要因として重要になってきた．コーポレート・レピュテーションやブランドの研究に関心が向けられているのはこの現れである．

2．企業価値としての経済価値と社会価値

(1) 企業価値の捉え方

価値は，経済学では ① 使用価値（財貨が欲望を満たす性質），② 交換価値（財貨の一定量が他の財貨の一定量とかえられる度合い）という意味で，また哲学では ③ 主観価値（対象が主観の要求を満たす性質）という意味で用いられる．主観価値は，主体が期待する望ましさといえる．何をもってCSR，ブランドと考えるかは，時代，環境によって異なる点が多いので主観価値の性格が強い．この意味では，CSR，ブランドなどが経済的な価値をもつとしても客観性が低い．

企業価値は，捉え方によって大きく2つに分けることができる．貨幣数値によって捉えた場合には経済価値になり，非貨幣数値によって捉えた場合には非経済価値になる．企業価値を経済価値として捉える場合には，直接的に経済価値として測定できない要因は除外するか間接的に経済価値に反映されているものとみなす．この意味で企業価値は，貨幣単位で測定可能な経済価値と貨幣単位で測定が困難な非経済価値から構成されているといえる．

　非経済価値には多様なものが含まれるが，それらは社会価値，環境価値，ブランド価値などに集約化できる．これらの価値は，相互に関係しているので，概念的に明確に区分できるわけではなく，またブランド価値については，近年，経済価値としての測定が急速に進んでいる．換言すれば，社会価値，環境価値，ナレッジなどの無形資産価値は現在のところ貨幣数値で把握するコンセンサスを得た方法までは見出されていないものの，非経済価値も測定能力の向上によって経済価値として認識されるようになってきている．この意味で，非経済価値と経済価値の差は絶対的なものではないといえる．

　以上の企業価値の内容は，図10-1のように経済価値，社会価値，環境価値，ブランド価値からなるものとして示すことができる．環境価値は社会価値に含めることもできるので，企業価値は経済価値と社会価値から構成されているということもできる．これらの価値が何を意味するかは必ずしも明確ではなく，市民権を得た定義があるわけではない．また，社会価値，環境価値は測定が困難であり，測定を重視する研究分野でこれらの用語を用いるとハウツー的とみなされやすい．近年，企業価値を経済価値中心に考える大きな潮流がある一方

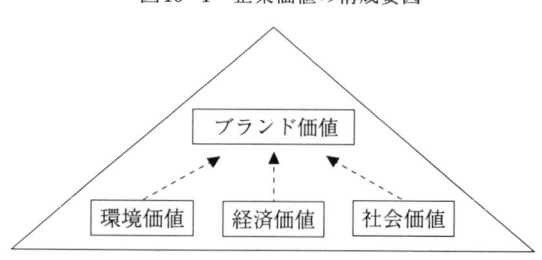

図10-1　企業価値の構成要因

で，環境価値，社会価値の重要性を主張する潮流がある．

　企業価値を経済的に捉えると，一般的に図10-2のように示すことができる．この図に示されるとおり企業価値にはいくつかの側面があり，社会価値，環境価値およびブランド価値は無形資産価値に含められる．前述のように社会価値，環境価値，ブランド価値は，貨幣数値で測定が困難であるという意味で非経済価値ということもできるが，企業価値向上に貢献しているという意味で経済価値を有しているといえる．貨幣数値として顕現化した価値を経済価値と定義すると理解しやすい．

　また，企業価値は図10-2から明らかなように，どの側面を測定するかによって複数の方法で測定できる．理論的にはどの側面を対象にした測定であっても測定値は同じになる．しかし，次のような問題点を看過できない．

① 測定方法の違いによって実際には測定値は異なることが多い．企業価値は，長期的にみれば同じになるとされるが，特定の計算式に従う限りでの測定値であるといったほうが適当である．意思決定は現時点の情報に基づいて行われるのであり，測定値の違いが大きければ測定の有用性が制限される．

② 理論的には同じ値になるという点についても，果たしてそうであろうかという疑問が残る．株価の主たる形成要因が将来のキャッシュフローであることには異論がない．しかし，株価の形成にはその他の多くの要因が関係している．したがって一致すると考えることには無理がある．

③ 有形資産と無形資産を合計することによっても企業価値は測定できるが，無形資産には各種の要因が含まれるため，その測定は簡単ではない．

図10-2　企業価値

市場価格	無形資産	MVA（市場付加価値）	投下資本を超える価値	株式時価総額	企業価値（時価）
	有形資産	投下資本（簿価）	株主資本（簿価）		
			負債資本（簿価）	負債資本（時価）	

経済価値は，主として市場との取引から生み出される．それに対して，社会価値，環境価値は，主として企業行動から生み出される．さらに，ナレッジなどの無形資産価値およびブランド価値は市場取引，企業行動の両面から生み出される．換言すれば経済価値は製品の品質（機能）・価格・サービス競争からもたらされたものであり，社会価値，環境価値は企業の社会的責任・貢献からもたらされたものである．ブランド価値は，経済価値，環境価値，社会価値が高い場合に生み出される価値であり，これらの価値が低ければ生み出されることはない．

（2）社会価値の考え方

社会価値は，企業行動の良さ，簡単にいえばCSRの良さということができる．CSRは，社会的責任・貢献をいい，そのなかには環境維持に対する責任・貢献も含められる．なにをもって企業行動の良さというか，あるいはCSRとはなにかについては，時代，立場，環境などによって異なる．

CSR重視への価値転換は，企業倫理学（応用倫理学），コンプライアンス論（法律学），企業社会責任論（経営学），持続的可能性論（生態学）に震源があるとする見解に示されるように，CSRあるいは社会価値の捉え方は多面的であり，アプローチによって重点の置き所が異なる[5]．CSR重視は，結果的に企業のパラダイムを古典的企業モデル，裁量的企業モデルからシステム論的企業モデルへ，あるいは株主資本主義からスティクホルダー資本主義への変革を惹起している．

CSRの履行は企業の社会業績ともいわれ，社会的責任と社会的貢献を含む．社会的責任と社会的貢献には次のようなニューアンスの違いがある[6]．

① 社会的責任を法律，ISO，社会規範などの制度を厳守する責任段階，社会的貢献をそれ以上の社会的ニーズに応える自発的行動段階とする考え方
② 社会的責任を本来業務としての事業に関わる法的・経済的・倫理的責任範疇とし，社会的貢献を本来業務としての事業に関わらない自発的責任範疇とする考え方

③　社会的責任を企業が市場に参加するための最低限のルール，社会的貢献投資を企業が行う直接・間接的な支出により長期的な視点での成果が期待される戦略的投資，社会的貢献を企業が成果を期待せずに支出する活動の3つに区分する考え方

④　社会的責任を企業活動の影響の仕方によって4つに区分する考え方．すなわち，a) 市場取引を通じて直接的に発生する責任（製品責任），b) 市場取引を通じて間接的に発生する責任（従業員に対する責任，地域住民に対する責任など），c) 市場取引を通じないで直接的に発生する責任（地球環境に対する責任，コンプライアンスやモラル維持の責任など），d) 市場取引を通じないで間接的に発生する責任（正義，公平，公正などの倫理的規範に対する責任など）に分けるものである．

　企業価値の測定という視点からは，③の社会的貢献投資をもって社会価値とするのが分かりやすい．1970年代の社会的責任・貢献の測定・評価は支出項目に限定された直接的な測定であった．しかし，企業の社会的評価は社会的制度の遵守，見返りを期待しない支出によって大きく影響される．この意味で社会的責任遂行度の貨幣価値への換算あるいは非貨幣数値による測定・評価が重要である．

　社会業績という言い方は，貨幣数値による測定ができない社会的責任・貢献も企業業績として重要であることを強調するものである．近年みられるようになった社会価値という言い方は，経済価値が強調されすぎることに対する批判であるとともに，社会業績をさらに企業価値の一部として一体的に把握しようとするものといえる．

　近年，社会的責任・貢献はCSRといわれることが多い．これは単に言いやすいという単純な理由の他にISO14000や倫理基準のISO化の動向にみられるように海外からの影響が強いことによる．この意味では近年の潮流は外的要因によって惹起された規格化の傾向といえる．他面において，戦略化の傾向も指摘できる．環境経営を市場戦略として積極的に推進すれば必然的に戦略化する．ISO14000の導入が一段落し環境経営が定着化してくると，環境経営を拡大し

CSRを戦略として行うようになってきた．換言すればCSRの差別化をはかろうとするものといえる．

　社会的責任・貢献とCSRの違いにニューアンスの差があるにしても，図10-3に示すような関係において，a) 代理関係（経営者の株主に対する株主価値向上，情報公開などの責任），b) 信任関係（経営者の会社に対する忠実性の責任），c) 信頼関係（会社のスティクホルダーからの信頼維持の責任）において説明することができる[7]．なお所有関係においては株主の企業に対する責任があるといえる．株主が所有者であるからといって昨今のM＆Aにみられるような行き過ぎた権利行使は，ガバナンス（企業統治）が成熟していないことを示している．また，企業のスティクホルダーに対する社会的責任・貢献は，論者によってスティクホルダーの範囲，優先順位，責任の内容などに関して異なっている．

　社会的責任の社会とは公衆といってもよく，一般的には非資本提供者ということができる．この場合には，エクイティを有するストックホルダー以外のスティクホルダーに対する責任を意味する（狭義のCSR）．ただし，企業規模の拡大に伴う企業の制度化によって，CSRは株主，債権者などの資本提供者に対する社会的責任をも意味するようになってきた．この場合にはCSRはすべての関係者に金銭的，非金銭的な責任をいうと考えることができる（広義のCSR）．

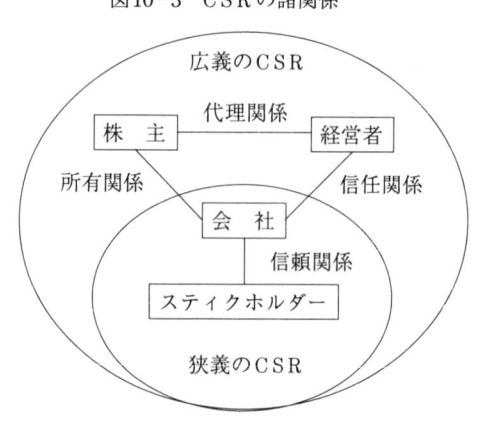

図10-3　CSRの諸関係

以上を会計的にいうと，企業のアカウンタビリティが私的なアカウンタビリティから公的なアカウンタビリティにまで拡大していると説明できる．換言すれば，企業は社会的制度（社会の公器）であり，企業とスティクホルダーとの間に委託・受託の関係があり，両者は相互依存の存在であると考える．

公的アカウンタビリティには，エクイティの保持者を特定できるアカウンタビリティと，すべての利害関係者に関わるためエクイティの保持者を特定できない地球環境に関わる責任がある．この点からは，前者を社会的責任，後者を環境責任として区別するほうが分かりやすい．アカウンタビリティとCSRの内容をまとめると，図10-4のようになる．

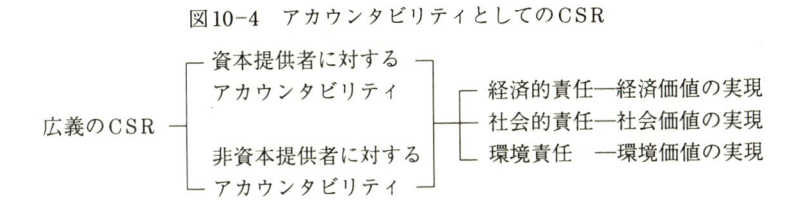

図10-4　アカウンタビリティとしてのCSR

```
                   ┌ 資本提供者に対する       ┌ 経済的責任──経済価値の実現
広義のCSR ─┤  アカウンタビリティ    ├ 社会的責任──社会価値の実現
                   └ 非資本提供者に対する    └ 環境責任　──環境価値の実現
                       アカウンタビリティ
```

3．社会価値向上戦略

（1）CSRの戦略化の意味

CSRに対する関心は，高度成長期に公害，不祥事の多発などに対して，地域住民，消費者，マスコミから企業の社会的責任を問う声が上がったこと，アメリカでCSRの先駆的な文献が出始めたことに起因している．しかしこの時期の社会的責任は，企業価値を向上させるための戦略というような認識はなかった．

社会的責任や環境保全に対する関心は，CSRの重要性を企業に認識させたが，1973年のオイル・ショックを契機とする高度成長の終焉，その後の1976，77年をピークにした倒産が多発すると，収益性，安全性に対する関心の背後に霞んでしまった．

その後，わが国経済は不況を克服しバブル経済に突入し空前の好況を呈した．

同時期に地球環境に関心が向けられはじめ，ヨーロッパを中心に環境維持の規格化が進んだ．グローバルな趨勢としての環境重視は，バブル経済崩壊後さらに進み制約要因から戦略要因になってきている．

1970年代の環境を中心とするCSRへの関心が不況とともに霧消し，社会的責任の測定・評価も定着しなかったのに対して，1990年代からのCSRは，グローバルな動向にあるため不可逆的である．こうした背景を受けて，CSRは，企業価値向上の要因として，また制約要因から戦略要因として認識されるようになってきている．

CSRの戦略化は，CSRを他社に先駆けて積極的に遂行することをいう．具体的にいえば図10-5のCSRの段階に示したように，内容の高度化（コンプライアンス→倫理的行動→社会貢献活動），対象の拡大（スティクホルダーの範囲拡大），経営の積極化（損失回避のリスクマ・ネジメントとしてのCSR→利益創造の戦略的経営としてのCSR）をいう．

（2）CSRの戦略化の動機要因

CSRの戦略化は，まず限られた予算の有効な活用から説明できる．企業の予算は限られているので予算の効率的，効果的な使用が求められる．同じCSRであっても他社より先にやれば社会に対するインパクトが大きく企業価値向上の効率は高くなる．たとえば，日本郵船が丸の内の本社ビル内に託児所を設けたことはマスコミでも取り上げられ，社会的に反響を呼んだ．しかし，当初の予想に反して子供を預ける従業員が少なく他社に開放したことが新聞紙上で取り上げられている．ここで明らかなことは，他社に先駆けて本社に託児所を付設したことは日本郵船のイメージ向上に寄与し社会価値を高めるものである．しかし，丸の内に託児所を設けても通勤事情から子供を預けたいと考える女性は多くなく，相手の立場に立った配慮がCSRには重要であることを示唆している．

CSRはコーポレートブランドを高めるが，施策にあたっては予算の制約から有効性と効率性が考慮されなければならない．CSRの戦略化は，次式に示すよ

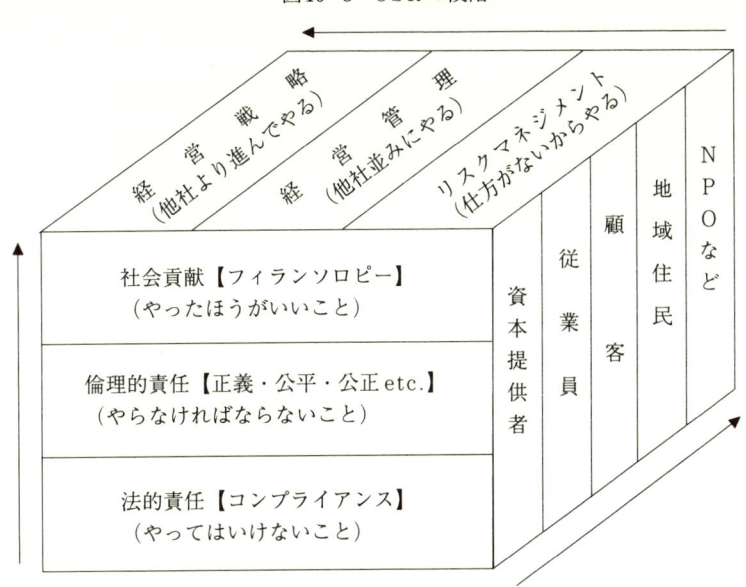

図10-5　CSRの段階

経営戦略（他社より進んでやる）
経営管理（他社並みにやる）
リスクマネジメント（仕方がないからやる）

社会貢献【フィランソロピー】
（やったほうがいいこと）

倫理的責任【正義・公平・公正 etc.】
（やらなければならないこと）

法的責任【コンプライアンス】
（やってはいけないこと）

資本提供者／従業員／顧客／地域住民／NPOなど

うにブランド有効性とCSR効率を考慮に入れて実行することであるといえる．

$$\frac{ブランド}{コスト} = \frac{ブランド}{CSR} \times \frac{CSR}{コスト}$$

（ブランド効率）　　（ブランド有効性）　　（CSR効率）

　CSRの戦略化は，次に企業行動に対する社会的評価の向上から説明できる．企業の目的は持続的成長である．株主をはじめとして自己の利害を充足しようとするスティクホルダーにとっては企業が持続的に成長していくことが重要である．企業が持続的に成長していくためには経済価値のみならず社会価値，環境価値の大きい企業であることが求められる．経済価値と社会価値（環境価値を含む）の評価の組み合わせによって，図10-6のように持続的成長企業の概念図を描くことができる．この図において，産業，業界などの平均を0としてプラスに位置するかマイナスに位置するかで組み合わせをすると，営利中心企業，

衰退企業，啓発された企業，持続的成長企業のイメージを描くことができる．

　持続的成長が社会的責任であることは，評価視点に時間軸の視点を加えることでもある．たとえば，三菱自動車がリコール問題の最終処分で社長経験者を含む7人の元役員に13億円の損害賠償請求を行ったことは，経営者が現在のスティクホルダーの利害を満たしただけでは不十分で，未来のスティクホルダーからも監視されることを意味する．逆にGMでは業績不振の一端が退職者向けの医療費負担（現役社員1人で高齢者の退職者2.5人を支えている状況）にあり，現経営陣が過去の重み（legacy cost：負の遺産）に苦しんでいる．これは，経営者が過去のスティクホルダーからも監視されることを意味する．企業が責任を負うべき対象には，現在だけでなく過去や未来のスティクホルダーが包含されるのである．この意味で，経営の評価は過去・現在・未来の持続のなかで決まるといえる[8]．持続的成長は超長期的概念である．そのため実行可能な戦略目的

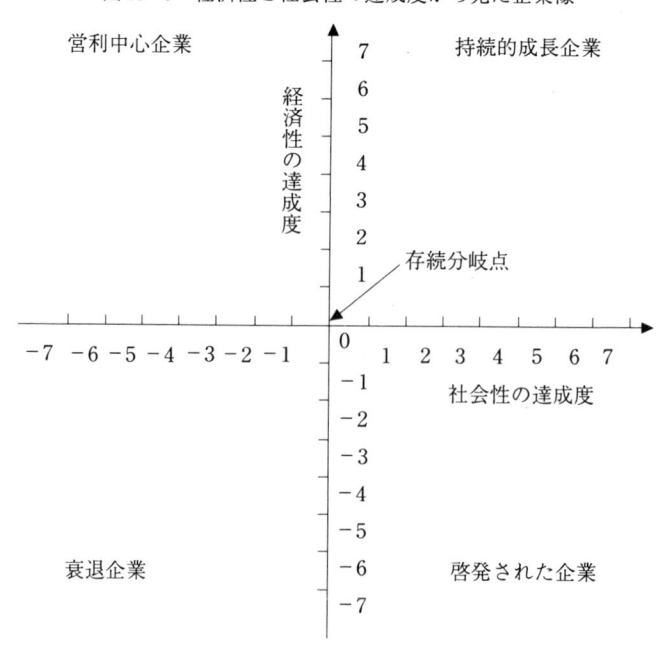

図10-6　経済性と社会性の達成度から見た企業像

　　営利中心企業　　　　　　　　　　持続的成長企業

　　　　　　　　　　経済性の達成度

　　　　　　　　　　　　存続分岐点

　　　　　　　　　　　　　　　　　社会性の達成度

　　　衰退企業　　　　　　　　　　　啓発された企業

として樹立するためには長期的企業価値の増大という企業目的として具体的に捉える必要がある．長期的な企業価値を増大するためには，図10-7の左側の線で示される顧客満足が何よりも重要であり経営戦略の中心になる．それに加えて，右側の線で示される企業行動のあり方が重要である．企業行動が社会性，環境性において評価されるならば，市場戦略にプラスに作用する．CSRの戦略化の意義はここにあるといえる．CSRは社会的存在としての企業に求められる常識的な責務といえるが，市場への影響という視点からみると戦略として捉える意義がでてくる．

同じ製品を販売するにしても企業行動が社会に受容されることは製品の販売に好影響を与える．社会的責任の遂行によって，① 企業の正当性を得る → ② 信頼感を獲得する → ③ ブランド価値を高める，という段階的により高次の効果を得ることができる．CSRは ① → ② → ③ と後にいくほど戦略化する．換言すると，先に示したCSRの段階を進むほど戦略的に行うことになり，戦略化するといえる．

CSRにおいて高い評価を受けているリコーは，2006年の『社会的責任経営報告書』で，「業績目標の達成」と「企業の社会的責任のまっとう（誠実な企業活動，環境との調和，人間尊重，社会との調和）」の同時実現によって企業価値の向

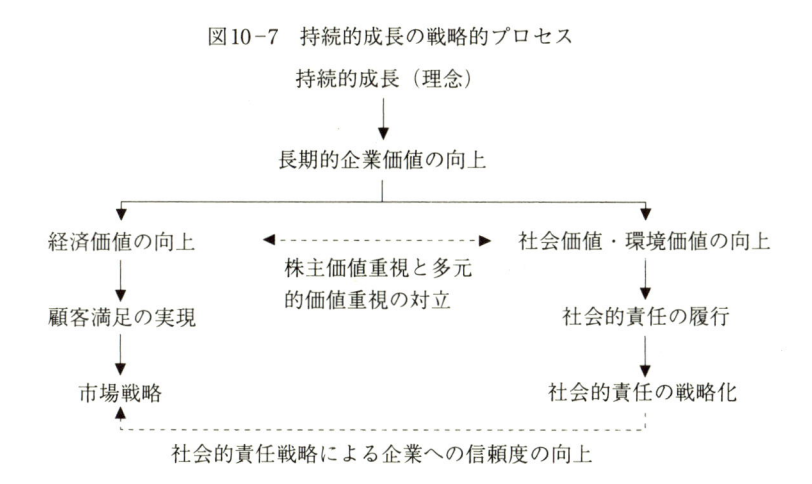

図10-7　持続的成長の戦略的プロセス

持続的成長（理念）
↓
長期的企業価値の向上

経済価値の向上　　　　株主価値重視と多元　　　　社会価値・環境価値の向上
↓　　　　　　　　　　的価値重視の対立　　　　　↓
顧客満足の実現　　　　　　　　　　　　　　　　　社会的責任の履行
↓　　　　　　　　　　　　　　　　　　　　　　　↓
市場戦略　　　　　　　　　　　　　　　　　　　　社会的責任の戦略化

社会的責任戦略による企業への信頼度の向上

上をはかるとしている．これは図10-7に示す経済価値と社会価値・環境価値を同時に実現しようとするものに他ならない．

　CSRの第1段階として企業行動に正当性が認められなければ，三菱自動車やコクドの例をあげるまでもなく企業の存在そのものが危うくなる．正当性が容認されても第2段階としての企業に対する社会の信頼感がなければ売上高には結びつかない．CSRは社会からみれば企業に対する信頼に他ならない．社会の信頼を得るためには，企業行動に誠実さが維持されていなければならない．社会的責任は企業理念を誠実に遂行することであるという考え方は，この点を強調したものである[9]．

　「信頼」とは，期待を裏切らないと信じること，信用して頼ることをいうが，信頼にもニューアンスや程度差がある．和英辞典でみると，trust（本能的な，絶対的な信頼），confidence（経験・理由・証拠に基づく確信），reliance（具体的な決定や行動に結びつく信頼），credibility（威信，信憑性，真実性）などがあげられる．フォンブラウンは，消費者の商品に対する信頼性をreliability，投資家の株式に対する信頼性をcerdibility，従業員の組織に対する信頼性をtrustworthyといっている．

　企業に対する信頼は，企業が示す証拠や行動に基づいて形成され，消費者の場合には製品の購入に結びつく．社会の信頼度が高くなれば企業の威信になり，コーポレート・ブランド，製品ブランドに反映される．企業に対する信頼は，戦略への信頼（ミッションに対する信頼），組織への信頼（意思決定と活動への信頼），個人への信頼（経営者，管理者への信頼）として捉えることができる[10]．

　CSRの戦略化は，別の視点から対応行動における感応度と迅速さのアップということができる．この意味でCSRはSR（Stakeholder Relations）というほうが適切である[11]．社会的責任がスティクホルダーの企業に対する要求というニューアンスをもつのに対して，SRは企業のスティクホルダーに対する行為というニューアンスをもつ．IRが株主価値向上を志向した株主・投資家に対する責任の戦略的遂行であるとすれば，SRは社会価値，環境価値，それらを含めた企業価値の向上を志向したスティクホルダーに対する責任の戦略的遂行である．

換言すれば,「会社は誰のものか」という視点ではなく「会社は誰のためのものか」という視点のコーポレート・ガバナンスに立脚することである. 前者の視点に立てば会社は株主のものという視点からの行動が強くなりすぎる. それに対して後者の視点に立てばスティクホルダーを広く考慮に入れることになる. コーポレート・ガバナンス論は単純に所有関係をいうのではなく, 経営の透明性と維持・発展を目的にした統治のあり方を問題にするものである.

(3) 社会価値追求による経済価値向上の可能性

企業価値の追求は, 大きく株主価値志向と非株主価値(非資本提供者にとっての価値)をも考慮に入れた多元的価値志向に分かれる. これを概念式で示すと, 企業価値と株主価値および非株主価値の関係は次のようになる.

　　企業価値=株主価値=発行済株式の時価総額

　　企業価値=株主価値+非株主価値

前者の概念式では, 企業を株主の所有物とみなし, もっぱら株主の利害の充足を目的とする視点に立つ. この意味で, 株主価値志向においては経済価値が重視され, 非株主価値は制約条件とみなされる.

後者は, 株主もスティクホルダーの一つとみなし, すべてのスティクホルダーの利害を考慮した多元的価値を追求することが企業価値を向上させるとする視点に立つ. 換言すれば, 株主価値は企業価値が向上した結果と考える.

両者の論理展開は, 具体的にいえば以下のように異なる. 株主価値を基点にして論理展開を行う場合には, 株主価値を損なうようなCSR, たとえば, 業績低迷下での従業員の雇用は株主価値を減少させるので許されないと考える. それに対して, スティクホルダーを基点にした理論展開を行う場合には, 企業の各スティクホルダーが企業に対してもつ期待利益の最大公約数を実現する必要があると考える.

いずれの理論においても, ①企業の目的は持続的成長である, ②社会価値は長期的に株主価値を向上させるものである, ③株主・投資家を含めてすべてのスティクホルダーに対して企業価値についての説明責任を果たす必要がある,

と考える点では同じである．理論としてはいずれかの視点に立脚して論理展開することが求められるけれども，経営者にとってはいずれかの理論に依拠した経営を行えばいいということにはならない．

ファイナンスの理論では，企業は法的には株主の所有であり，所有者であるが故に最終的なリスクを負うとする視点から論理展開を行うものが多い．そのため企業の目的は株主価値の向上であるとし，CSRは制約条件でありその良否は市場競争によって解決されるとみなす．

それに対してCSRを主張する社会的責任論やNPOの理論では，CSRは市場の論理だけでは解決できないと考える．フリードマンの有力な主張にもかかわらず，CSRが規格化される方向にあるのは，市場の論理に限界があることを示しているといえる．たとえば，法的には株主が企業の所有者であることはそのとおりであるけれども，実態的には企業は株主，経営者，従業員などの共有である．企業が社会の公器といわれる所以はここにある．

経営者の意思決定は，株主価値重視と多元的価値重視との間で，利害状況，その時代の価値観を反映して行われる．バブル経済崩壊後，急速に株主価値志向に傾斜し，企業価値はマーケットが決定するとみなされるようになってきている．しかし，CSRは市場に委ねることによって解決できると考えることには無理がある．フリードマンの理論が理論としての精緻さにもかかわらず，現実には受け入れられないのはこのためである．

社会価値の向上を意識的に進めようとするのがCSRの規格化である．CSRは，宗教，人種，文化，産業の発展段階などの影響によって，国によって異なると考えられる．CSRが異なる状況のもとで，CSRを規格化（標準化）した場合，以下のようなプラスの効果とマイナスの効果がある．

　　プラスの効果：① 求められる社会的責任の内容・水準が徹底される．② 社
　　　　　　　　　会的責任を動機づける．③ CSRの評価が行いやすくなる．
　　マイナスの効果：① 規格化された社会的責任の履行に限定されやすく，社会
　　　　　　　　　　的責任の多様性を埋没させやすい．② 規格化された基準が
　　　　　　　　　　グローバルな競争基準になり，規格化においてリーダシッ

プを発揮した国が有利になりやすい．

　以上のようにCSRの規格化は，コンプライアンスなどの最低限求められる社会的責任の履行に対して効果があるといえる．その反面において多様で自発的な社会的責任の履行に対しては制約的に働く恐れがある．また理論的には，CSRの規格化は，少なくともフリードマンの「社会的責任は，自由競争を阻害し有害である」，株主価値極大化論の「株主価値極大化目的遂行の過程で社会的責任は果たされる」などのCSR消極論に対する方向とは逆の行き方であるため，その主張通りの効果がみられるか，検証が求められる．

4．株主価値重視と多元的価値重視の調和化

　CSRを強調する多元的価値重視と株主価値を強調する株主価値重視の理論のいずれにおいても社会価値の重要性を強調する．しかし，理論においては社会価値の位置づけが異なり，現実の経営においては株主価値と社会価値の調和化の方法が見出されていない．

　両者の間に相克があるとすれば，a) 企業は株主価値重視と多元的価値重視の間で，どちらの視点で経営を行っているのか，あるいは行うべきなのか，b) 多元的価値重視の立場をとった場合，スティクホルダー間の利害調整をどのように行うのか，あるいは調和化されるのか，c) 株主価値重視の立場をとった場合，株主価値が大きいことは他のスティクホルダーの利害も充足されているとみなせるのか，あるいはどの程度充足されているのか，といった疑問が生じる．

　現在の流れは，従業員のリストラ，下請けの切捨て，株主価値評価の導入などをみると，株主価値重視の方向にシフトしているように見受けられる．他方で，ISO 14000の取得，女性労働への配慮などをみると多元的価値重視の流れも見受けられる．環境格付け，社会的責任投資，製品の欠陥隠しへの社会的批判などがこの傾向に拍車をかけている．従業員のリストラ，下請けの切捨てが経済合理性に適ったものとすれば，株主価値重視と多元的価値重視の間には齟

齬がないといえるかもしれない．

　企業が存続していくためには株主価値の創造が必須であることはいうまでもない．しかし，不況下で「他の企業価値は株主価値目的の下位目的である」，「株主価値のために他の企業価値を犠牲にしてよい」といった風潮があるとすれば，それは企業の社会的責任を軽視することになりかねない．資本提供者の利害を経済性，非資本提供者の利害を社会性として捉えるならば，a）社会的責任の遂行が市場の創造に結びつくこと，b）経済性と社会性は主従の関係ではなく表裏の関係にあること，を周知の事実にすることが求められる．それを促進するものが多面的な業績評価であり，グローバルに通用する日本的コーポレート・ガバナンスを確立することにつながる．

　コーポレート・ガバナンスに関わるスティクホルダーは，経営を推進する経営者，企業の所有者である株主，その他のスティクホルダーであり，この3つのグループの関係において，経営者は，その他のスティクホルダーに対する説明責任を制約条件として株主価値最大化を目的とするように行動すべきであるとするのが，従来のコーポレート・ガバナンスの論調であった．

　しかし，企業活力すなわち企業の継続的事業の繁栄を可能にするためには，その他のスティクホルダーに対して説明責任を果たすだけでは不十分であり，企業価値の最大化をはかる必要がある．換言すれば，スティクホルダーが企業に対してもつ期待利益を最大化することである．期待利益の総和は，概念的に次のように示すことができる．

企業価値＝株主価値＋債権者価値＋従業員価値＋取引関係者価値・・・＋顧客価値＋地域住民価値＋地球環境価値　・・・・・・・・・式1

　株主価値は，企業価値の一部であり，企業価値を大きくすることによって結果的に株主価値が大きくなるという関係にある．換言すれば，企業の目的は各スティクホルダーの享受する価値の最大公約数を社会価値の実現とみなす．したがって，式2に示すように，非資本提供者などのスティクホルダーの価値は株主価値極大化のためには最小化することができる価値と考えてはならない．

スティクホルダーの利害を考慮すべきであるとする根拠は，経済学の効率性の概念から自然に導かれる主張であると指摘されている．ただし，この仮説にはコーポレート・ガバナンスに伴う①経営者の規律づけ，②スティクホルダー間の利害対立の調整，③各スティクホルダー内における弱者救済という諸問題にコストをかけずに解決できるという前提が成り立つ場合である．しかし実際には困難であり，株主価値最大化が次善の策ではあるが，結果的にスティクホルダーの利害を最大化する方法となり得ることもある[12]．これはその時々の条件のもとでスティクホルダーの利害を充足する必要がある制約条件とみなす考え方といえる．

株主価値＝企業価値―（債権者価値＋従業員価値＋その他スティクホルダー価値）　　　　　　　　　　　　　　　　　・・・・・・・・・・式2

式2は，株主価値最大化視点に立って非資本提供者の価値を制約条件とみなす．非資本提供者の価値を犠牲にして実現した株主価値は持続性の点で問題がある．持続的な成長は期待できない．この意味で，社会価値を「資本提供者以外に帰属する価値」と考えるのではなく，「すべてのスティクホルダーに共通する価値」と考えるべきである．換言すれば，CSRは，株主価値極大化のためにやむをえず行うものではなく，株主価値極大化のためにも積極的に行うもの，と考えるべきである．バブル経済崩壊後，米国流の資本主義あるいはガバナンスが勢いを増し，さらには行き過ぎた感じすらある．「会社は株主のもの」というガバナンスの視点で短絡的な株価上昇を重視する株価至上主義は，村上ファンドおよびライブドア事件にみられるように弊害をもたらすまでになった．このため，マスコミでも行き過ぎた株主価値重視を批判し始めた．そこに共通してみられるのは，株主価値重視は変わらないけれども，その他のスティクホルダーの利害を反映する日本的なコーポレート・ガバナンスの確立が必要であるという主張である[13]．

5．社会価値の評価

（1）評価対象としての社会価値

　CSRを企業評価の対象とする場合，単純にCSRの評価ということもあれば社会業績，社会性，社会価値ということもある．「社会業績」，「社会性」，「社会価値」という場合，概念規定が必要になる．社会性という用語は，企業の営利性と社会性というように経営学において古くから用いられている．ただし，社会性を測定する試みには無関心であったか，関心があったにしろ少なかったといえる．また，経営分析のように定量化が課題とされ，それを測定するための指標の開発が困難なものは取り上げることを避ける傾向にあった．しかし，1960年代後半に企業の社会的責任が問われ始めた．日本では公害問題が多発し社会問題化，アメリカではラルフネーダーの企業の社会的責任の糾弾キャンペーンが注目された．この時期に，企業倫理，企業の社会的責任，社会責任会計などに関する経営学，会計学の論文が多数出版され，社会的責任の遂行度，社会的責任に関わるコストの計上など計数化の試みが行われた．

　社会的責任・貢献の優れた企業は，「人間の顔をした企業」，「エレガントカンパニー」などと主張された．しかし，社会性にはコンセンサスを得た概念規定があるとまではいえない．また，それを測定するための指標は明確化されていない．ましてや社会価値という用語は曖昧模糊としており，それを使用する文献は極めて少ないといえる．社会価値という用語を使用している文献が測定論を課題にしている論文であれば市民権を得るのは早いと考えられるもののそうではないため，社会価値という用語をもちいると違和感をもたれるかハウツー的な読物とみなされやすい．にもかかわらずここで社会価値という用語をもちいるのは，企業価値を構成する要因に社会価値があると考えるからである．

（2）社会価値評価の種類

　「評価」とは，価値判断であり簡単にいえば良否をきめることをいう．社会価値の評価には，良否の把握の仕方にしたがって多数の評価類型が考えられる．

実際にみられる評価を示すと以下のとおりである．

評価主体別にみると，まず大きく内部評価と外部評価に分けられる．森本は測定と評価の組み合わせで4類型に分けることができるとしてその事例をあげている[14]．

類型1…内部測定・内部評価：当該企業による自己測定・自己評価

類型2…内部測定・外部評価：① ABT社方式　② Linowesの社会経済活動表　③ Estesの社会会計モデル

類型3…外部測定・外部評価：① CEPの企業考課　② AICPA方式　③ 日経方式　④ 通産方式

類型4…外部測定・内部評価：外部主体による測定結果を測定対象企業が評価

以上の類型において類型1に相当するのが業績評価会計におけるCSR評価であり，バランスト・スコアカードによる評価にみられるように，経済価値（経済性），環境価値（環境性）とともに社会価値（社会性）の評価要素として組み込まれる．CSRが，外部からの強制による → 主体的に行う → 戦略的に行うというように，積極性が増すにしたがって類型1の評価は増えると考えられる．また，この類型はバランスト・スコアカードにみられるように管理会計領域の課題である．

類型2に相当するのが，1970年代に提唱された社会会計，社会責任会計，環境会計などといわれる企業社会会計である．企業社会会計の特徴は，会計構造のなかに企業が貢献した社会業績を組み込もうとするところにある．しかしながら企業社会会計は，73年の高度成長の終焉以後の倒産の多発と企業成長の落ち込みによって，CSRに対する関心が失われるのと軌を一にして実践化への道も遠のいた．理論上もCSRの測定を会計構造のなかで行うことには無理な点があったといえる．

類型3に相当するのが，現在主流となっているCSR評価である．CEPの企業考課など実践化された例もあり，起伏はあるものの現在に継承され，NPOによる評価や投資信託による社会的責任投資（SRI：Socially Responsible Investment）

として定着化してきている．

　類型4に相当するのが，外部機関が行うCSRの測定結果を自社の企業行動の改革・改善に反映させるような場合であり，ISO14000の認証取得が典型的である．

　近年は，社会価値が重要性を増すにしたがって，あらゆるタイプの評価がみられる．そのなかでも財務的な企業価値と非財務的な企業価値を考慮に入れるSRIは，大きな流れになりつつある．その背景として，個人投資家のポジティブスクリーニングによる投資選好，年金基金のハイリターンより安定性を重視する投資選好がある．

（3）社会価値評価の特徴

　成長経済の終焉，市場の成熟化，不況による消費の低迷，海外企業との競争の激化などを背景に，未来志向的な経営戦略のための企業評価が重視されるようになってきている．たとえば，社会経済生産性本部が提唱している経営品質の評価は，財務業績の良否を左右する要因として，経営の質的側面の評価を行おうとするものである．換言すれば，財務業績は結果変数であり，その前段階の原因変数，中間変数によって左右される．企業行動としてのCSRも結果としての財務業績を左右するプロセス要因とみることもできる．プロセス要因とみることによって，戦略としてCSRを行うことの意味が明確になる．

　たとえば，CSRの経営理念としての確立，環境教育，PLの徹底，社会福祉団体への寄付などはCSRの戦略であり，原因変数に相当する．原因変数は中間変数としての会社のイメージ度，苦情処理の多寡などを左右する．中間変数は媒介変数であり，結果変数としての財務業績に影響を与える．したがって中間変数を測定することによってCSRの良否を知り，将来の財務業績につなげることができる．

　社会価値評価の評価指標には，社会価値が多様なスティクホルダーの利害を反映するため，利害関係者ごとに多数のものがある．しかも指標の明確さにおいて決定的なものは無いか少ないという特徴がある．

（4）社会価値評価における総合化の問題点

　社会価値の内容は多岐にわたる．したがって，その測定，評価は簡単ではない．評価にあたっては総合化と細分化が求められ，両方向に展開がみられる．一定期間末の財務業績は経営活動の良否を集約的に示すものの，売上高や利益だけでは経営活動を包括的に把握することにはならない．このため多変量解析による総合的な評価が進展している．

　総合化した数値は，相対的な数値であるためスティクホルダーの利害に必ずしも直截に応えるものではないとともに，経営者にとっても必ずしも役に立つとはいえない．総合化すればするほど相対評価になり，全体的な良さに関する情報を提供できる反面で，スティクホルダーの利害と経営者の要求に直接的に応える情報を提供できない．比喩的にいえば，総合的な数値は優等生であるかどうかを示す成績であり，スポーツ選手として優れているかどうかを端的に示す成績ではない．したがって，スティクホルダーにとっては隔靴掻痒の数値になりかねない．

　このため，評価の総合化の反面において細分化が進んでいる．利害関係者ごとの評価やプロセスごとの評価である．後者についていえば，経営活動は，生産，販売，労務などの機能が結びついて行われるので，組織全体の良否の要因がどこにあるかを明らかにするために，生産，販売，労務などのプロセス別あるいは機能別に細分化して評価する必要がある．財務数値には非財務的な側面の良否は間接的に反映されているにすぎない．機能別に細分化して評価しようとすれば非財務数値による評価が多くなる．評価の総合化と細分化に役にたつのがバランス・スコアカードの考え方である．

（5）社会価値評価のための社会関連会計の拡大の必要性

　社会価値評価としてのCSRの評価は，1970年代に提起された社会的責任会計では，社会的責任・貢献（社会的業績）を付加価値の分配として捉える方式がよく知られている．現在もこの流れを発展させた主張がみられる．しかし，社会的責任を会計構造のなかで捉えることには無理があり，市民権をえていると

はいえない．社会的責任は，環境会計と異なり多面にわたっており，定性的あるいは質的な要因が多い．たとえば，CSRの戦略化といっても，戦略的倫理と倫理的戦略とでは異なる．前者は戦略的フイランソロフィにみられるように倫理を売り物にしており，後者は環境設備投資にみられるように戦略そのものが倫理に裏付けられている．表面的には同じようにみえても，CSRの理念が確立されているかどうかの質的な相違がある．CSRを会計構造のなかに組み込んだ数値による評価はこのような質の相違を反映することはできない．

　CSRの評価は，評価主体別に複数のタイプのものがみられる．

　消費者の視点からの例：朝日文化財団の「買い物考」，消費者重視経営の評価基準研究会の「消費者重視経営の評価基準」

　投資家の視点からの例：各種のSRI投資（環境などのCSRをスクリーンして数を絞った後，財務業績でさらに数を絞るものと，財務業績で数を絞り，さらに環境などのCSRで数を絞るものとがある．）

　銀行の視点からの例：融資の選定基準として安全性の他に環境経営を考慮に入れるものである．

　マスコミの視点からの例：日経新聞の「プリズム」，アメリカのフォーチューン誌「もっとも尊敬される企業」（広く社会にアピールすることを目的としている．）

　NPOの視点からの例：環境格付機構の「サスティナビリティ格付」，（CSRの履行を目的としているが，組織目的によって評価視点が異なり，NPO固有の視点があるわけではない．）

　CSRの評価は以上のように多方面で行われているが，そこにみられる評価対象には多かれ少なかれ共通点がある．たとえば，経済同友会の第15回企業白書『市場の進化と社会的責任経営―企業の信頼構築と持続的な価値創造に向けて』において提唱している企業評価基準は，体系的・網羅的であり，参考になる．分かりやすくするために，若干修正して示すと以下のようになる．

　　評価視点：①資本市場（株主，投資家，債権者）　②販売市場（消費者との関係）

③ 環境（地球環境との関係）　④ 人間（従業員との関係）　⑤ 社会（地域社会や国際社会との関係）
評価内容：① 理念とリーダシップ　② マネジメント体制　③ コンプライアンス　④ ディスクロージャーとコミュニケーション
評価方法：① 仕組み（有無を質問）　② 成果（具体的な数値を問い，現状値と3年後の目標値も質問）

NPOの環境経営学会・環境格付機構の「環境経営格付（今年度からサスティナビリティ格付）」は，以下のような内容をエビデンス（証拠があれば1点なければ0点で評価）によって評価している．

評価視点：① 経営（経営理念，企業統治，法令等の遵守，リスクマネジメント，情報開示）
　　　　　② 環境（地球温暖化対策・省エネ，資源循環・汚染物質，化学物質管理，土壌汚染対策，水資源・水質対策，自然環境保護，グリーン調達・購入，エコデザイン，物流）
　　　　　② 社会（企業文化，地域社会との調和，消費者への配慮，就業の継続性，労働安全性，機会均等，女性の社会進出・就業支援）
評価方法：① 戦略　② 仕組　③ 成果

日経ビジネスの「CSR総合ランキング」は，次のような視点から評価している．

　　　① CSRへの取り組み度（40点満点）
　　　② CSR報告書の充実度（40点満点）
　　　③ 機関投資家の評価（20点満点）
　　　④ 消費者の評価（30点満点）
　　　⑤ 業績および財務（80点満点）

これらは，CSRを広く捉えて評価している．よく知られている日経新聞の「プリズム」も同じといってよい．CSRの内容を広くとればとるほど，いわば優等生を選ぶ基準になりやすいことが分かる．それに対して，内閣府の委託に

よる消費者重視経営の評価基準研究会の「消費者重視経営の評価基準—食品産業を中心とした評価基準—」では，消費者の視点に限定した評価基準を提起している．その内容は大きく4つに分けられる．

① 経営トップのコミットメント
② 企業における自主行動基準の有無とその公開
③ 消費者重視の主な対策
④ コンプライアンス経営のための組織体制

CSRが定着する環境は，国際的にはISOによる規格化，国内的にはスティクホルダーからの圧力の増大によって整ってきている．企業評価によるスティクホルダーからの圧力は，マスコミ，SRI投資，NPOなどによるCSR評価があげられる．そこに共通するのは中身にウエイトの相違はみられるが，公共性を視点にした評価であるということである．

公共性は，政府・自治体および民間非営利組織が理念とするのは公共性である．企業においても持続的成長を志向する限り公共性は必要になり，NPOなどからその増大を求められている．21世紀が「環境と市民の時代」といわれるのは，政府や企業が社会のあり方を決めるのではなく，企業，政府，市民が協働して社会のあり方を決めるとともに社会的統治をはかることを意味する．もしそうであるとすれば，3つのセクターが共通して求める価値がなにかを非営利の立場に立って考えてみることが重要である．

1) たとえば，Lynm Sharp, Pain Valve Shift: Why Companies Must Merge Social and Financial Imperatives to Achieve Superion Performance. McGraw-Hill, 2003.
2) 十川廣国『CSRの本質　企業と市場・社会』2005年，第7章．
3) 田中隆雄4ページ「コーポレート・ガバナンスと企業価値」(『会計』第168巻第3号，2005年9月)．出見世は，コーポレート・ガバナンスを，狭義に「経営者・株主関係と会社機関構造」，広義に「企業と利害関係者」としている（出見世信之「企業倫理の制度化—コーポレート・ガバナンスの視点から—」，小林俊治・百田義治編『社会から信頼される会社』中央経済社，2006年，p. 67)．前者は株主価値志向の考え方，後者は企業価値志向の考え方といえる．

4) 真舟洋之助監修・編著，石崎忠司編集代表『環境マネジメントハンドブック』日本工業新聞社，2005年，p. 13, p. 205.
5) 小林俊治・百田義治『社会から信頼される企業』中央経済社，2004年，p. 11.
6) 社会的責任の内容は拡大しているとともに，社会的責任から社会的貢献へと視野を拡大している．この点について森本の著書が詳しい（森本三男『企業社会責任の経営学的研究』白桃書房，1994年，第3章参照）．堀内行蔵・向井常雄『環境経営論』東洋経済新報社，2006年．
7) 信頼関係については岩井が的確に説明している（岩井克人『21世紀の資本主義論』筑摩書房，2000年および『会社はこれからどうなるのか』平凡社，2003年）．
8) 「経営の視点」日本経済新聞2005年4月11日号．
9) 秋山をね『社会的責任投資とは何か』生産性出版，2003年，p. 13.
10) 竹田陽介「信頼」『書斎の窓』NO. 54, 2005年4月. C. Fombrun, Reputation, Harvard Business School Press, 1996, Ch.3. R. Galford, A. S. Dvapeau, The Trusted Leader, The Free Press, 202, p. 7.
11) SRは，企業以外の自治体などすべての組織に社会的責任があるという視点から，social responsibilityの意味で使われる場合もある．
12) 伊藤秀史「企業とガバナンス：経済学者の視点」（『書斎の窓』NO. 552, 2006年3月，pp. 35-39), 伊丹・藤本・岡崎・伊藤・沼上編『企業とガバナンス』有斐閣，2006年．
13) 新聞紙上にみられる主張を以下にあげる．
① 株主有限責任の原則から事故や事件を起こした企業が，巨額の損害を社会に与えても株主は出資額を超える賠償責任を負わない．この結果，企業行動のツケを最終的に負担するのは社会であって株主ではない．株主の利益が社会の負担で実現されている以上，「公平」の観点から株主は，社会の負担を軽減し利益を社会に還元するCSRを受け入れるべきである（国広正「株主はCSRを受け入れるべきだ」『日本経済新聞』2005年4月27日）．
② 株主価値の増大に意味があるのは，株主に報いるためだけではなく，増大した株主価値を糧として社会に役立つ「なにか」をする場合である．この「なにか」が企業の存在意義に決定的に重量である．・・・ネット投資の広がりもあり投資家の平均的な株式保有期間は短くなっている．企業にとって多くの投資家は新規の資金提供者ではなく移り変わる株式所有者でしかない側面が強まった．株式を武器にした所有権の攻防は虚が実をむしばむ恐れが常にある（「会社とは何か」『日本経済新聞』2005年3月30日）．
③ 株価至上主義のもとで，しかも四半期ごとの時価会計を求められると，企業は生産活動よりも資産や負債の管理に重点を置くようになる．年金基金やファンドは市場をみながら短期的に株式を売買するので，企業は長期的に資金を眠らせる

研究開発などに力を入れにくくなり，短期的なコスト削減のために従業員の解雇や利益操作に誘引されやすい．株主も大切だが，従業員，取引企業，顧客などスティクホルダーもまた重要だと再認識せざるを得ない状態になっている（榊原英資「株式至上主義に限界」『日本経済新聞』2005年4月19日）．
④　90年代以降の日本の経営者が唱道したコーポレート・ガバナンスは専ら株主重視の米国流資本主義の受容であった．しかし，欧州流の資本主義は多様なスティクホルダーに付加価値を配分する経営が良い経営とされる．特に従業員への付加価値配分へ配慮している．・・・重要なことは株主が支配すべきか否かではなく会社という仕組みを社会的課題解決のために機能させることである（寺島実朗「21世紀の資本主義再考」『朝日新聞』2005年4月5日）．
⑤　「会社は株主もの→だからなにをするのも株主の勝手」という株式市場主義は間違いである．どのスティクホルダーにいかなる権利を与えるかは政策の問題であって理論の問題ではない．国民の幸福のためにどうすべきか，とういことである．・・・短期的な投資をする投資家の利害・行動基準は企業の長期的価値向上と異なることが多く，ここに株主によるガバナンスの限界がある．しかし，このことは株主の存在意義を失わせるものではなく，市場原理が拡大する環境のなかで株主の重要性は増している（中村直人「株主の重要性揺るがず」『日本経済新聞』2006年6月16日）．

14）　森本三男『企業社会責任の経営学的研究』白桃書房，1994年，第5章．

参　考　文　献

目崎美和子『ROEを活用する企業評価・財務戦略』中央経済社，2002年．
アーサーアンダーセン『業績評価マネジメント』生産性出版，2000年．
岡田依里「知的財産戦略とIR」『日本経済新聞』2004年3月31日．
枡谷克悦『企業価値評価』清文社，2003年．
ベリングポイント『株主価値マネジメント』生産性出版，2002年．
岩井克人「『ヒト』重視の経営に未来」『日本経済新聞』2004年1月5日．
竹内佐和子「日本企業「新尺度」で浮上」『日本経済新聞』2004年3月18日．
上村達男「株主，企業「主」ではない」『日本経済新聞』1997年10月7日．
「けいざい心理学インタビュー」『日本経済新聞社』2003年12月30日．
高橋伸夫「日本型年功制を生かせ」『日本経済新聞』2004年6月9日．
石崎忠司「実態調査からみた企業目的」（佐藤進編著『わが国の管理会計』中央大学出版部，1999年）．
石崎忠司「企業の社会的責任と企業評価」（『月刊監査研究』342号，2003年6月）．
亀川俊雄『体系経営分析論』白桃書房，1965年．

西村慶一・鳥邉晋司『企業価値創造経営』中央経済社，2000年．
山本昌弘『多元的評価と国際会計の理論』文眞堂，2002年．
アーサーアンダーセン『バリューダイナミックス』東洋経済新報社，2000年．
Jean Tirole, Corporate Governance (Econometorica, Vol. 69, No.1) pp. 1-35.
David Birch, Corporate Social Responsibility : Some Key Theoretical Issue and Concepts for New Ways of Doing Business Ideas and Trends (Journal of New Business Ideas and Trends, 2003, 1.) pp. 1-19.
水尾純一・田中宏司『CSRマネジメント－ステークホルダーとの共生と企業の社会的責任』生産性出版，2004年．
谷本寛治『SRI社会的責任投資入門－市場が企業に迫る新たな規律－』日本経済新聞社，2003年．
高巌・辻義信・Scott T. Davis 瀬尾隆史・久保田政一『企業の社会的責任―求められる新たな経営観―』日本規格協会，2003年．
清水克彦『社会的責任マネジメント』共立出版，2004年．
小林俊治　百田義治編『社会から信頼される企業』中央経済社，2004年．
土屋守章・岡本久吉『コーポレート・ガバナンス論』有斐閣，2004年．
M. Friedman, Capitalism and Freedom, The University of Chicago, 1962（熊谷・西山・白井沢『資本主義と自由』マグロウヒル好学社，1975）．
飯田修三還暦記念編集委員会『社会関連会計の生成と発展』白桃書房，1992年．
櫻井道晴『コーポレート・レピュテーション』中央経済社，2005年．
岡本大輔・梅津光弘『企業評価＋企業倫理』慶應義塾大学出版会，2006年．

編著者紹介（執筆順）

跡部　　学 (あとべ　まなぶ)	元客員研究員・秋田経済法科大学経済学部助教授
高橋　浩夫 (たかはし　ひろお)	元客員研究員・白鷗大学経営学部教授
澤　　悦男 (さわ　えつお)	研究員・元中央大学教授
北川　哲雄 (きたがわ　てつお)	元客員研究員・青山学院大学大学院国際マネジメント研究科教授
榎本　善昭 (えのもと　よしあき)	客員研究員・元中央大学教授
小山　明宏 (こやま　あきひろ)	元客員研究員・学習院大学経済学部教授
高橋　豊治 (たかはし　とよはる)	研究員・中央大学商学部教授
西山　徹二 (にしやま　てつじ)	元客員研究員・高千穂大学商学部助教授
中瀬　忠和 (なかせ　ただかず)	研究員・中央大学商学部教授
石崎　忠司 (いしざき　ただし)	研究員・中央大学商学部教授

コーポレート・ガバナンスと企業価値

中央大学企業研究所研究叢書　27

2007年3月31日　初版第1刷発行

編著者　石崎　忠司
　　　　中瀬　忠和

発行者　中央大学出版部

代表者　福田　孝志

〒192-0393 東京都八王子市東中野742-1
発行所　電話 042(674)2351　FAX 042(674)2354
　　　　http://www2.chuo-u.ac.jp/up/

中央大学出版部

© 2007

ニシキ印刷（株）／三栄社製本

ISBN978-4-8057-3226-7